Hermann Gröhe CDU-Generalsekretär
(seit Dezember Bundesgesundheitsminister)

Harrison Ford Schauspieler („Enders Game", „Paranoia – Riskantes Spiel")

Friedrich Joussen
Vorstandsvorsitzender (TUI AG)

Pharrell Williams Sänger/Produzent
(„Get Lucky", „Blurred Lines")

Elyas M'Barek
Schauspieler („Fack ju Göhte", „Medicus")

Denzel Washington
Schauspieler („Flight")

Peter Altmaier Bundesumweltminister
(CDU, seit Dezember Kanzleramtschef)

Cher Sängerin/Schauspielerin
(„Closer To The Truth")

Jason Statham Schauspieler („Parker") mit dem elf Kilo schweren BILD-Buch in einer Hand

Herausgeber: Kai Diekmann
Redaktionelle Leitung & Text:
Wolfgang Kryszohn
Art Director: Jan Gerke
Fotoredaktion: Silke Brüggemeier,
Julia Spitczok von Brisinski
Layout & Produktion:
Vivian G. Gödicke (Ltg.), Ina Buschner
Technische Koordination:
Melanie Seidel, Tobias Möhle
Bildbearbeitung:
Imagepool
V.i.S.d.P.: Florian v. Heintze
Druck und Weiterverarbeitung:
Mohn media Mohndruck GmbH, Gütersloh
Printed in the EU
ISBN 9783942656801

Bild
DAS JAHR 2013
WAS UNS BEWEGTE

Herausgegeben von Kai Diekmann

BILDplus & BUNDESLIGA BEI BILD EINEN MONAT KOSTENLOS TESTEN!

Bild +

3AB2H2WK95

GUTSCHEIN-CODE

Lösen Sie den Gutscheincode einfach bis zum 31.3.2014 im Internet auf www.jahrbuch.bildplus.de ein und schalten Sie Ihr BILDplus-Abo frei.

Mit BILDplus, dem Marken-Abo von BILD, haben Sie immer und überall Zugriff auf alle BILD-Inhalte. Als App auf Smartphone oder Tablet, im Web, als digitale und gedruckte Zeitung – einmal zahlen, immer und überall nutzen. **Exklusive Interviews, multimediale Reportagen, einzigartige Fotos und die Highlight-Clips der Bundesliga schon kurz nach Abpfiff – mit diesem Gutschein laden wir Sie ein, BILDplus Digital und BUNDESLIGA bei BILD einen Monat lang kostenlos zu testen.***

WAS IST BILDplus?

BILDplus ist das Marken-Abo von BILD. Damit haben Sie auf alle Inhalte von BILD immer und überall Zugriff: **auf Smartphone und Tablet, am Computer oder als digitale und gedruckte Zeitung.** Einmal anmelden, Gutschein einlösen und alle Kanäle nutzen. BILDplus ist monatlich kündbar.

WAS BIETET DIE BUNDESLIGA BEI BILD?

Alle Spiele, alle Tore – wann, wo und so oft Sie wollen! Die Video-Zusammenfassungen zeigen alle Spiele und Tore des Spieltags. Und mit der App „BUNDESLIGA bei BILD" (erhältlich bei Google Play und iTunes) ist es möglich, die Highlight-Berichte auf dem Smartphone anzuschauen. **Stellen Sie sich außerdem Ihren Spieltag selbst zusammen. Entscheiden Sie, in welcher Reihenfolge Sie die Partien sehen wollen.**

WAS ÄNDERT SICH DURCH BILDplus FÜR LESER DER GEDRUCKTEN BILD?

Mit BILDplus haben unsere Zeitungsleser Zugriff auf noch mehr Inhalte, denn sie erhalten **in jedem BILD-Exemplar ein individuelles Super-Ticket**, mit dem sie sich für den Erscheinungstag unter **superticket.bild.de** für die Nutzung von BILDplus freischalten können.

WIE LÖSE ICH DEN BILDplus-GUTSCHEIN* EIN?

1. Gehen Sie auf **www.jahrbuch.bildplus.de**
2. Geben Sie bitte den Code ein und klicken Sie auf „Einlösen"
3. Legen Sie mit E-Mail-Adresse und Passwort Ihr **persönliches Nutzerkonto** an und hinterlegen Sie im nächsten Schritt die Zahlungsweise
4. Klicken Sie auf „Jetzt kaufen", um Ihren Gutschein einzulösen und Ihre Bestellung abzuschließen*

MIT IHREM GUTSCHEIN HABEN SIE AUCH ZUGRIFF AUF ALLE BILD APPS*:

1. Laden Sie sich bitte die **BILD Apps** für Smartphone und/oder Tablet aus Ihrem gerätespezifischen App Store (iTunes oder Google Play) herunter
2. Gehen Sie im Menü der App auf den Unterpunkt „Mein Konto & Abo"
3. Geben Sie unter „Login" Ihre Anmeldedaten ein, die Sie bei der Einlösung des Gutscheins verwendet haben.

WARUM MUSS ICH MICH REGISTRIEREN?

Das ist notwendig, um BILDplus im vollen Umfang nutzen zu können. Dafür brauchen Sie nur Ihren Namen und eine E-Mail-Adresse anzugeben und anschließend ein Passwort festzulegen. Wer bereits bei BILD.de registriert ist, kann sich mit seinen Daten einloggen.

WAS, WENN BEI DER ANMELDUNG ETWAS NICHT FUNKTIONIERT?

Unser BILDplus-Kundenservice hilft Ihnen unter **030/58585339** und E-Mail: **service@bildplus.de**

BILDplus DIGITAL

Alle BILDplus-Inhalte auf Computer, Smartphone und Tablet (z.B. iPad)

1. MONAT FÜR NUR
0,99 €
Danach 4,99 € mtl. (inkl. MwSt.)

BILDplus PREMIUM

Alle BILDplus-Inhalte auf allen Kanälen. Zusätzlich BILD und BILD am SONNTAG als digitale Zeitung

1. MONAT FÜR NUR
0,99 €
Danach 9,99 € mtl. (inkl. MwSt.)

BILDplus KOMPLETT

Dieses BILDplus-Abo enthält zusätzlich zu dem Premium-Abo Gutscheine für die gedruckte BILD (Kiosk-Abo)

1. MONAT FÜR NUR
0,99 €
Danach 14,99 € mtl. (inkl. MwSt.)

*Ihr Gutschein geht nach der Gutscheinlaufzeit automatisch in ein reguläres Abo über. Während der Gutscheinlaufzeit können Sie jederzeit Ihr Abo kündigen. Die Mindestlaufzeit beträgt einen Monat. Sie verlängert sich um jeweils einen weiteren Monat, wenn Sie nicht mit einer Frist von 7 Tagen zum Ende der Laufzeit gekündigt haben. Alle Angebote gelten nur für Kunden mit Wohnsitz in Deutschland. Smartphone- und Tablet-Apps sind für bestimmte Geräte mit den Betriebssystemen iOS und Android verfügbar. Bitte vergewissern Sie sich in Ihrem gerätespezifischen App Store, ob die jeweilige App für Ihr Gerät verfügbar ist. Alle Informationen zu den BILD Apps können Sie unter **www.apps.bildplus.de** nachlesen.

Inhaltsverzeichnis

Obama-Vereidigung

Papst Benedikt XVI.

Bomben in Boston

NSU-Prozess

Prinz George

Angela Merkel

Taifun „Haiyan“

Michael Schumacher

Das Jahr war TRAGISCH

2013 endet mit einer Tragödie. Michael Schumacher, einer der besten deutschen Sportler aller Zeiten, stürzt hier, in den französischen Alpen, bei einer Ski-Abfahrt so unglücklich, dass er mit seinem Kopf auf einen Felsen prallt. Helfer sind bei ihm, der Helikopter bringt ihn in die Klinik. Der 7-fache Formel-1-Weltmeister erleidet ein schweres Schädel-Hirn-Trauma, wird notoperiert und ins Koma versetzt. Die Welt betet und bangt. 2013 – ein Jahresende zwischen Leben und Tod.

SAMU

Das Jahr war BEFREMDLICH

2013 geht „unser aller Boris“ durch Hochs und Tiefs. Nach einer neuen Autobiografie („Das Leben ist kein Spiel“), die zum Bestseller wird, schockt er seine Fangemeinde in einer Fernsehspielshow von Oliver Pocher. Boris mit Fliegenklatschenmütze auf der Jagd nach Tischtennisbällen – sehr befremdlich. Zum Jahresschluss ist er, endlich, wieder auf der Tennisbühne: Als Cheftrainer. 2013 – Ende gut, alles gut?

Das Jahr war BEDENKLICH

2013 lässt uns häufiger die Stirn runzeln. Auch Lea-Ann Ellison schafft das. Die zweifache Mutter aus Los Angeles ist wieder hochschwanger, stemmt trotzdem im Fitness-Studio schwere Gewichte. Sehr bedenklich. Oder nicht? Im Internet, unter BILD-Lesern, bei Frauenärzten wird heftig diskutiert. Urteil: Sport ist gut für Schwangere, aber ... 2013 – wird Lea-Anns Sohn Skyler geboren, kerngesund.

Das Jahr war NASS

2013 wird halb Deutschland von einer Jahrhundertflut überschwemmt. Von Bayern bis Brandenburg müssen Hunderttausende ihre Häuser, Wohnungen, Felder, Autos der schmutzigen Brühe überlassen – in diesem Garten bei Magdeburg bleibt nur das Wasser im Pool sauber. Gesamtschaden, geschätzt: acht Milliarden Euro. Das Erfreuliche: Eine Hilfswelle geht durchs ganze Land. 2013 – ein Jahr der Solidarität.

Das Jahr war TROCKEN

2013 ist das Jahr der extremen Wetterverhältnisse. Wenige Wochen nach dem Dauerregen, der die Jahrhundertflut auslöst, stöhnt das Land unter einer Saharahitze. Bis über 38 Grad und Trockenheit. Auf Autobahnen platzen Betonplatten, die wie Sprungschanzen wirken. Lebensgefahr. „Blow-ups" auf der A3, A7, A71, A93. Erst das Wasser, dann die Hitze: 2013 – ein Jahr der Gegensätze.

Das Jahr war SONDERBAR

2013 beschert der katholischen Kirche eine sonderbare Konstellation: Nach dem Rücktritt von Benedikt XVI. und der Neuwahl von Franziskus gab es nun zwei Päpste. Hier sieht man sie gemeinsam betend – in Castel Gandolfo, dem Sommersitz des Papstes (oder der Päpste?). Kirchenrechtlich gibt es natürlich immer nur ein Kirchenoberhaupt – und das ist Franziskus. Der sorgt für frischen Wind im Vatikan, während Benedikt im Hintergrund wirkt. 2013 – das Zwei-Päpste-Jahr.

Das Jahr war WUNDERBAR

■ 2013 nehmen viele Männer Abschied von ihrem „natürlichen Führungsanspruch“. Spektakulärster Fall: Ursula von der Leyen erobert die männlichste aller Männer-Domänen – sie wird Verteidigungsministerin. Wunderbar, dass so etwas heute möglich ist. Sofort nach Amtsantritt fliegt sie zu „ihren“ Soldaten nach Afghanistan. Auserwählt wurde die Hoffnungsträgerin natürlich (!) von einer Frau: von Angela Merkel. 2013 – ein Frauen-Jahr.

Das Jahr war HIMMLISCH

2013 ist ein Superjahr für „Engel" Toni Garrn, das Starmodel aus Hamburg, das mit 13 auf dem Jungfernstieg entdeckt wurde, weltweit alle Catwalks eroberte, trotzdem „nebenbei" ihr Abi machte. Himmlisch der Job: Toni ist umschwärmter „Victoria´s Secrets Angel". Himmlisch auch das Private? Seit Monaten ist sie mit Leonardo DiCaprio liiert, aber der ist so umtriebig ... 2013 – ein Jahr der Hoffnung.

Das Jahr war HÖLLISCH

2013 verliert ein anderer Engel seine Freiheit. Engel? Frank Hanebuth war Chef der deutschen „Hell´s Angels", der Höllenengel, bevor er sich nach Mallorca absetzte. Dort wird er im Sommer verhaftet – Vorwürfe: Menschenhandel, Geldwäsche, Erpressung, das ganze Programm. Erst sitzt er in Madrid, jetzt in einem Hochsicherheitstrakt in Cádiz. Aus dem Knast heraus hatte er weiter seine Leute gelenkt. 2013 – kein Jahr für Höllenhunde.

Das Jahr war DRIN

2013 ist voller Fußballspektakel (Bayern & Dortmund, Hoeneß & Steuern, die Frauen wieder Europameisterinnen!) – das verrückteste zeigt dieses Foto. Ein Kopfball von Leverkusens Stürmer Kiesling landet nur außen am Tornetz, flutscht aber durch ein Loch. Der Schiedsrichter entscheidet auf DRIN, TOR. Ein Protest des Gegners Hoffenheim wird abgeschmettert. 2013 – lehrt eine neue Weisheit: Dran ist drin.

Das Jahr war DRAUSSEN

2013 ist das schrecklichste Jahr für die FDP. Zum ersten Mal fliegen die Liberalen aus dem Bundestag. Wir sind DRAUSSEN, sagt dieses Bild von Rainer Brüderle und Philipp Rösler. Für den Älteren bedeutet dies das Ende der großen Politik – aber der Jüngere, Rösler, er ist doch erst 40!? Er hört auch auf mit der Politik, wird Geschäftsführer des Weltwirtschaftsforums in Genf. 2013 – ein Jahr des Abschieds.

2013 ...

Das Jahr bietet viele Einsichten – diese sind gewollt und ständige Provokation. Einige Hundert junger Frauen haben sich über Landesgrenzen hinweg zur „Femen"-Gruppe verbunden, protestieren gegen staatliche Allmacht, Missstände, Verletzungen der Menschenrechte. Mit blanken Busen, Geschrei und Körper-Graffiti. Auf der Brust dieser Aktivistin in Kiew steht „Die Diktatur muss sterben".

… was für ein Jahr!

Wer, wenn nicht er! Wer, wenn nicht Jupp Heynckes, darf sagen: „2013 – was für ein Jahr!" Der Trainer, ach was, der Fußballpädagoge, holt mit seinen Jungs von Bayern München das Triple: Deutscher Meister, Champions-League-Gewinner, Deutscher Pokalsieger! Dann sagt er: Servus, das war´s und zieht sich auf seinen Bauernhof zurück. Ein Abschied für immer? Wer weiß. Heynckes ist junge 68. GRAU IS GREAT, schreibt die BILD-Zeitung.

Vorwort

Kai Diekmann
BILD-Chefredakteur

Liebe Leser,

abergläubische Menschen mögen froh sein, dass das Jahr mit der Unglückszahl 13 im Namen zu Ende ist. Dennoch: Alles in allem war es für die meisten von uns wohl ein gutes Jahr.

Richtig, die FDP sieht das nach ihrem Fiasko bei der Bundestagswahl gewiss anders. Sylvie van der Vaart wahrscheinlich auch. Ebenso Annette Schavan, die ausgerechnet als Bildungsministerin wegen Plagiatsvorwürfen erst ihren Doktortitel und dann ihr Amt verlor.

Ganz besonders denken wir an die Familie von Michael Schumacher. Sein tragischer Ski-Unfall in den französischen Alpen schockierte kurz vor Jahreswechsel die ganze Nation.

Betroffen machten uns noch viele andere Meldungen: Wir trauern um die Giftgastoten in Syrien, die verunglückten Flüchtlinge vor Lampedusa, die Taifun-Opfer auf den Philippinen. Und wir fühlen mit den Betroffenen der Jahrhundertflut in Deutschland.

Doch dazwischen lagen für viele echte Glücksmomente: William und Kate, ein royal-sympathisches Paar, mit dem kleinen Prinzen George auf dem Arm. Das erste deutsche Champions-League-Finale: Wir gegen uns! Noch dazu auf dem heiligen Rasen von Wembley. Mehr als 16 Millionen Euro bei der ZDF-Spendengala zugunsten von „Ein Herz für Kinder“ – Rekord.

Vor allem aber bleibt 2013 als ein Jahr wahrer Menschlichkeit in Erinnerung.

Das Jahr, in dem der große Nelson Mandela von uns geht – Freiheitsheld, Friedensnobelpreisträger, Vorbild in Würde und Vergebung.

Das Jahr, in dem zum ersten Mal seit 719 Jahren ein Papst zurücktritt, Benedikt XVI. Der Heilige Vater aus Deutschland besaß die menschliche Größe zu wissen: Ein anderer hat die Kraft für das schwere Amt, die ihm nach und nach schwand.

Und das Jahr, in dem ein Schwergewichtsweltmeister die Boxhandschuhe an den Nagel hängt, um sich in den Dienst einer größeren Sache zu stellen. Sie sehen ihn links auf meinem persönlichen Lieblingsbild. Es zeigt Vitali Klitschko als ukrainischen Oppositionspolitiker vor dem Regierungssitz in Kiew – bei Massenprotesten für mehr Demokratie. Seine ausgestreckten Arme zeigen Ratlosigkeit, sein Blick den Mut eines Menschen, der es mit einem ganzen Staatsapparat aufnimmt: dem Regime von Viktor Janukowitsch.

2013 – was für ein Jahr! Genießen Sie den Rückblick, ich wünsche Ihnen viel Freude beim Lesen.

Herzlich
Ihr

Obama schwört auf zwei Bibeln

Sein erster Amtseid 2009 war ein Wunder: ein schwarzer Präsident, dessen Vorfahren Sklaven waren. Seinen zweiten Schwur leistet Barack Obama am 21. Januar 2013 nicht mehr als „Messias", sondern als Mensch. Die Bibeln, die ihm First Lady Michelle dafür reicht, gehörten Abraham Lincoln († 1865) und Martin Luther King († 1968), Männer, die für ihre Ideale starben.

Auch Obama muss um seine Ideale kämpfen, er geht in eine schwere zweite Amtszeit. Das wird schon im Laufe dieses Jahres deutlich: Syriens Diktator Assad zwingt ihn fast zu einem neuen Militäreinsatz, die politische Stimmung im eigenen Land ist nicht rosig – zum Feiern bleibt nur wenig Zeit. Doch wenn, dann ist die Inszenierung hollywoodreif: **Bitte blättern Sie um.**

Tanz in schwere Zeiten

Der mächtigste Mann der Welt zeigt die Liebe zu seiner Frau – vor aller Welt: Nach der Vereidigung tanzen die **Obamas** innig, zärtlich und ganz offensichtlich verknallt auf mehreren Bällen der Hauptstadt. **Flirty Dancing!**

Bei seiner Amtseinführung auf dem Capitol Hill in Washington am 21. Januar hören mehr als eine halbe Million Menschen vor Ort und Hunderte Millionen in den Medien seine Worte: **„Freiheit ist ein Geschenk Gottes, aber sie muss immer wieder von uns Menschen verteidigt werden!"**

Pop-Superstar **Beyoncé** singt die Nationalhymne, die Menschen in der kalten Wintersonne strahlen Zuversicht aus – die Tugend, die dieses Land so stark macht. Zuversicht und Tatkraft müssen im Weißen Haus zu Hause sein, denn der Weg in die Zukunft ist steinig:

➜ Obama hat den Krieg im Irak beendet, aber ob der Iran von der Atombombe ferngehalten werden kann, ist fraglich.

➜ Obama zieht die Truppen aus Afghanistan ab, aber in Syrien droht ein neuer Militär-Einsatz.

➜ Obama und seine demokratische Partei werden von den Republikanern mit ihrem Tea-Party-Flügel ständig ausgebremst: kein neues Waffengesetz, erbitterter Kampf gegen die Gesundheitsreform, Haushalts-Blockade bis zur Lähmung des Landes!

Obamas zweite Amtszeit – ein schwerer Weg. Protokollgerecht verlässt er deshalb die offiziellen Amtseinführungsbälle rechtzeitig, seine Limousine rollt um 22.12 Uhr wieder vors Weiße Haus – wo allerdings noch eine „private" Party steigt.

Bei der bleibt kaum etwas geheim – Promi-Gäste twittern die ausgelassene Stimmung nach draußen. Popstar **Kelly Clarkson** (sie sang 2008 für unseren Papst Benedikt in New York das „Ave Maria") schreibt: „Die First Lady ist eine wilde Tänzerin." Und **Alicia Keys:** „Obama hat ordentlich Feuer im Hintern." Sie kennt sich mit dem Thema aus: Das letzte Album des R&B-Stars (14 Grammys) heißt „Girl on Fire", für den Präsidenten singt sie nun „Obama Is on Fire".

Alle vier Jahre die imposante Kulisse zur Vereidigung: das Kapitol mit den Ehrengästen – und davor mehr als 500000 Menschen, die ihrem Präsidenten zujubeln

Auf einem riesigen Teppich mit dem Präsidenten-Wappen: Barack und Michelle Obama tanzen küssend zu Jennifer Hudson's „Let's Stay Together"

Für Obama sind sie alle da: 1 Katy Perry, 2 Lady Gaga mit Altmeister Tony Bennett, 3 Stevie Wonder, 4 Beyoncé, 5 Alicia Keys und 6 Rapper Psy, der den „Gangnam Style" tanzt

CLAUDIA WEINGÄRTNER
BILD-Reporterin

Segen oder Fluch? So leben die Obama-Töchter

Mann, sind die groß geworden! Dieser Gedanke ging um die Welt, als Sasha und Malia Obama die Vereidigungs-Bühne betraten.

„Obwohl Malia inzwischen 1,75 Meter groß ist, ist sie immer noch mein Baby", sagt der US-Präsident über seine ältere Tochter. „Und Sasha ist inzwischen in dem Alter, in dem sie nicht mehr kuscheln will."

Die Kindheit im Weißen Haus, das waren Panzer-Limousinen, Babysitter vom Secret Service, Fotografen, Urlaubsreisen (immer nach Hawaii) mit Air Force One, Pyjama-Partys mit eigenem Koch.

Und jetzt? Als Teenager?

Malia Ann, geboren am 4. Juli 1998 (dem Unabhängigkeitstag), Secret-Service-Codename „Radiance", spielt im Tennis-Team ihrer Schule, obwohl sie Tennis nicht mag. Mama Michelle: „Sie soll etwas machen, was ihr schwerfällt, und besser darin werden. Denn darum geht's im Leben." Einen Freund hat sie (im Januar 2013) noch nicht.

Natasha, genannt Sasha, geboren am 10. Juni 2001, Secret-Service-Name „Rosebud", spielt im Basketball-Team der Schule, liebt Klamotten von H&M und JCrew, schneidert und näht ihre Kleider um.

Beide haben striktes Facebook-Verbot. Beide gehen auf eine Privatschule. Beide tragen immer einen kleinen Alarm-Sender bei sich, der dem Secret Service die exakte Position anzeigt. Beide dürfen nur fernsehen, wenn am nächsten Tag keine Schule ist. Beide müssen ihre Betten selber machen und die Zimmer aufräumen. Jeden Abend um 18.30 Uhr essen die Obamas zusammen.

Vorliebe für Lila: Sasha (l.) und Malia bei Papas Vereidigung

„Ihr seid gesegnet, so aufzuwachsen", sagt Michelle zu ihren Töchtern. „Ich will, dass ihr das verinnerlicht."

Mittwoch, 2. Januar

Donnerstag, 3. Januar

Freitag, 4. Januar

Samstag, 5. Januar

Rafael van der Vaart wechselt zu Sabia

NICHT ALLE EHEN SIND SO HARMONISCH WIE DIE DER OBAMAS

Ein Foto sagt nicht immer die Wahrheit? Sylvie und Rafael van der Vaart in der Silvesternacht 2012 mit Sabia Boulahrouz (rechts). Bilder-Rätsel: Wer geht mit wem durchs Jahr 2013?

Rafael und Sylvie van der Vaart schienen DAS Promi-Traumpaar zu sein. Bis zum 2. Januar. An diesem Tag verkündet BILD: Alles aus!

Gerumst hat es bei den beiden auf der Silvester-Party in Hamburg. **Ein Streit, ein Schlag, plötzlich liegt Sylvie auf dem Boden, die Gäste sind schockiert.** Rafa: „Ich bin ein Idiot, es tut mir leid." Sylvie am Tag danach: „Ich habe ihm schon verziehen." Aber die Ehe war, wie beide bekennen, schon vorher gescheitert. Den Fußball-Star zieht es zu Sylvies bester Freundin Sabia Boulahrouz, Sylvie beginnt eine Affäre in Paris. Schmutzige Wäsche wird gewaschen, das Private bleibt nicht privat.

... und die **Wulffs** gehen zum **Anwalt**

Nieselregen, es ist unangenehm kühl in Hannover an diesem Januar-Montag: Bettina Wulff vor dem Haus des Anwalts

Auch sie konnten ihr Glück nicht festhalten.

Ein knappes Jahr nach seinem Rücktritt als Bundespräsident unterschreiben Christian Wulff und seine Frau Bettina beim Anwalt eine Trennungsvereinbarung. Die steile, aber kurze Karriere der beiden: 2008 Heirat, ein Sohn, 2010 jüngster Bundespräsident und jüngste First Lady – ein modernes Traumpaar der Politik. Dann die Affäre um die Hausfinanzierung, der Rücktritt, der drohende Prozess – sie verlieren ihre Liebe.

Vier Minuten nach seiner Frau kommt auch Christian Wulff zum Anwalt

Montag, 7. Januar

Dienstag, 8. Januar

Mittwoch, 9. Januar

Donnerstag, 10. Januar

PRAG **Ein total blauer Präsident?**

Seine Hautfarbe: dunkelblau, 90 Prozent seines Körpers sind tätowiert: **Vladimir Franz,** Musiker, Dr. jur., Theater-Professor, will im Januar in unserem Nachbarland Tschechien Staatspräsident werden! Weltweit berichten die Medien über den „Tattoo-Kandidaten". Er wird mit 6,84 % der Stimmen Fünfter, immerhin. Gekürt wird der Sozialdemokrat **Milos Zeman,** der von 1998 bis 2002 schon Ministerpräsident war.

Rau, aber herzlich: Abschied von Peter Struck

Generäle und Admiräle halten die Totenwacht. In der Trauerrede heißt es: „Er war ein Typ: knorrig, rau, herzlich, humorvoll"

Bundeswehr und Politik verneigen sich am 3. Januar vor einem ihrer Großen: Peter Struck, Verteidigungsminister im Kabinett Schröder und acht Jahre SPD-Fraktionschef, war kurz vor Weihnachten mit 69 gestorben. Von ihm stammt die Begründung für den Afghanistan-Einsatz: „Unser Land wird auch am Hindukusch verteidigt."

Chef-Wechsel in Rheinland-Pfalz, Wahl in Niedersachsen

Nach der Wahl: Malu Dreyer wird von ihrem Mann Klaus Jensen (er ist Oberbürgermeister von Trier) über den Hof der Mainzer Staatskanzlei geschoben

„Der Rollstuhl gibt mir Freiheit"

Malu Dreyer ist Deutschlands vierte Ministerpräsidentin

Die Quote steigt auf 25 Prozent: Nach dem Saarland, Thüringen und Nordrhein-Westfalen ist jetzt das vierte von 16 Bundesländern in Frauenhand – Maria Luise Anna „Malu" Dreyer wird im Januar Ministerpräsidentin von Rheinland-Pfalz.

Das Besondere: Die SPD-Frau, seit 2002 Ministerin im Kabinett von Kurt Beck, benutzt für längere Wegstrecken den Rollstuhl, sie ist vor 17 Jahren an multipler Sklerose erkrankt. „Für kürzere Wege stütze ich mich beim Gehen auf den Arm einer Mitarbeiterin oder eines Mitarbeiters", sagte sie in ihrem ersten Interview nach ihrer Wahl. „Aber der Rollstuhl gibt mir meine Freiheit zurück."

Allerdings: „Ihn zu benutzen, hat mich zunächst Überwindung gekostet." In einem Urlaub auf Lanzarote hat sie sich dann einen geliehen: „Es war so schön, die Insel entdecken zu können."

Beck weint

Für diese Tränen muss sich „König Kurt" nicht schämen: 18 Jahre war **Kurt Beck** für seine SPD Ministerpräsident von Rheinland-Pfalz – jetzt tritt er (nach einigen Skandalen) aus gesundheitlichen Gründen zurück und übergibt sein Amt an **Malu Dreyer.** Als sich zum Abschied alle Abgeordneten von ihren Sitzen erheben, braucht er sein Taschentuch ...

... Rösler lacht

Da kann er noch richtig lachen: **Philipp Rösler** scheitert mit seiner FDP bei der Niedersachsen-Wahl nicht, wie befürchtet, an der 5-Prozent-Hürde, sondern holt durch eine Zweitstimmen-Kampagne überraschende 9,9 Prozent – zulasten der CDU, deren Ministerpräsident **David McAllister** vom SPD-Mann Stephan Weil gestürzt wird. Doch im September werden Rösler und seine FDP weinen...

Freitag, 11. Januar

Samstag, 12. Januar

Montag, 14. Januar

Dienstag, 15. Januar

Brüderle, die „Stern"-Reporterin und ein Shitstorm

<u>**Keine Frage: Im internationalen Vergleich ist unsere politische Landschaft Sexskandal-frei. Fast hätte sich das im Januar geändert, fast. Aber es war halt nur ein „Herrenwitz". Die Geschichte und ihre Hintergründe:**</u> Der FDP-Spitzenpolitiker Rainer Brüderle soll im Januar 2012 (!) nachts an der Hotelbar zur „Stern"-Journalistin Laura Himmelreich gesagt haben: „Sie können ein Dirndl auch ausfüllen." Ein Jahr später (!) schreibt sie darüber eine Geschichte. Titel: „Herrenwitz" – und ein Shitstorm rast durchs Land: Zeitungsseiten, Radiostunden, Talkshows werden gefüllt. Im Internet wird unter dem Schlagwort „Aufschrei" tagelang über „alltäglichen Sexismus" getwittert. Viele fordern, Brüderle müsse sich entschuldigen. Doch der schweigt. Die Reporterin auch. **Nach zwei, drei Wochen ist der Mediensturm abgeflaut.**

10. Januar in Osnabrück: Reporterin Laura Himmelreich begleitet Rainer Brüderle bei einem Pressetermin. Kurz danach erscheint ihr Artikel

FOCUS, Exklusiv-Foto

BANKRAUB Tunnel in den Tresorraum

Bankräuber graben einen 45 Meter langen Tunnel bis in den Tresorraum einer Volksbank-Filiale in Berlin, räumen 309 Schließfächer leer. Beute: geschätzte 10 Millionen Euro. Die „Soko Tunnel" bittet in „Aktenzeichen XY… ungelöst" um Hinweise – ohne Ergebnis, trotz 50 000 Euro Belohnung. Ein perfektes Verbrechen?

SPIONAGE Aus für die Alpenkuh

20 Jahre lang spionierte ein Ehepaar für Moskau, führte einen holländischen Diplomaten, der ihnen Nato- und EU-Dokumente verkaufte, als Agenten. Informationen wurden in Erdlöchern versteckt, Botschaften auf YouTube verfasst – Nutzername „Alpenkuh 1". Nun muht sie nicht mehr: Das Paar bekommt sechseinhalb und fünfeinhalb Jahre.

Prinz Harry JA, ICH HABE GETÖTET!

In der Nato war man nicht glücklich über seine Worte: Pilot Prinz Harry

<u>Man kennt ihn als Sonnyboy der Royals, die Nr. 3 der britischen Thronfolger:</u> Prinz Harry berichtet im Januar zum ersten Mal öffentlich über seinen Kriegseinsatz als Hubschrauber-Pilot in Afghanistan: **„Ja, ich habe Taliban getötet. Töten, um Leben zu retten, darum geht es doch."** Jugendlich unbedarft fügt er hinzu: „Ich liebe es, an der Playstation zu daddeln – darum habe ich ganz brauchbare Daumen."

HELMUT BERGER Im Suff in den Dschungel

Nach zwei Tagen fix und fertig: Berger

Deutschlands teuerste TV-Show (angeblich 30 Millionen Euro) präsentiert Helmut Berger als Star-Kandidaten. Den Mann, der mal der schönste der Welt war. Und jetzt, 2013? Ein Suffkopp im Dschungelcamp, Prost Mahlzeit. Er steigt auch schon nach zwei Tagen aus („Diese Hitze!"), zum Dschungelkönig wird „DSDS"-Sänger Joey Heindle vor der St.-Pauli-Transe Olivia Jones gewählt. Diese 7. RTL-Staffel trug am Anfang Trauer: Alle vermissten Kult-Moderator Dirk Bach, der drei Monate zuvor gestorben war.

Küss mich, ich bin König: Joey und seine Liebste

Randale schon im Flieger nach Australien: Berger, alkoholisiert, übt mit Olivia Jones Luftküsse

Ein widerlicher Verbrecher

Klaus Kinski hat jahrelang seine Tochter Pola missbraucht

Für seine Fans war er ein Genie, für seine Tochter war Klaus Kinski († 65, „Fitzcarraldo") der Teufel auf Erden. Im Januar 2012, sie ist 59 Jahre alt, verarbeitet Pola Kinski ihr Schicksal in einem Buch: „Kindermund" nennt sie es. Sie enthüllt, dass sie 14 Jahre lang von ihrem Vater missbraucht wurde.

Als Pola fünf Jahre alt ist, beginnt Kinski damit, sie zu befummeln. Mit neun die erste Vergewaltigung: Es passiert in einem Münchner Hotel, „er holte mich aus dem Schwimmbad, das war dann massiv".

Jahrelang geht das weiter – sie hat nicht den Mut, sich jemandem anzuvertrauen: „Er beschwörte mich, mit niemandem darüber zu sprechen, sonst komme er ins Gefängnis."

Immer wieder vergewaltigt er sie, sogar, als die Stiefmutter nebenan in der Badewanne ist.

Sie schreibt: „Ich spüre mich nicht mehr. Mein Körper ist taub, mein Kopf ist taub, meine Seele ist wach, sie schreit, schreit, schreit. Niemand hört sie, auch ich nicht. Ich sehe zu, als würde ich nicht dazugehören."

Erst mit 19 Jahren schafft es Pola, sich von ihrem Vater loszusagen. Eine Entschuldigung hört sie nie. Heute empfindet sie nur Abscheu und Leere: „Seine Augen erinnern mich an Metall."

Kinski, dreimal verheiratet, drei Kinder. Noch mit 59 Jahren beklagte er sich in der NDR-Talkshow: „Bei uns kommt man ins Gefängnis, wenn man mit einem minderjährigen Mädchen schläft, in anderen Ländern verheiraten die sich miteinander"

Pola Kinski wurde eine erstklassige Bühnenschauspielerin, hat drei Kinder

Polas Halbschwester Nastassja Kinski

(51, „Reifeprüfung") schreibt in BILD, nachdem sie in Los Angeles von den Enthüllungen gehört hat:

„Ich bin zutiefst erschüttert. Ich habe Polas Worte gelesen. Und ich habe lange geweint. Ich bin stolz auf ihre Kraft, ein solches Buch zu schreiben."

Und sie appelliert: „Wenn Väter so grauenvolle Dinge tun, können Freunde, Lehrer, andere Eltern Stützen sein. Hilfe ist immer da! Das sollen alle Kinder wissen."

Polas Halbbruder Nikolai

(36, auch er ist Schauspieler) erfährt erst Tage später von dem Buch, er war zelten auf Hawaii. Er schreibt in BILD:

„Ich hatte keine Ahnung, bin zutiefst schockiert und am Boden zerstört! Ich schäme mich für unseren Vater, hoffe von ganzem Herzen, dass Pola das Buch helfen wird, diese furchtbare Geschichte zu verarbeiten. Sie hat meine absolute Unterstützung."

Heile Familie vorgetäuscht: Kinski mit zweiter Ehefrau Brigitte, Pola (rechts) und Nastassja

Familien-Idylle für den Fotografen: Pola, hier ist sie 15, mit Kinski und Rolls-Royce in Rom

Mittwoch, 16. Januar

Donnerstag, 17. Januar

Freitag, 18. Januar

Samstag, 19. Januar

Stunden später: Elaine Goncalves bricht weinend am Sarg ihres Sohnes zusammen

DISCO-DRAMA 233 Tote!

Freunde und Angehörige spenden sich Trost vor der Disco

Sie wollten Party machen, zur Live-Musik tanzen. Doch plötzlich steht die Decke der Disco in Flammen. Ein Band-Mitglied hat auf der Bühne ein Bengalo-Feuer gezündet und die Katastrophe ausgelöst: 233 Menschen sterben, viele Studenten darunter, Santa Maria im Süden Brasiliens ist eine Universitätsstadt. Es ist 2.30 Uhr am 27. Januar, als in der Diskothek „Kiss" mehr als 500 junge Leute in Panik geraten: Feuerlöscher funktionieren nicht, Fluchtwege sind nicht gekennzeichnet, Rauch- und Giftschwaden verbreiten sich rasend schnell, viele halten die Toilettentür für einen Notausgang – hier werden später 60 Leichen gefunden. Feuerwehrchef Guido de Melo: „Viele Besucher wurden totgetrampelt, aber die meisten Opfer sind erstickt." Brasiliens Präsidentin Dilma Rousseff reist sofort von einem Gipfeltreffen EU–Lateinamerika in Santiago de Chile zurück, bricht im Fernsehen in Tränen aus. Der feierliche Countdown „Noch 500 Tage bis zur Fußball-WM", der für den nächsten Tag geplant war, wird abgeblasen, eine dreitägige Staatstrauer angeordnet.

In einer Turnhalle: Mediziner beugen sich über die Toten

Auf der Straße vor der Disco: Männer warten auf weitere Rettungswagen, eine Überlebende bekommt eine Wasserflasche (links)

Montag, 21. Januar

Dienstag, 22. Januar

Mittwoch, 23. Januar

Donnerstag, 24. Januar

Ein Stern für die „Queen"

Das wurde aber auch Zeit: Helen Mirren, die wunderbare Oscar-Preisträgerin („Die Queen"), bekommt auf dem „Walk of Fame" in Los Angeles endlich ihren Stern, direkt neben dem von Colin Firth. „Neben ihm wollte ich schon lange liegen, tut mit leid, Liebling", scherzt sie mit einem Blick auf ihren Ehemann, den Regisseur Taylor Hackford, küsst ihn – und legt sich im Escada-Kleid tatsächlich hin. Ganz großes Kino.

Endlich, sie hat ihn: Stern Nummer 2488 ist für Helen Mirren

Ein Engel für das Herz

EIN HERZ FÜR KINDER

„Ein Herz für Kinder" wird von der ADAC-Stiftung am 17. Januar mit dem „Gelben Engel" ausgezeichnet. Grund: Die BILD-Hilfsorganisation hatte im letzten Jahr mit der Post rund 750 000 reflektierende Warnwesten an ABC-Schützen verteilt: „Ein leuchtendes Beispiel", schrieb BILD am nächsten Tag und bedankte sich beim ADAC. „Ein Herz für Kinder" gibt es seit 1978, wurde vom Verleger Axel Springer ins Leben gerufen.

Seht her, ich hab ihn: Waltz und sein goldener Globus

★ ★ ★ ★ ★ ★ ★ **GOLDEN GLOBE 2013** ★ ★ ★ ★ ★ ★ ★

Christoph Waltz hat schon den Oscar im Blick

Die Golden Globes sind das Sprungbrett zu den Oscars, das weiß ganz Hollywood. Und deswegen strahlen Christoph Waltz (für „Django Unchained", bester Nebendarsteller) und Regisseur Michael Haneke (für „Liebe", bester fremdsprachlicher Film) doppelt: Wegen dieser begehrten Auszeichnung und wegen der Hoffnung auf die Krönung im nächsten Monat ...

Dustin Hoffman herzt Gattin Lisa

Zeigt Bein: Halle Berry in „Versace"

Es ist serviert: Mel Gibson überrascht Jodie Foster mit zwei Stoffhamstern – sie hat zwei Söhne

Cool: 007 Daniel Craig und Rachel Weisz

Bärtig: Ben Affleck mit Jennifer Garner

Michael Haneke mit BILD-Autor Norbert Körzdörfer

Bild
facebook-Betrug!
So kaufen Promis, Firmen und Politiker falsche Freunde

Freitag, 25. Januar

Bild
Deutschland streitet über Sexismus
Wie viel Brüderle ist erlaubt?
100 Frauen in BILD Flirt oder Belästigung – wo ist die Grenze?

Samstag, 26. Januar

Bild
Mehr als 200 Tote! Disco-Drama in Brasilien
Erstmal zu Penny
Brüderle und die Reporterin

Montag, 28. Januar

Bild
Désirée Nosbusch & Daimler-Chef Dieter Zetsche
Neue Liebe!
Das hat sich Ihr Hals verdient!
Altmaier kappt Öko-Strom

Dienstag, 29. Januar

Jenny Elvers ALKOHOL-BEICHTE

Morgens, nachmittags, abends 'ne Flasche – damit ist Schluss!

Sie war öffentlich abgestürzt, im Fernsehen, September 2012. Seitdem wussten es alle: Jenny Elvers hat ein Problem.

Jetzt, im Januar 2013, ihre große Alkohol-Beichte: „Meine Tagesdosis war: vormittags eine Flasche Sekt, nachmittags eine Flasche Wein, abends eine Flasche Wodka. Oder eine Flasche Whisky. Oder eine Flasche Gin ...." **Warum? Depressionen, Schlaflosigkeit.** Die Schauspielerin: „Seit drei oder vier Jahren nehme ich Tabletten. Wenn nichts half, dann eben mit Alkohol." Sechs Wochen war sie in der Entzugsklinik. „Seitdem habe ich keinen Tropfen getrunken." Vorm Weinkeller zu Hause hängt ein großes Schloss ...

DRUSCHBA

Depardieu ist jetzt ein Russe

Um der Reichensteuer (75 Prozent) zu Hause in Frankreich zu entgehen, nimmt Filmstar **Gérard Dépardieu** ein Angebot des russischen Präsidenten **Wladimir Putin** an – er lässt sich am 6. Januar einbürgern. In Sotschi fallen sich die beiden in die Arme, Druschba! (= Freundschaft!). Obelix ein Russe, sein Zaubertrank heißt jetzt wohl Wodka!

Erst Putin umarmt, dann in der Volkstracht Mordowiens: Depardieu

ROCKER-KRIEG

Weil Heino die Ärzte und Rammstein nachmachte

„Rammstein"-Frontmann Till Lindemann: Seine Band verdient an Heino mit

Ein harter Rocker? Immerhin trägt er einen Totenkopf-Ring: Heino

Ihr Song „Junge" ist auf dem Album: „Die Ärzte"

Wüste Beschimpfungen, Drohungen mit Anwälten? Die deutsche Rock-Szene gerät im Januar in Aufruhr: Heino singt Hits der harten Jungs von „Rammstein" und „Die Ärzte". Obwohl die ihm keine Genehmigung dafür gaben.

Heino, der seit Ewigkeiten seine Fans mit „Schwarzbraun ist die Haselnuss" und „Blau, blau, blau ist der Enzian" wärmte, immer noch blond, aber mittlerweile auch schon 74 Jahre alt – ein harter Rocker?

Aber nein: Er singt die Texte und Melodien auf seine Art. Das Album „Mit freundlichen Grüßen" sei als Hommage an die deutsche Rock- und Popmusik zu verstehen. Eins ist es auf alle Fälle: ein gigantischer PR-Erfolg. Das Album rast auf Platz 1 der Charts. Und im August steht Heino beim Metal-Festival „Wacken" sogar mit „Rammstein" auf der Bühne.

Bild

Fifa prüft neue Tor-Technik

Jenny Elvers

Die Alkohol-Beichte!

Das hat sich ihr Hals verdient!

Härtere Strafen für Rad-Rüpel

Depression • Absturz • Entzug

Mittwoch, 30. Januar

Bild

Erpressung bei der Deutschen Bank

Jenny Elvers und die Alkohol-Beichte

Welche Rolle spielt ihr Mann?

Guardiola und die Skandal-WM

Liebe im Netz

Dieser Roboter ist fast ein Mensch

Donnerstag, 31. Januar

Lexy Hell

Herbert Knaup und Ellen von Unwerth

Palina Rojinski

Christine Neubauer

Fashion Week Berlin: Schrill, bunt, schön

Zweimal im Jahr schaut die Mode-Welt nach Berlin: Fashion Week!

Im Januar und im Juli. Jetzt, im Winter, ist trotz der Kälte viel Nacktes zu sehen, aber auch Schrilles und Buntes. Besonders schrill: Model Lexy Hell (in „Anja Gockel") – ihren Body schmücken Tattoos für 30 000 Euro! Besonders bunt: TV-Moderatorin Palina Rojinski (in „Jeremy Scott") – ihre Schulter ziert ein Berliner Pop-Bär. Besonders schön: Schauspielerin Christine Neubauer (lief für „Lavera") – im Kleid wie eine Hochzeitstorte. Promis staunten und feierten: Schauspieler Herbert Knaup gratulierte Star-Fotografin Ellen von Unwerth zum Geburtstag.

VERLIERER
Die Show des Lance Armstrong

Lance Armstrong, 7-facher Tour-de-France-Betrüger, sitzt im Januar bei der berühmtesten Talk-Lady der Welt, **Oprah Winfrey** – und gibt nur das zu, was sowieso jeder weiß. „Ja, ich habe gedopt, mit EPO, Bluttransfusionen, Testosteron." Nichts sagt er über das jahrelang funktionierende Betrugs-System, nichts über Ärzte, Helfer, Verbandsfunktionäre. Es ist keine Beichte. „Es ist eine PR-Show", urteilt der Chef der Welt-Anti-Doping-Agentur, John Fahey. Tennis-Star Novak Djokovic: „Er ist eine Schande für den Sport."

Lance Armstrong bei Oprah Winfrey

SIEGER
Messi gekrönt, Franz geehrt

Als erster Spieler der Geschichte wird **Lionel Messi** zum vierten Mal zum Weltfußballer gewählt – in Folge! Der Barcelona-Star (von **Pep Guardiola** geformt) überrascht bei der Gala in Zürich auch durch seinen modischen Mut: Dunkle Smokingjacke mit weißen Punkten, passende Fliege! Große Ehre für **Franz Beckenbauer:** Er erhält den „Presidential Award" von Fifa-Präsident **Sepp Blatter.** Der Kaiser, lässig wie immer: „Ich bin gerührt."

Lionel Messi

Sepp Blatter und Franz Beckenbauer

Olé! Guardiola wird von seinen Spielern in die Luft geworfen: Champions-League-Sieger 2009 gegen Manchester United (2:0). Auch intellektuell fliegt Pep hoch – er liebt Hermann Hesse und Immanuel Kant, liest seinen Spielern schon mal Gedichte vor

Das hat Pep – Bayern holt Pep

Am 16. Januar 2013 um 16.29 Uhr ertönt der Startschuss für ein neues Spektakel im europäischen Fußball – BILD meldet exklusiv: Pep Guardiola wird neuer Trainer von Bayern München!

Josep Guardiola i Sala, genannt „Pep": Der Beste! Der Erfolgreichste! Der Attraktivste! Der Eleganteste! Kein Superlativ wird ausgelassen. Ganz Europa staunt.

Pep war selbst überragender Fußballer, Mannschafts-Kapitän des ruhmreichen FC Barcelona. Danach, als Trainer, holt er mit „Barca" in vier Jahren 14 Titel. Im Mai 2012, mit 42 Jahren, verkündet er, völlig überraschend: Ich nehme ein Jahr Auszeit vom Fußball. Er zieht mit seiner Familie nach New York, bringt morgens seine Kinder mit der U-Bahn zur Schule, hört Vorlesungen über Ökonomie und geht mit seiner Frau segeln.

Jetzt kommt er zu Bayern. Noch im Januar beginnt er mit Deutsch-Unterricht…

Das Leben beginnt mit Vertrauen

PETER BACHÉR
Kolumnist

Es ist ein unglaubliches Foto, das Sie hier rechts sehen und das wir am 4. Januar 2013 veröffentlichten: Es zeigt, wie ein noch ungeborenes Baby bei einem Kaiserschnitt seine winzige Hand aus dem Bauch der Mutter ins Freie reckt, dem Leben entgegen

Damals druckten wir das Foto vor allem, weil es aktuell war: Ein Vater aus Glendale im US-Staat Arizona war dabei, als der Arzt Dr. Allan Sawyer die Geburt einleitete und plötzlich rief: „Hey, kommen Sie mal her, Ihre Tochter greift gerade nach meinem Finger." Der stolze Vater holte den Fotoapparat und drückte auf den Auslöser, ein magischer Moment war für die Ewigkeit gebannt. Jetzt drucken wir dieses Foto noch einmal in diesem Jahresrückblick, ausgesucht aus Tausenden von Bildern, denn es rückt noch einmal eine Botschaft in unser Bewusstsein, die wir heute in unserer entfesselten Welt mehr denn je brauchen. Diese Botschaft lautet: DAS LEBEN BEGINNT MIT VERTRAUEN. Wir sind, kaum auf der Welt, hilflos von der ersten Sekunde an. Aber wir spüren, und das hat die Natur wunderbar eingerichtet, sofort die Nähe der Mutter - und ihre Liebe. Wir brauchen dieses Urvertrauen wie die Luft zum Atmen. Eine Welt ohne Liebe und Vertrauen wäre eine kalte, erbarmungslose Welt, eine Zone der Schmerzen und des Todes.

Ich bringe mein Kind morgens um 9 Uhr in den Kindergarten, weil ich voll darauf vertraue, dass ich es um 15 Uhr wohlbehalten wieder abholen kann, dass mein Kind dort „behütet" ist im besten Sinne des Wortes, so altmodisch es auch klingen mag. Ich schlucke die Blutdrucksenker in der von meinem Arzt festgelegten Dosierung, weil ich mich fest darauf verlasse, dass die furchteinflößenden Nebenwirkungen bei mir nicht eintreten, die ich soeben im Beipackzettel lesen musste – „Gesichtsrötung, Beinödeme, Durchblutungsstörungen der Herzkranzgefäße bis zum Herzinfarkt möglich" – denn ich vertraue meinem Arzt total. Ich steige mit 280 Passagieren in ein Flugzeug und hoffe, dass der Pilot, der am Eingang so freundlich grüßte, mich und alle anderen Gäste sicher auch durch Turbulenzen zum Ziel fliegt – gäbe es ohne dieses Vertrauen überhaupt ein Flugzeug am Himmel?

Michelangelos Fresko „Die Erschaffung des Adam": Gottes Finger (rechts) lässt den Lebensfunken überspringen

Vertrauen zueinander und miteinander ist das Königliche in unserem Leben. Das gilt vor allem für die Liebe, die Ehe, ja, im Grunde für jede Partnerschaft. „Wo dieses Vertrauen fehlt, da fehlt dem Kranz der Liebe seine schönste Blume", wie wunderbar hat Altmeister Goethe es auf den Punkt gebracht. Zur Tragik unseres Lebens gehört es aber auch, dass sogar schon gewonnenes Vertrauen immer wieder zerstört wird. Zum Beispiel durch die Machtgier von Politikern, die ihre Wähler kühl abfertigen, wenn diese nach einer Wahl das Einhalten von Versprechungen einfordern. „Was schert mich mein Geschwätz von gestern", so oder so ähnlich hören wir es viel zu oft. Oder ich denke an Chefs, die sich plötzlich nicht mehr an eine Gehaltszulage erinnern, die sie leichtsinnigerweise bei einer Weihnachtsfeier zugesagt haben. Dabei gehört es zum kleinen Einmaleins guter Führungskunst, mit Mitarbeitern ehrlich umzugehen, ihnen so viel Freiraum wie möglich zu geben, Vertrauen im Vorschuss sozusagen – Lenins Rat „Vertrauen ist gut, Kontrolle ist besser", kann man immer noch befolgen, wenn sich einmal wie eine böse Krankheit das Misstrauen eingeschlichen hat.

Das Foto aber, das einen kleinen Menschen zeigt, der voller Vertrauen nach dem Leben greift, rückt noch einmal eine Tatsache in unser Bewusstsein: Es gibt eherne Gesetze, die unser Leben bestimmen; eins hat Schopenhauer ganz glasklar beschrieben: „Wer Treu und Glauben bricht, hat Treu und Glauben verloren auf immer. Die bitteren Früchte, welche dieser Verlust mit sich bringt, werden nicht ausbleiben."

Alicia Atkins aus Glendale (US-Staat Arizona) hat ihre Tochter Nevaeh genannt. Rückwärts gelesen: Heaven, Himmel

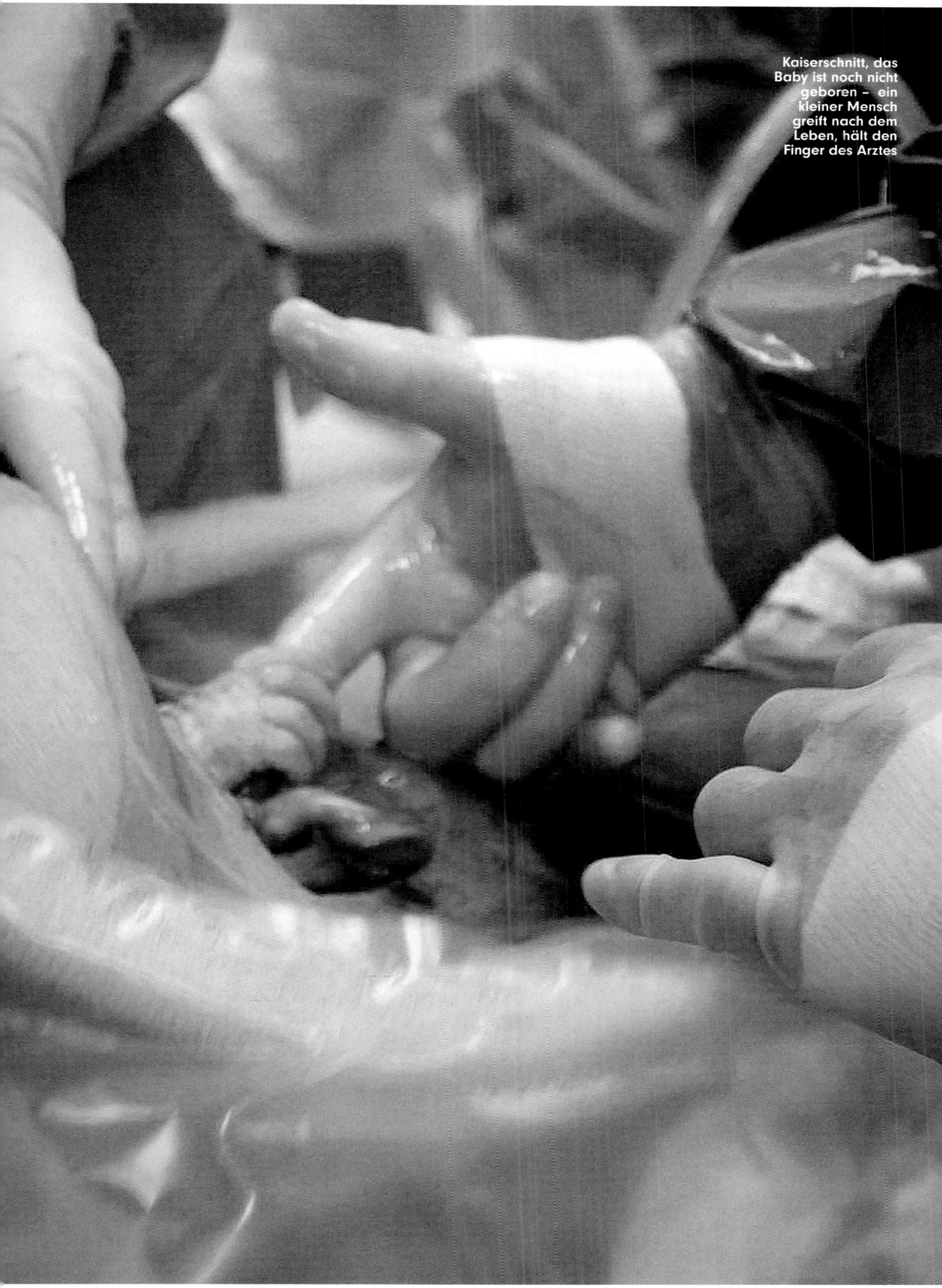

Kaiserschnitt, das Baby ist noch nicht geboren – ein kleiner Mensch greift nach dem Leben, hält den Finger des Arztes

Hier fliegt unser Papst in Rente

Das gab es noch nie: Ein Papst geht in Rente! Im April 2005 war Joseph Kardinal Ratzinger gewählt worden, hatte sich den Namen Benedikt XVI. gegeben. Knapp acht Jahre später ist seine Kraft zu Ende, er verkündet seinen Rücktritt.

Am 28. Februar um 17.07 Uhr hebt ein Hubschrauber mit ihm in Rom ab, schwebt an der Kuppel des Petersdoms vorbei, fliegt nach Castel Gandolfo, der Sommerresidenz. Dort streift er um 20 Uhr den Fischerring ab – er ist nicht mehr amtierender Papst.

Kurz vorher erschien bei Twitter sein letzter Tweet als Heiliger Vater: „Danke für Eure Liebe und Unterstützung." Ein moderner, alter Mann, jetzt im Ruhestand.

Bitte blättern Sie um: Das Wirken unseres deutschen Papstes.

Mai 2009: An der Klagemauer in Jerusalem erbittet der Papst auf einem Zettel den Frieden für die Region

Dezember 2012: Der Papst am iPad. Er twittert: „Liebe Freunde! Von Herzen segne ich Euch"

September 2006: Vor seinem Geburtshaus in Marktl am Inn segnet er ein Denkmal zu seinen Ehren

Das Wirken unseres deutschen Papstes

Es ist ein Jahrtausendereignis: Mit Benedikt XVI. räumt zum ersten Mal seit 719 Jahren ein Papst freiwillig den Stuhl Petri.

„WIR SIND PAPST" titelte BILD, als Joseph Ratzinger gewählt wurde. Jetzt will er nicht mehr Stellvertreter Gottes sein, jetzt ist er nur noch Mensch: „Ich bin zur Gewissheit gelangt, dass meine Kräfte infolge des vorgerückten Alters nicht mehr geeignet sind …".

Mit einigen Bildern dokumentieren wir hier das Wirken „unseres" deutschen Papstes.

Mai 2006: Benedikt besucht das KZ Auschwitz „als Sohn des deutschen Volkes"

August 2005: Beim Bruder Georg in der Klinik – der bekam einen Bypass

November 2006: Er trifft den ökumenischen Patriarchen von Konstantinopel

September 2010: bei der Queen. Noch nie vor ihm war ein Papst auf den britischen Inseln

Die „Sala Clementina" im Vatikan: Hier empfängt der Papst Kardinäle und Bischöfe

September 2011: Die Rede im Bundestag ist Höhepunkt des Deutschlandbesuchs

Juli 2008: Im Hafen von Sydney wird er von einem Aborigine nach alter Sitte begrüßt

NIKOLAUS HARBUSCH
BILD-Reporter

Das Undenkbare: Denkerpapst dankt ab!

Der weiße Hubschrauber mit dem noch regierenden Papst Benedikt XVI. an Bord dreht eine Ehrenrunde über den Petersplatz. Alle Glocken Roms läuten. Bayerische Pilger lassen ihre Rautenbanner im Wind wehen. Ich stehe unter 10000 Gläubigen vor dem Petersdom.

Die Bilder des deutschen Pontifikats laufen vor meinem geistigen Auge ab:

Wir sind Papst! Freude. Jubel. Begeisterung. Ja, so etwas wie Euphorie war zu spüren in diesen Tagen. Benedikt – der erste deutsche Papst seit knapp 500 Jahren (Hadrian VI.).

Er besuchte den Weltjugendtag in Köln. Junge Menschen aus aller Welt jubelten ihm zu. Sie feierten ihn wie einen Popstar, obwohl sie eine Nacht lang im Schlamm des Kölner Marienfeldes verbrachten. Ich mittendrin.

Er hielt in seiner alten Universitätsstadt die „Regensburger Rede“ und sprach über den Propheten Mohammed. Die muslimische Welt erregte sich bereits, als ich noch zu Fuß auf dem Rückweg von der morgendlichen Papstmesse war.

Als Benedikt die Exkommunikation vier traditioneller Bischöfe der Piusbruderschaft zurücknimmt, bricht auch in Deutschland ein Proteststurm gegen Benedikt los. Unter den vieren war Holocaust-Leugner Richard Williamson (73). Kanzlerin Angela Merkel griff den Papst scharf an, forderte „Klarstellungen“.

Das war bereits vergessen, als Papst Benedikt 2011 ein letztes Mal während seines Pontifikats Deutschland besuchte. Diesmal sprach er im Bundestag über Nachhaltigkeit von Politik und im Freiburger Konzerthaus über die Entweltlichung seiner Kirche.

Feinde hatte Benedikt sogar innerhalb seiner päpstlichen Familie. Sein Kammerdiener Paolo Gabriele (47) wurde verurteilt, weil er wie ein Rabe Dokumente vom Schreibtisch des Papstes geklaut hatte. Benedikt begnadigte den Raben.

Als am Rosenmontag 2013 dann die Nachricht der Abdankung über die Newsticker läuft, hat Benedikt in den Geschichtsbüchern hinter seinem Namen ein Ausrufezeichen gemalt. Ein Papstrücktritt galt als undenkbar – aber der große Denker-Papst durchdachte das Undenkbare und zieht es durch. Ich höre jetzt nur noch das Brummen des Helikopters, sehen kann ich ihn nicht mehr.

Dezember 2005: Er trägt den Camauro – die rote Samtmütze der Päpste

Juni 2005: Passt! Er probiert den Helm eines Feuerwehrmannes des Vatikan

März 2009: In Kamerun trifft er Pygmäen vom Volk der Baka

Februar 2013: Privatsekretär Gänswein reicht ein Baby zum Segens-Kuss

Zweimal beherrschte der Papst die komplette Seite 1 von BILD. Chefredakteur Kai Diekmann überreichte ihm bei einer Privat-Audienz eine Kunst-Lithografie der Schlagzeile „Wir sind Papst!“

Freitag, 1. Februar

Samstag, 2. Februar

Montag, 4. Februar

Dienstag, 5. Februar

Italien wählt zwei Clowns

Zum Lachen oder Weinen? Komiker Grillo als Clown geschminkt (r.), Berlusconi in Clown-Fotomontage

SPD-Spitzenmann Peer Steinbrück ist immer für einen Spruch gut. Nach der Wahl in Italien Ende Januar gibt er sich „entsetzt, dass zwei Clowns gewonnen haben“: der Protestpolitiker Beppe Grillo – und Silvio Berlusconi!

Darf ein deutscher Politiker ausländische Politiker Clowns nennen? Italiens Präsident Giorgio Napolitano, ein feiner, älterer Herr, meint Nein. Er sagt ein in Berlin geplantes Treffen mit Steinbrück ab. Italien steht vor einem politischen Chaos. Grillo, im Hauptberuf Komiker in der Maske eines Clowns, will mit seiner Partei „5 Sterne“ in keine Koalition. Berlusconi, immer wieder als Bunga-Bunga-Clown karikiert, schickt seine „Partei der Freiheit“ nach zwei Monaten Gezerre in eine Mehrparteienregierung. Ende April wird Enrico Letta („Demokratische Partei“) zum Ministerpräsidenten gewählt.

Die 30 cm große vergoldete Kupferscheibe: „THE SOUNDS OF EARTH“

Goldene Platte für Aliens

Am 5. September 1977 schießt die Nasa die Raumsonde „Voyager 1“ von Cape Canaveral in Richtung Unendlichkeit.

Vorbei am Mond und allen Planeten. Sie übermittelt atemberaubende Bilder und Erkenntnisse, fliegt und fliegt. 36 Jahre lang – bis sie jetzt im Februar 2013 unser Sonnensystem verlässt, die Weiten des Universums erreicht. Nach 19 Milliarden Kilometern. **Faszinierend: An Bord hat „Voyager“ eine goldene Schallplatte – eine Botschaft für Aliens, Außerirdische, falls es sie gibt: HALLO, IST DA DRAUSSEN WER?** Auf der Platte: Grußbotschaften in 55 Sprachen, Musik von Mozart, Beethoven, Bach, Chuck Berry. Sowie 115 Bilder, Geräusche, Töne. So erklären wir unsere Welt. **Ein paar Jahre haben die Atom-Batterien von „Voyager“ noch Kraft, können zur Nasa noch Signale senden. Wir warten.**

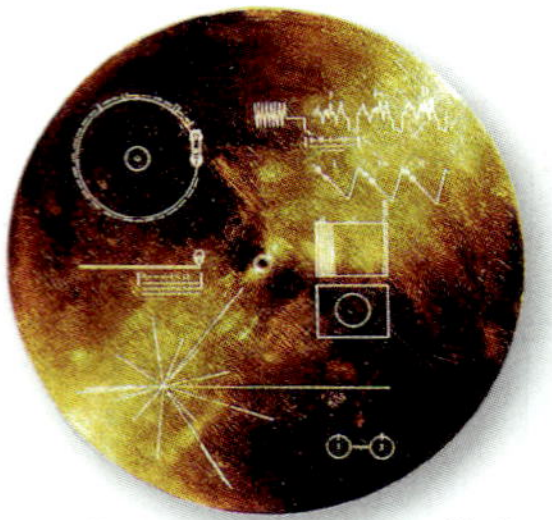

Die Rückseite der Schallplatte – mit Anweisungen, wie die Daten abgerufen werden können

Castro wählt sich selbst

Überraschender Auftritt, gebückt, aber offenbar gesund – und guter Laune: Erstmals seit fast einem Jahr zeigt sich Kubas Ex-Staatschef Fidel Castro in der Öffentlichkeit.

Er gibt Anfang Januar, 86 Jahre alt, in der Hauptstadt Havanna seine Stimme bei der Wahl zur Nationalversammlung ab.

Einzige zugelassene Partei: Castros Kommunisten …

Máximo-Lider: 49 Jahre war Castro Staatschef von Kuba

Weiter eng vertraut: Schavan bleibt Abgeordnete für Merkels CDU

Schavan wählt den Rücktritt

Sieben Jahre war sie Ministerin im Kabinett Merkel, davor zehn Jahre Landesministerin in Baden-Württemberg: Am 9. Februar tritt Annette Schavan in Berlin zurück.

Vier Tage zuvor hatte ihr die Universität Düsseldorf den Doktortitel entzogen. Grund: Bei ihrer Doktorarbeit „Person und Gewissen“ hatte sie vor 33 Jahren (!) Zitierfehler gemacht und Quellen nicht richtig ausgewiesen.

Bild
Ministerin Schavan Doktor-Titel weg!
Wie Guttenberg beim Schummeln erwischt
Genuss zeigt Wirkung!
Marietta Slomka Ehe-Aus
Noch mehr Haushalts-Tipps der BILD-Leser
100 000 Euro für Vergewaltigungs-Opfer
Mittwoch, 6. Februar

Florian (7) auf Zebrastreifen totgerast!
Nur 4500 Euro Geldstrafe für den Täter
Bild
REWE
Merkel jubelt über Sieg
Große Sorge um Karlheinz Böhm
SCHAVAN UNTER DRUCK
Donnerstag, 7. Februar

Lebenserwartung – die neuen Zahlen
So alt werden Sie!
Große Tabelle für Männer & Frauen
Erstmal zu Penny
0.99
Bild
Simone Ballack bei Let's Dance
Freitag, 8. Februar

Désirée Nosbusch
So war das wirklich mit Kinski!
→ Er sperrte sie ein
→ Er betatschte sie
→ Sie war erst 17
Bild
Die Kandidaten auf einen Blick!
Das neue Patienten-Gesetz!
Gold! Ich hab's allen gezeigt!
Forscher entdecken Depressions-Hormon
Samstag, 9. Februar

- ▶ GEWALTIGE EXPLOSION ÜBER TSCHELJABINSK IM URAL
- ▶ 1200 VERLETZTE, FAST 5000 HÄUSER WERDEN BESCHÄDIGT

10 000 Tonnen schwer: In 15 Kilometer Höhe explodiert der Meteorit

Ein Meteorit trifft die Erde

Täglich dringen Abermillionen Brocken in die Erdatmosphäre ein, fast alle verglühen vor dem Aufprall. Ganz selten gibt es Ausnahmen – wie am 15. Februar in der Region Tscheljabinsk im russischen Ural.

Um 9.23 Ortszeit (4.23 Uhr MEZ) explodiert dort in 15 Kilometer Höhe ein Meteorit, wie er nur alle 100 Jahre auf die Erde trifft: Knapp 20 Meter Durchmesser, 10 000 Tonnen schwer, Geschwindigkeit mehr als 50 000 km/h, errechnet später die NASA. Die Druckwelle ist verheerend: Fast 5000 Häuser werden beschädigt, Gesteinsbrocken durchlöchern Wände, Dächer werden abgedeckt. In Schulen sitzen Kinder beim Unterricht, als die Scheiben bersten. 1200 Menschen erleiden Verletzungen – Schnittwunden, Knochenbrüche, Gehirnerschütterungen. Eine Augenzeugin: „Ich sah diesen Blitz, er war rot-orange! Ich dachte, ein Krieg sei ausgebrochen." Wie durch ein Wunder gibt es keine Toten. **Acht Monate später wird ein 600 Kilo schwerer, knapp zwei Meter großer Gesteinsbrocken aus dem Tschebarkul-See geborgen – wenn der ein Wohngebiet getroffen hätte ...**

Wie nach einem Bombenangriff: Ein Fabrikdach war heruntergeflogen

Die Blicke angstvoll nach oben, hinten steigt Rauch auf

Montag, 11. Februar

Dienstag, 12. Februar

Mittwoch, 13. Februar

Donnerstag, 14. Februar

GOLDKEKS GESTOHLEN!

Hier fehlt der Goldkeks: Brezelmännchen nur mit Brezel

Der Erpresser schickt ein Foto: „Ich will die mit Vollmilch!"

Die ganze Welt krümelt sich vor Lachen

Endlich mal ein Krimi zum Lachen! Bei Bahlsen in Hannover wird das Wahrzeichen, ein vergoldeter Messingkeks, gestohlen. Ein Erpresser fordert: „Kekse an alle Kinder im Krankenhaus Bult!" **Unterschrift: Krümelmonster!** Die Polizei ermittelt, alle Welt berichtet, selbst NBC und US-News.

Bahlsen spendiert 52 000 Packungen Kekse an 52 Kinderkliniken und -heime. (Die Zahl 52 ist ein Bahlsen-Mythos: Jeder Leibniz-Keks hat 52 Zähne). Und prompt taucht der Goldkeks wieder auf – mit roter Schleife am Niedersachsen-Ross vor der Leibniz-Uni, am 5.2.!

HINTERSEER
TV-Abschied nach 18 Jahren

Ein Stück Fernseh-Idylle geht zu Ende – trotz guter Quoten. Am 2. Februar verkündet Volksmusikstar **Hansi Hinterseer** am Schluss seiner Samstagabend-Show selbst das Aus: „Pfiat di, macht es gut, euer Hans!" Vier Millionen sahen zu, hatten nichts geahnt. „Ich hätte gern weitergemacht", sagt er traurig zu BILD. Bei der ARD heißt es, es sei an der Zeit, sich zu verabschieden, „wenn auch mit etwas Wehmut". Seit 1995 hat Hansi Hinterseer 60 Sendungen präsentiert.

Traurig: Hansi Hinterseer

Kein Fasching! Ein Ritter im Supermarkt

Hattu Möhrchen? Auch Ritter leben gesund

Vermutlich einmalig: Ein Ritter im Supermarkt! Gesehen im Dorf Martfeld (Niedersachsen). Maurer Kay Stiegler tritt bei Ritterspielen auf, geht aber auch mal in Rüstung einkaufen. Wirklich wahr.

PFERDEFLEISCH! IGITT?

Als Rindfleisch gekauft, aber Pferdefleisch auf dem Teller – ein Lebensmittelskandal! Fast alle Supermarktketten müssen im Februar erst Lasagne, dann weitere Fertiggerichte aus den Regalen nehmen. Untersuchungen zeigen: Ungesund ist das nicht, aber igitt? Manche mögen Pferdefleisch...

Von hier kam Pferdefleisch: Produktion im rumänischen Romanu

◄ Auslöser des Skandals: In Tiefkühl-Lasagne war auch Pferdefleisch

Olympia-Held erschießt Freundin!

Vier Mal feuerte er auf das Top-Model

Erstmal zu Penny

Bild

Was ist wirklich drin in unserem Essen?

Freitag, 15. Februar

GEFAHR AUS DEM ALL

+++ Meteorit schlägt in Russland ein +++ 1200 Verletzte +++ Es kann auch bei uns passieren +++

Bild

MORD-ANKLAGE

Olympia-Held weint vor Gericht

Samstag, 16. Februar

Olympia-Held Pistorius

Protokoll der Todes-Nacht

Welche Rolle spielt ein blutiger Cricket-Schläger?

Erstmal zu Penny

Holt Schalke Heynckes?

Bild

Pferdefleisch-Skandal wird immer größer

Montag, 18. Februar

Hass-Welle gegen Natascha Kampusch

Warum eigentlich?

Bild

Metro-Gründer SELBSTMORD MIT 89!

Die 33 besten Apps

Dienstag, 19. Februar

EHE-AUS

Schönstes TV-Paar hat sich getrennt

Wieder ist eine Promi-Ehe gescheitert: ZDF-Nachrichtenlady **Marietta Slomka** und RTL-Kollege **Christof Lang** haben sich nach fast neun Jahren Ehe getrennt, wie sie im Februar von ihrem Anwalt bestätigen ließen. Sie galten als das schönste Ehepaar des deutschen Nachrichten-Fernsehens. Aber sie arbeitet in Mainz, er seit Anfang des Jahres in München – Fernbeziehungen sind schwer.

Auf Distanz: Marietta Slomka, Christof Lang

BARCELONA

BILD Dir Deine Wohnung!

1414 LESER-REPORTER

Was für eine BILD-Geschichte! Dirk Engelhardt, Stadtführer in Barcelona, fand den Rotton der Wohnzimmerwand in seiner neuen Wohnung hässlich – er tapezierte sie mit BILD. „Die Zeitung ist dünner als Tapete und lässt sich besser kleben. Außerdem gefällt mir das Bunte und Lebhafte," sagt er. Danke fürs Foto, Herr Engelhardt, Sie haben einen besonderen Geschmack!

BILD schmückt: Leser Engelhardt mit seiner „Tapete"

DER FALL PISTORIUS

Hier wurde Reeva getroffen: das Bad in seiner Villa

Er betet, weint, leugnet die Tötungsabsicht: Pistorius vor Gericht

„Ich bin nicht behindert, ich bin beinlos", sagt der „Blade Runner"

Olympia-Held erschießt seine Freundin

Zwei Tage nach ihrem Tod lief eine TV-Show mit ihr: Reeva Steenkamp

Er ist Supersportler, sie ist Topmodel: Oscar Pistorius und Reeva Steenkamp sind das Traumpaar Südafrikas. Sechsmal hat er bei Paralympischen Spielen Gold geholt, er ist der schnellste Mann der Welt – ohne Beine. Sie schaffte es auf Magazin-Titelseiten und als Moderatorin ins Fernsehen. Am 14. Februar, in der Nacht zum Valentinstag, tötet Pistorius seine Lebensgefährtin mit vier Schüssen. Aus Versehen, wie er sagt.

Es ist 4 Uhr morgens, als Reeva Steenkamp stirbt.

Die Kugeln treffen sie in Kopf und Oberkörper. Schüsse durch die Toilettentür. Er habe Geräusche gehört, an Einbrecher geglaubt, seine Pistole aus dem Nachttisch geholt, sei auf seinen Beinstümpfen zur Toilette gekrochen, habe geschossen, sagt Pistorius der Polizei, dem Staatsanwalt und später vor Gericht. Nachbarn berichten, sie hätten vor den Schüssen lauten Streit und Schreie gehört. Pistorius wird des Mordes angeklagt, kommt auf Kaution frei – der Prozess ist für März 2014 anberaumt.

Hollywood verneigt sich vor **Christoph Waltz** und **Michael Haneke**

Der Oscar spricht Deutsch!

Hier will jeder hin: Oscar-Verleihung in Hollywood. BILD-Kolumnist Norbert Körzdörfer ist dabei, wie immer. Er kennt sie, die Stars. Sie kennen ihn. Fast alle hat er schon interviewt, viele besuchten mit ihm die BILD-Redaktionskonferenzen in Berlin. Vom Oscar-Rausch 2013 einige seiner Impressionen und Zitate:

Waltz und sein Regisseur: Tarantino erhielt (nach 1995, „Pulp Fiction") seinen zweiten Oscar für ein Original-Drehbuch

Haneke mit Körzdörfer...

...und seiner Frau Susi. Sie rettete nachts den Oscar

Goldig! Renée Zellweger in „Carolina Herrera"

Klasse! Hilary Swank in „Valentino"

Sehr sexy! Selena Gomez in „Versace"

„Als alles vorbei ist, seufzt **Robert De Niro** zu mir: „Er ist halt ein toller Schauspieler..." Der Oscar spricht Deutsch!

★★★

Die Sensation: Der zweite Oscar für **Christoph Waltz** – als Kopfgeldjäger in „Django Unchained"! Oscar für **Michael Haneke** – für das Drama „Liebe".

★★★

Waltz sagt mir: „Ich bin demütig. Es ist wie ein Wunder für mich. Mein Held ist Quentin. Er bestieg diesen Film wie einen Berg – weil er keine Angst hatte!" Haneke: „Ein wunderschönes Gefühl, eine Würdigung fürs Werk. Auf dem Oscar steht nicht mein Name, sondern ‚Amour' – ‚Liebe'!" **Michael Douglas:** „Meine Hochachtung!" Regie-Genie **Quentin Tarantino:** „Es sind Oscars fürs Kino der Worte."

★★★

Verlierer der Oscar-Nacht: Film-Milliardär **Steven Spielberg** („nur" 2 Oscars für „Lincoln" bei 12 Nominierungen). Doch er stand auf und klatschte für „Argo" von **Ben Affleck:** Der Höhepunkt, weil der Bütten-Umschlag (made in Germany) im zugeschalteten Weißen Haus von Michelle Obama geöffnet wurde.

★★★

Einmalig: **Daniel Day-Lewis** („Lincoln") ist der erste Mann, der den dritten Oscar als Hauptdarsteller gewinnt.

★★★

Nach der Verleihung sitzt Haneke mit mir im österreichischen Generalkonsulat, isst Gulasch. Er sagt: „Der wichtigste Mensch ist meine Frau Susi, die mich seit 30 Jahren unterstützt. Sie ist der Mittelpunkt meines Lebens!" **Fast hätte er den Oscar um 2 Uhr morgens stehen lassen – wenn seine Frau den Goldmann nicht mitgenommen hätte...**

★★★

Der Oscar ist der Nobelpreis der Illusionen. Wenn wir ins Kino gehen, erleben wir Märchen. Wenn wir auf dem roten Teppich stehen, spüren wir Stars. Ich bin jedes Jahr von Neuem fasziniert – Kino ist eine Art zweites Leben!"

And the **Oscar** goes to...

...Jennifer Lawrence als Beste Hauptdarstellerin in „Silver Linings" (links, sie trägt eine Robe von „Dior") – und Anne Hathaway als Beste Nebendarstellerin in „Les Misérables" (sie kam in „Prada"). Strahlend, stolz – und ihre Oscars fest im Griff

Daniel Day-Lewis mit Laudatorin Meryl Streep

Oscar für Bester Song („Skyfall"): Adele

Noch vereint: Michael Douglas und Catherine Zeta-Jones (in „Zuhair Murad")

Er moderierte super: Seth MacFarlane

George Clooney, Grant Heslov, Ben Affleck (sie produzierten „Argo") mit Laudator Jack Nicholson (von links)

Mittwoch, 20. Februar

Donnerstag, 21. Februar

Freitag, 22. Februar

Samstag, 23. Februar

GOLDENE KAMERA ★★★ GOLDENE KAMERA ★★★ GOLDENE KAMERA

Berlin, Stadt der Liebe ...

48. Verleihung der „Goldenen Kamera" von HÖRZU in Berlin mit großartigen, liebenswürdigen Hollywood-Stars: Sigourney Weaver dankt für die Auszeichnung auf Deutsch, Clive Owen lobt unsere Hauptstadt als eine der spannendsten Städte der Welt, Al Pacinos Botschaft in drei Worten: „Ich liebe Berlin". Auf dem roten Teppich zeigt er seine wahre große Liebe: Lucila, 39 Jahre jünger. Seit 15 Jahren verliebt sind Andrea Sawatzki und Christian Berkel, Desirée Nosbusch kommt allein...

Traumpaar seit 15 Jahren, wie schön: Christian Berkel und Andrea Sawatzki. Sie haben zwei Kinder

Sigourney Weaver: Alles begann mit einem 6-Sekundenauftritt bei Woody Allen – 50 Dollar Gage

Eine Kamera fürs Lebenswerk: Dieter „Didi" Hallervorden. Sein Laudator: Ex-Minister Genscher

„Goldene Kamera" fürs Lebenswerk, aber voller Pläne: Al Pacino und seine Lucila

Desirée Nosbusch fährt ins Promi-Restaurant „Borchardt", trifft dort Daimler-Boss Dieter Zetsche. Eine Romanze? Ein, zwei Schlagzeilen – aber ihre Welten sind zu unterschiedlich

★★★ BERLINALE ★★★ 63. FILMFESTSPIELE ★★★ BERLINALE

Kult-Treff „Place to B"

Um 6 Uhr gehen die letzten Gäste: Die „Place to B"-Party von **„BILD"** im **„Borchardt"** zur **„Berlinale"** ist Kult. Mario Adorf: „Hier trifft man ganz entspannt liebe Freunde und tolle Kollegen."

Vicky Leandros singt „Ich liebe das Leben", Heino covert „Haus am See" von Peter Fox, DJ Mousse T. legt auf. Die Minister Daniel Bahr und Peter Altmaier feiern mit Til Schweiger und Kati Witt – BILD verbindet.

Film-Stars: Melika Foroutan (l.) und Aylin Tezel

Ständig ausgebucht: Matthias Schweighöfer

Cooles Trio: Wayne Carpendale, Mark Keller, Kai Wiesinger (v. l.)

Mario Adorf mit seiner Monique. Armin Rohde in Stimmung wie immer

Veronica Ferres: „Wann ich heirate? Hauptsache ich weiß, WEN ich heirate"

Montag, 25. Februar

Dienstag, 26. Februar

Mittwoch, 27. Februar

Donnerstag, 28. Februar

OTTO BEISHEIM (†89)

Ein Milliardär gibt auf

Seine geniale Idee hatte er aus den USA: Selbstbedienungs-Handel! Mit geliehenem Geld gründet Otto Beisheim 1964 Metro. Heute gehören zur Gruppe: Real, Saturn, Galeria Kaufhof. Jahres-Umsatz: Mehr als 65 Milliarden Euro. Sein Privatvermögen: 4,8 Mrd., geschätzt. Beisheim spendet zig Millionen, aber er ist depressiv. Am 18. Februar erschießt er sich.

OTFRIED PREUSSLER (†89)

Er schenkte uns Räuber Hotzenplotz

Kinder in aller Welt lieben seine Geschichten: „Der Räuber Hotzenplotz" und „Die kleine Hexe" werden in 50 Sprachen übersetzt. Seine eigene Geschichte: Mit 19 verliebt sich Otfried Preussler in Annelies, wird Soldat, Ostfront. sieben Jahre Kriegsgefangenschaft, danach findet er Annelies per Suchmeldung im Radio, sie trennen sich nie wieder. Am 18. Februar stirbt er.

STÉPHANE HESSEL (†95)

Sein Vermächtnis für uns alle

In Berlin geboren, in Paris aufgewachsen, Widerstandskämpfer, von den Nazis gefoltert, Mitverfasser der Charta für Menschenrechte. Mit 93 (!) schreibt Stéphane Hessel „Empört Euch!". These: Nicht durchs Leben durchwurschteln! Für eine bessere Welt eintreten! Millionen lesen das, hören ihm in Talkshows zu, himmeln ihn an. Er stirbt am 27. Februar.

Beim „Ball des Sports" erster öffentlicher Auftritt: Steffi Jones, Nicole Parma

Fußball-Steffi zeigt ihre Liebe

Sie ist die Frontfrau der super-erfolgreichen deutschen Fußball-Frauen: Steffi Jones. 111-mal spielt sie in der Nationalmannschaft, 2003 wird sie Weltmeisterin, 2011 Organisations-Chefin der Weltmeisterschaften in Deutschland. Jetzt hat die Direktorin des Deutschen Fußball-Bundes auch ihr privates Glück gefunden: Nicole Parma, eine Bankerin.

WETT-MAFIA

380 Spiele verschoben

Die europäische Polizeibehörde „Europol" kümmert sich um Terrorismus, Drogenhandel, Geldwäsche – und auch um Wettbetrug im Welt-Fußball. Im Februar legt sie Zahlen vor: Zwischen 2008 und 2011 wurden 380 Spiele manipuliert, 425 Spieler, Funktionäre, Schiedsrichter stehen unter Verdacht, die Zentrale der Mafia sitzt in Singapur. Die meisten verschobenen Spiele fanden nicht in Europa statt, aber 70 allein in unteren deutschen Ligen.

GUTES GELD

Beckham jetzt Pariser

Fußballstar und Mode-Ikone **David Beckham** frischt noch einmal seine Portokasse auf: Ab Februar kickt er für die Scheichs von Paris St. Germain – für angeblich 500 000 Euro pro Monat. Gutes Geld auch für einen Multimillionär. Im Mai wird er mit PSG französischer Meister, dann ist endgültig Schluss.

2:1 gegen Frankreich

Ein Sieg zum 50-Jahre-Jubiläum

Die beiden letzten Länderspiele 2012 hatten die Fans irritiert: Das 4:4 gegen Schweden nach 4:0-Führung im Oktober, das 0:0 im November gegen die Niederlande. Aber jetzt in Paris – endlich wieder toller Fußball der Jogi-Jungs. Frankreich mit 2:1 geputzt, Müller und Khedira machen die Tore. Auf der Tribüne: Kanzlerin Merkel und Frankreichs Präsident Hollande – 50-Jahre-Jubiläum des deutsch-französischen Freundschaftsvertrages! Adenauer und de Gaulle hatten ihn 1963 im Elysée-Palast unterzeichnet.

Auf der Tribüne: Merkel, Hollande

2:1, Sieg! Sami Khedira, unser Mann bei Real Madrid, schlenzt den Ball über Hugo Lloris (er spielt bei Tottenham Hotspur)

Nach Gold in der Super-Kombi noch Bronze in der Abfahrt und in der Mannschaft: Maria Höfl-Riesch fliegt zum Ziel

Goldmedaille wie ein Kristall: Maria Höfl-Riesch

Gold für Maria

Und noch 2 x Bronze. Nächstes Ziel: Olympia

Sie ist DAS GESICHT unter unseren Skirennläuferinnen: Maria Höfl-Riesch, 1,81 m groß, Model-Figur und sehr hübsch. Seit zwölf Jahren sammelt sie Medaillen und Pokale wie andere Briefmarken.

Fünfmal WM-Gold schon als Juniorin, 24 Weltcup-Siege, einmal den Gesamt-Weltcup, als Krönung 2010 zweimal Olympia-Gold.

Und jetzt, bei der Ski-WM in Schladming, packt sie Gold in der Super-Kombi und zweimal Bronze obendrauf. Ist der Trophäenschrank voll?

Nicht ganz: Für eine Olympia-Medaille aus Sotschi (Februar 2014) wäre noch Platz...

Silber für Felix

Besser als der Papa: Felix Neureuther

Seit Jahren Weltspitze, jetzt endlich die Medaille: **Felix Neureuther** holt bei der WM Slalom-Silber. Und damit hat er – auch endlich – den Vater **Christian Neureuther** getoppt: Der war ebenfalls Super-Slalom-Spezialist, holte sechs Weltcup-Siege, aber nie eine Medaille. Mutter **Rosi Mittermaier** bleibt natürlich die Beste: zweimal Gold bei Olympia, dreimal bei Weltmeisterschaften.

BORIS REICHT CHARLES DIE VORHAND

Artiger Diener: Boris Becker begrüßt Prinz Charles. Links Boris' Ehefrau Lilly

Da wird selbst ein Weltstar wie Boris Becker ganz rot vor Aufregung. Unser Tennis-Held ist am 11. Februar mit Gattin Lilly zu Besuch bei Prinz Charles auf Schloss Windsor. Anlass: das fünfte Jubiläum der Charity-Organisation „British Asian Trust". Eine höfische Verbeugung, ein fester Blick – und ein royales Vorhandschütteln. Ziel des Trusts: die Bildungschancen vor allem von jungen Menschen in Bangladesch, Indien, Pakistan und Sri Lanka zu verbessern. Mehr als einer Million wurde schon geholfen.

Die Welt muss das Weinen der Kinder, das Flehen der Eltern hören

JULIAN REICHELT
BILD-Chefreporter

Als ich Farrida zum ersten Mal sah, nur einen Meter entfernt von mir auf der Trage, wusste ich nicht, ob sie Mädchen oder Junge war. Ich sah nur, was der Krieg aus diesem Kind gemacht hat, sah das Blut, den Kopfverband, die Schlaffheit in dem kleinen Körper, der von Schmerzen ermüdet und vom Schock überwältigt war. Ich wusste nicht, ob Farrida leben oder sterben würde, wusste nicht, dass sie Farrida hieß oder wie alt sie war. Ich wusste bloß, dass vor mir das wahre Antlitz des syrischen Krieges lag und drückte auf den Auslöser meiner kleinen Kamera.

Seit diesem Tag im Februar, in einer Behelfsklinik von Aleppo, sind Tausende Kinder umgekommen. 11 700 tote Kinder sollen es im Syrien-Krieg bisher sein. „Das ist eine Kleinstadt toter Kinder" habe ich in einer Geschichte dieses Jahr mal geschrieben und gedacht, solche Sätze, solche Bilder, solche Vergleiche müssten die Welt doch eigentlich aufrütteln, zwingen, etwas zu tun. Doch geschehen ist – nichts.

In Syrien habe ich die erschütternde Machtlosigkeit des Reporters, des Beobachters erlebt. Ich kann nicht anders, als eine bittere Bilanz dieses Jahres ziehen: Im so zivilisierten Jahr 2013 kann ein Regime Menschen vergasen, Tausende Kinder durch Artilleriebeschuss, Bombardierungen, Scharfschützen töten, ohne dass irgend jemand sich diesem Regime entgegenstellt. Was wir Reporter vor Ort erleben, bezeugen können und berichten, hat rein gar nichts daran geändert.

Farrida hat diesen Tag im Februar überlebt. Mutige, aufopferungsvolle Ärzte haben ihr unter schwierigsten Bedingungen Granatsplitter aus dem Schädel operiert. Die Splitter waren einen Millimeter vor ihrem Gehirn im Knochen stecken geblieben. An jenem Tag des Granatenangriffs war sie drei, inzwischen hat sie ihren vierten Geburtstag gefeiert.

„Ich bin dankbar, dass sie lebt", hat mir ihr Vater, ein Postbote, gesagt. Er schilderte auch, wie er den Tag erlebte, an dem seine Tochter so schwer verletzt wurde: „Ich saß eine Straßenecke weiter, als die Explosion kam. Ich rannte rüber und sah die Töchter meines Bruders. Die eine war tot, die andere ohne Beine."

Zehn Kinder starben, als die Granate einschlug, zwanzig wurden schwer verletzt. Die Granate wurde abgefeuert von einer Artillerie-Stellung des Assad-Regimes, das Aleppo seit nunmehr anderthalb Jahren belagert. Ich werde niemals vergessen, wie man mich in einen Raum neben dem Behelfskrankenhaus führte. Eine Garage, darin eine chromblitzende Harley-Davidson. Links und rechts von dem Motorrad lagen die verrenkten Körper der getöteten Kinder. Die Garage war die Leichenhalle. Um mich herum war Chaos, das Weinen, Flehen der Eltern, die gebrüllten Kommandos der Ärzte. Ein Junge, der Blut vom Boden auffeudelte. Von draußen drangen Schüsse, Explosionen zu uns herein.

Ich habe gedacht, es würde sich etwas ändern, wenn ich diese Szenen beschreibe. Ich habe gedacht, dass ich dazu beitragen kann, der Welt dieses kranke Grauen aufzuzeigen. Aber – bisher – ist nichts geschehen.

Der syrische Krieg malmt weiter vor sich hin. Manchmal wünsche ich mir, die Welt könnte, müsste für ein paar Minuten das Weinen der Kinder, das Flehen der Eltern von diesem Tag im Februar hören.

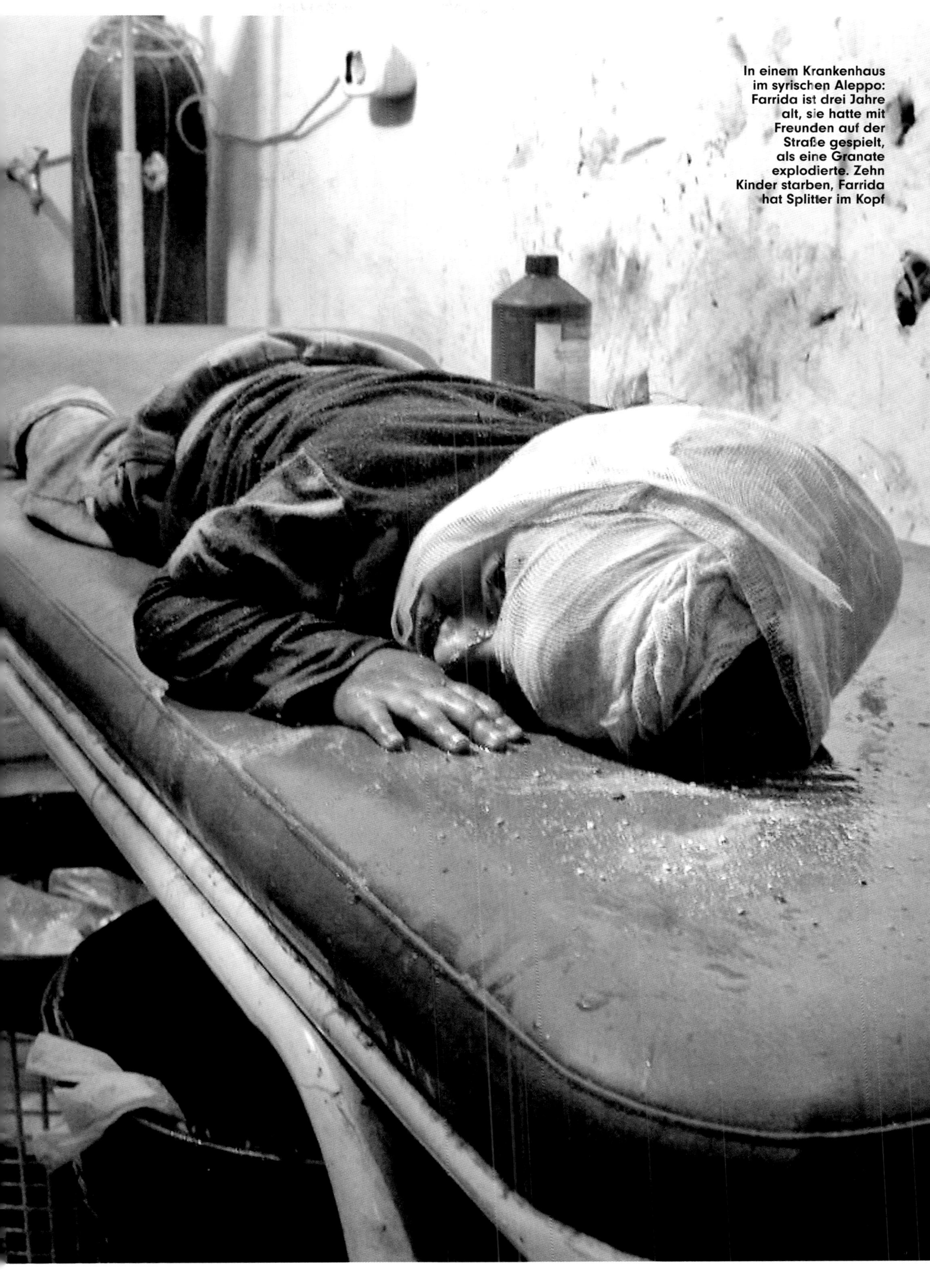

In einem Krankenhaus im syrischen Aleppo: Farrida ist drei Jahre alt, sie hatte mit Freunden auf der Straße gespielt, als eine Granate explodierte. Zehn Kinder starben, Farrida hat Splitter im Kopf

Die wichtigste TV-Serie des Jahres

Mitte März sendet das ZDF einen Dreiteiler: „Unsere Mütter, unsere Väter". Eine Kriegsgeschichte. Junge Leute, die an die Front müssen. Ein Feingeist, der zum Todesschützen wird. Ein jüdisches Mädchen, das mit Kopfschuss getötet wird. Partisanen, die erschossen werden.

Will so etwas noch jemand sehen? Ja, es wird die wichtigste TV-Serie des Jahres – in Millionen Familien diskutiert, vielfach ausgezeichnet: So muss Fernsehen sein!

Bitte blättern Sie um.

Berlin, 1941: Die Mutter verabschiedet Friedhelm und Wilhelm in den Krieg

Friedhelm unterdrückt seine Gefühle und seine Ängste, tötet Zivilisten „weisungsgemäß“

Viktor, Gretas Freund, soll ins KZ, kann fliehen, doch er sieht Greta nie wieder

Greta beginnt mit Sturmbannführer Dorn eine Affäre, um ihren jüdischen Freund Viktor zu retten. Vergeblich. Dorn schickt Viktor ins KZ, schwängert Greta – und lässt sie hinrichten

Waren deutsche Soldaten wirklich so grausam?

„KRIEG BRINGT BEI ALLEN NUR DAS SCHLECHTESTE ZUTAGE“

Der Zweite Weltkrieg im Fernsehen – nicht als Dokumentation spätabends, sondern als Spielfilm, gar als Dreiteiler, Start am Sonntag, zur besten Sendezeit? Das ZDF hat den Mut, und es liegt richtig.

7,22 Millionen, 6,57 und 7,63 Millionen sehen hin: Ein Quoten-Erfolg, keine Frage, aber viel wichtiger: In Familien, am Arbeitsplatz, in Schulen wird diskutiert.

Waren deutsche Soldaten so grausam? Wurden jüdische Kinder wirklich einfach so erschossen, zwischen zwei Zigaretten-Zügen?

20-jährige Enkel fragen ihre Großväter: Du warst doch im Krieg, können wir darüber reden? Fragen ihre Väter: Hast du mit Opa nie darüber gesprochen?

***

Die ZDF-Serie erzählt die Geschichte von fünf jungen Leuten aus Berlin. Zwei Brüder, zwei Freundinnen, ein gemeinsamer Freund, er ist Jude. Der jüngere Bruder, sensibel, ein Feingeist, sagt den Satz, der in Erinnerung bleiben muss. Als Mahnung für alle Zeiten: Nie wieder! Er sagt: „Krieg wird bei allen nur das Schlechteste zutage bringen.“ Zwei der Freunde sind nach dem Krieg tot, drei überleben, fürs Leben gezeichnet.

***

Die Serie erhält den Bayerischen und den Deutschen Fernsehpreis und den „Prix Europa“.

Wilhelm trifft im Feldlazarett seine Charlotte, er weist ihre Liebe zurück

Friedhelm tötet SS-Mann Hiemer, lässt sich vom Feind bewusst erschießen

Greta macht Gesangskarriere, erfährt erst im Lazarett bei Charlotte von den Kriegs-Gräueln

Schock-Szene: SS-Mann Hiemer gibt einem Mädchen Schokolade, dann erschießt er es

Die Schauspieler in ihren Rollen – oben von links: Ludwig Trepte als Viktor, Volker Bruch als Wilhelm, Miriam Stein als Charlotte. Unten: Katharina Schüttler als Greta und Tom Schilling als Friedhelm

Nico Hofmann: *Darum machte ich diesen Film*

Nico Hofmann und seine Mutter Ulla. Sie war Journalistin, genau wie sein Vater. „Nicos Film geht mir nahe", sagt sie

Die Serie „Unsere Mütter, unsere Väter" wurde in 82 Länder verkauft – ein großer Erfolg für den Starproduzenten Nico Hofmann.

Zehn Jahre hat er an diesem Kriegs-Epos gearbeitet. Und immer wieder hat er mit seiner Mutter und seinem Vater gesprochen: Wie war das damals, was habt ihr erlebt?

Zwei Szenen in dem Film: „Als Wilhelm eine Nacht neben einem toten Soldaten im Panzer sitzt und wie ein jüdisches Mädchen erschossen wird – beides hat mein Vater erlebt", erzählt Hofmann im BILD-Interview.

Und seine Mutter, Ulla Hofmann, sagt: „Nicos Vater leidet bis heute besonders unter diesem Krieg. Es gibt, gottlob, gnädige Mechanismen – wir können Erinnerungen verdrängen oder sogar auslöschen."

Aber, und darum ist dieser Film gemacht worden: Wir müssen uns dieser Vergangenheit stellen. Mutter Hofmann sagt's und ihr Sohn nickt: **„Genau so war es im Krieg. Das tut vielleicht weh, aber wir müssen hinsehen. Gerade die jungen Leute! Und reden! Die Letzten, die den Krieg noch erlebt haben, werden schon bald nicht mehr leben."**

Lange Gespräche über den Krieg: Nico und sein Vater Klaus

Hier fliegt unser Papst in Rente!
Bild
Sehen wir ihn nie wieder?
Erstmal zu Penny
ANASTACIA Wieder Brust-Krebs!

Freitag, 1. März

SPRUNG IN DER SCHÜSSEL?
Politiker beschließen Unisex-Toilette*!
*Für alle, die nicht genau wissen, ob sie Mann oder Frau sind
Bild
China-Krach immer härter!
1. Hochzeit bei DSDS
Wieder Lebensmittel-Skandal
Schimmel-Pilze im Tierfutter!

Samstag, 2. März

facebook
TV-Star als Ossi-Schlampe beleidigt!
Muss man sich im Netz alles gefallen lassen?
Bild
Erster Aufruf.
Heynckes verzeiht Klopp
Schweizer kürzen Chefs die Gehälter
MAGERSUCHT

Montag, 4. März

Top 10 der begehrten Bundesliga-Stars!
Bild
Arbeitsamt vermittelt Frauen als Huren!
Jubelpreise 88€
Wer keinen Unterhalt zahlt, wird seinen Lappen los!
Diabetes Test: Wie gefährdet bin ich?

Dienstag, 5. März

Waren nicht im Haus: Til und Svenja

Abgefackelt: das Auto von Schweigers Freundin

Er spielte einen Ex-Soldaten: Hass-Attacke auf Til Schweiger

Die Täter kommen nachts um 3 Uhr. Feige legen sie Feuer, schleudern Farbgläser gegen das Hamburger Haus des Filmstars Til Schweiger.

Der Mini Cooper seiner Freundin Svenja brennt aus. Schweiger ist nicht zu Hause, aber seine Kinder. In einem Bekennerschreiben begründen die Täter ihre Hass-Attacke mit Schweigers „Unterstützung der Bundeswehr in Afghanistan". Er hatte 2012 den Film „Schutzengel" produziert, in dem er einen Kriegsrückkehrer spielt. Schweiger ist Wehrdienstverweigerer.

1414 LESER-REPORTER

DAS MILLIONSTE BILD-LESER-FOTO

Leser-Reporterin Tamara Hock-Weger und ihr Werk: Gelungen, Glückwunsch!

Und nach dem Foto? Der Bär schüttelt sich, der Wolf flüchtet

Wolf beißt Bär

Bärenfütterung im Wildpark Lüneburger Heide: Aus dem Nachbargehege schleicht sich ein Wolf an, beißt dem Braunen in den Po! Ein Super-Foto, von Tamara Hock-Weger geschossen – und an die 1414-Redaktion von BILD gesendet. Tusch, das war das millionste Foto, das seit 2006 eingegangen ist: 5000 Euro für die Hamburgerin!

DER NEUE Ein Mann

Um 19.06 Uhr am 13. März steigt weißer Rauch über dem Dach der Sixtinischen Kapelle auf: Habemus papam, ein neuer Papst ist gewählt!

Kardinal Jorge Mario Bergoglio, ein Argentinier, ist Nachfolger unseres deutschen Papstes Benedikt XVI. Er gibt sich den Namen Franziskus – und das ist Programm!

Der Heilige Franziskus, Franz von Assisi (1181 – 1226), lebte Demut vor, war Anwalt der Armen, predigte die Botschaft vom einfachen Leben. Ist der Argentinier so? Ja, die Welt beginnt schon in den nächsten Tagen zu staunen.

JA, ER BEZAHLT SEIN HOTEL SELBST

Wirklich wahr, alle staunen: Der Papst geht an die Rezeption, bittet um die Rechnung

JA, ER FÄHRT MIT ALLEN IM BUS

Und tatsächlich, man glaubt es kaum: Er sitzt mit im Bus, lässt Limousine und Chauffeur stehen

Wo Ideen zu Geld werden
Bild
Experten fordern NEUE RENTEN-FORMEL!
1 Jahr mehr Lebenserwartung = 6 Monate länger arbeiten
Geissens nur Schummel-Millionäre?
3:0!
Aufstand gegen Ticket-Wucher
SINGLES MIT KIND Wie finde ich einen Partner?
Deutschland trauert um Dieter Pfaff († 65)

Mittwoch, 6. März

Verdammter Lungen-Krebs!
Bild
Riesen-Zoff um Armutsbericht
Gigant Götze
Roma-Mädchen an deutsches Bordell verkauft!
Schüler wollen Sitzenbleiben NICHT abschaffen

Donnerstag, 7. März

50 Frauen, von denen wir noch viel hören werden
Das wird alles neu
Bild
RTL kippt Sex-Sendung
Weil ER & SIE Geschwister sind
Arm bleibt arm, reich bleibt reich
Matthäus Zoff wegen Bundesliga-Job

Freitag, 8. März

+++ Krankenhaus-Pfleger missbraucht Kinder und filmt Taten +++
PROMI-BOXEN
Bild
So viel Geld gibt's TV-Haue
Alkohol-Vorwürfe Wiese wehrt sich!
Ex-Bahnchef soll Berliner Flughafen BER retten
Rattengift in Salat
Der Nazi-Streit um Frei.Wild

Samstag, 9. März

PAPST der Demut

Sein erstes Osterfest als Heiliger Vater, zwei Wochen nach seiner Wahl: Demütig liegt Papst Franziskus bei der Karfreitags-Liturgie auf dem Boden, betet eine Minute

Er wurde erst mit 32 Priester. Er hatte Freundinnen. Er kennt das Leben. Franziskus, der neue Papst – wird er die Kirche beflügeln?

Verändern diese beiden Männer die Welt?

Zwei der mächtigsten Männer der Welt, gerade gewählt: Der neue Papst und der neue chinesische Präsident. Franziskus ist Oberhaupt von 1,2 Milliarden Katholiken, Xi Jinping regiert über 1,3 Milliarden Chinesen. Beide gelten als mutige Reformer. Sie können das Gesicht der Welt verändern.

Xi gibt sich als Vorkämpfer gegen Korruption, verordnet der Partei Bescheidenheit, spricht von Neuerungen und Transparenz. Kein Ideologe, keines dieser alten Betongesichter. Ein Gorbatschow in China?

Franziskus ist der erste nicht europäische Papst seit 1000 Jahren, will aufrütteln: neue Formen der Solidarität, Gerechtigkeit, Barmherzigkeit. Wird er unser Denken verändern?

Wir leben in einer Zeit des Umbruchs.

Er ist mit einer Popsängerin verheiratet. Er ist volksnah. Er ist Pragmatiker. Xi Jinping, der neue Präsident – wird er China reformieren?

Deutschland diskutiert Schweiger
Hat Ihnen der tatort gefallen?
Erstmal zu Penny
Bild
Blutvergiftung nach Zahn-OP
Heynckes zickt mit Bayern-Bossen
Gerhard Schröder im Exklusiv-Interview
Wer sich vorm Arbeiten drückt, muss mit Sanktionen rechnen
Schneewalze rollt über ganz

Montag, 11. März

Poker-Profi holt 1 Million bei Jauch!
Er brauchte nicht mal den Telefon-Joker
Bild
Noch mehr Nazi-Morde?

Dienstag, 12. März

Wie gerecht sind unsere Löhne?
Der große Vergleich von 100 Berufen
Bild
WETTER-CHAOS!
DAS NEUE 1414-BUCH
Immer mehr Rentner müssen Steuern zahlen!

Mittwoch, 13. März

EIN ARGENTINIER IST PAPST!
Die neue Hand Gottes
Bild
REWE
Bayern 0:2 Hauptsache weiter!

Donnerstag, 14. März

HELI-DRAMA im Berliner

Anti-Hooligan-Übung der Polizei am Olympia-Stadion. 580 Beamte sind im Einsatz. Und drei Hubschrauber. Bei der Landung auf dem Maifeld wirbelt der Schnee auf …

Retter klettern in den abgestürzten Hubschrauber, bergen die Verletzten

Vor dem Absturz: Polizisten simulieren Hooligans, entzünden am Bahnsteig Pyrotechnik

Eine Polizistin ist verletzt, auch der Chef der Bundespolizei, Dieter Romann (mit Brille), kümmert sich

Wie verändern diese Männer die Welt?
Erstmal zu Penny
0,65
Die große Rosemarie Fendel ist tot!
Bild

Freitag, 15. März

Kanzlerin Merkel
Altenpfleger haben einen härteren Job als ich!
Der große BILD-Vergleich
Bayern löhnt, BVB jubelt
Prof. Grönemeyers Rücken-Sprechstunde
Bild

Samstag, 16. März

Bundespräsident Gauck
Mir tun die Wulffs leid!
Erstmal zu Penny
1,49
Die Fragen zur TV-Sensation
Hoeneß spricht Klartext
Bild

Montag, 18. März

Waren deutsche Soldaten wirklich so grausam?
DSDS ist der größte Puff im TV
Ja, wir sind ein Paar!
Bild

Dienstag, 19. März

Schnee

Eine Woche danach: letzter Salut für den getöteten Piloten. Er hinterlässt Frau und vier Kinder. Bundespolizeichef Dieter Romann: „Wir hatten tausend Schutzengel, aber einen zu wenig"

Feuerwehrleute sind angerückt, untersuchen das Wrack

AXEL LIER BILD-Reporter
und MARIO FIRYN (Fotos)

Wir waren Augenzeugen des Dramas

Es ist stürmisch, viel zu stürmisch für das nächste Foto. Ich senke die Kamera. Die Rotorblätter des Hubschraubers über mir wirbeln den Schnee auf, er peitscht mit voller Wucht gegen meine Jacke. Plötzlich ein Knall, Dinge fliegen durch den Nebel, treffen eine Frau gleich neben mir. Geschrei.

Ich, BILD-Fotograf Mario Firyn, stehe mittendrin und begreife nicht, was um mich herum passiert – bis ich den Trümmerhaufen auf dem Maifeld sehe, keine 20 Meter entfernt.

Zwei der drei Polizei-Helikopter liegen völlig demoliert am Boden. Helfer ziehen die Insassen aus den Wracks, viele von ihnen bluten. Einer der Piloten († 42) ist tot.

★★★

150 Meter Luftlinie entfernt sitze ich, BILD-Polizeireporter Axel Lier, in einer S-Bahn.

Wir begleiten die größte Polizei-Übung seit Jahren, ich bin mit rund 100 Polizisten in der Gruppe der „Hooligans". Ihre Aufgabe: „Randale machen".

Insgesamt sind 580 Kräfte im Einsatz. Alles wurde monatelang minutiös geplant. Doch plötzlich wird es still in der Bahn. Die führenden Beamten hören über einen Knopf im Ohr den Funk. Sie werden blass.

„Wir haben eine Real-Lage", sagt einer. „Ein Helikopter ist abgestürzt."

★★★

Zwei der drei Hubschrauber waren wie geplant auf dem Maifeld vor dem Olympiastadion gelandet. Der Pilot des dritten Transport-Hubschraubers verlor beim Landeanflug durch den aufgewirbelten Schnee die Orientierung, knallte auf Helikopter Nummer 1. Der Pilot in diesem Hubschrauber starb sofort. Zwei Frauen und fünf Männer werden verletzt.

★★★

Wir sind beide seit 14 Jahren Polizei-Reporter. Viele der Beamten sind unsere Freunde. Wir sind in Gedanken bei der Familie des Toten und bei den Verletzten.

GISELE MIT BABY-BÜNDCHEN

Ein Strandspaziergang wie ein Lauf über den Catwalk: Topmodel Gisele Bündchen genießt im März einen Traumurlaub mit Fußballer-Ehemann Tom Brady in Costa Rica. Immer dabei, in einem grünen Bünd(el)chen versteckt: Tochter Vivian (3 Monate).

Schon wieder eine Traumfigur: Gisele Bündchen. Klein-Vivian im „Ergobaby"

GÖTZ GEORGE (74) TV-Comeback als Schimanski
Bild
So erlebten wir den 2. Weltkrieg
Torwart bei Werbe-Dreh verletzt
Sex-Akte Casting-Show
Heizkosten rauf Das müssen Sie jetzt nachzahlen!
Schweiß-geruch
Taliban-Opfer Malala geht wieder zur Schule

Mittwoch, 20. März

POLIT-IRRSINN? UNISEX-TOILETTEN IN BERLIN

Berlins Bezirk Friedrichshain-Kreuzberg löst ein „drängendes" Problem: Für Menschen, die nicht genau wissen, ob sie Mann oder Frau sind, werden ab März Unisex-Toiletten in behördlichen Einrichtungen getestet.

Dieser Winter bricht alle Rekorde

Dick vereist: Die Seebrücke in Göhren auf Rügen

Ihr erster Schnee: Babyfant „Anchali" tobt im Berliner Zoo

Glatteis überall: Ein Auto liegt bei Düren (NRW) im Graben

Winter? Der ist doch längst vorbei! Denkste: Mitte März sausen die Temperaturen wieder in den Keller. Selbst Bayern meldet minus 17,5 Grad, Berlin auch noch bibbrige minus 11,5. Negativ-Rekord! „So ein Wintereinbruch mit viel Schnee kommt nur alle 20 Jahre vor", sagt Frank Böttcher von Wetterspiegel.de.

Die Hände aber frieren: Eingemummte in Frankfurt

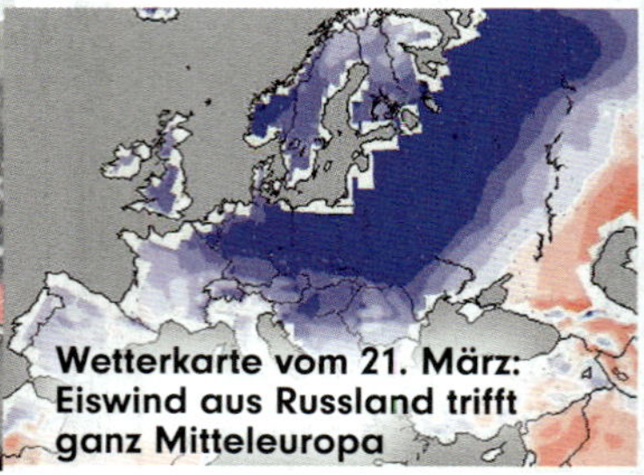

Wetterkarte vom 21. März: Eiswind aus Russland trifft ganz Mitteleuropa

Waschmaschine ▸ Kopfhörer ▸ Notebooks
ACHTUNG, BESCHISS!
So sorgen Hersteller dafür, dass Ihre Geräte nicht so lange halten
Die Stars aus „Unsere Mütter, unsere Väter"
Ja, wir sind ein Paar!
Mehr Rente!

Donnerstag, 21. März

RENTE
So viel Geld gibt's mehr (in Ost und West)
Heidi! laufen die Models weg!
Erstmal zu Penny
Heli-Drama im Schnee

Freitag, 22. März

So schummeln sich die Stars schlank!
15 € geschenkt auf baur.de!
Jogi im Schongang
Rücktritt für seine Familie

Samstag, 23. März

Volkskrankheit Allergie
Erstmal zu Penny
Die Bi-Lanz nach 6 Monaten
So SEXY kann Grau sein!

Montag, 25. März

Dieter Pfaff Verdammter Krebs

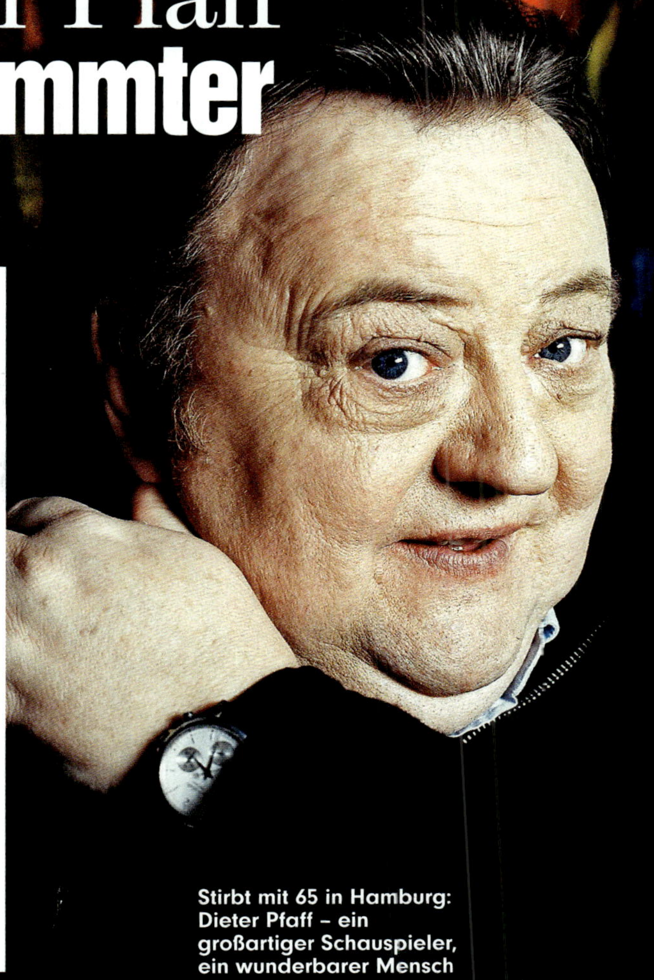

Er füllte die Leinwand mit Herz und Leidenschaft. Es war ein Genuss, diesem TV-Schwergewicht zuschauen zu dürfen. Am 6. März schließt er für immer die Augen. Dieter Pfaff ist tot. Verdammter Krebs.

Ein halbes Jahr zuvor hatte der Star aus „Der Fahnder", „Bloch" und „Der Dicke" die Diagnose erhalten: Lungen-Karzinom. Es folgte eine kraftraubende Chemotherapie, Pfaff nahm von 135 auf unter 100 Kilo ab. Im Februar sagte er: „Der Krebs ist weg!" Er wollte wieder drehen, doch der Krebs war stärker. Pfaff stirbt zu Hause im Kreis seiner Familie, der Ehefrau Eva-Maria und den Zwillingen Johanna und Maximilian.

Stirbt mit 65 in Hamburg: Dieter Pfaff – ein großartiger Schauspieler, ein wunderbarer Mensch

Sabine Postel war seine Anwaltskollegin: In „Der Dicke" begeisterte er seit 2003 Millionen Zuschauer

1996, „Bruder Esel": Pfaff spielt einen Mönch, der sich verliebt und das Kloster verlässt

Seit der Schulzeit befreundet, seit 1969 verheiratet: Pfaff und sein „Evchen"

Zuletzt war sie die große alte Dame

Im Januar, im TV-Dreiteiler „Das Adlon", sahen ihr noch Millionen zu: Rosemarie Fendel

Sie konnte alles: Sie war 1964 die brave Sekretärin „Füchslein" im „Nachtkurier", 1971 die laszive lesbische Gräfin in „Trotta", zuletzt 2013 die große alte Dame in „Das Adlon". Sie lieh Elizabeth Taylor, Simone Signoret und Jeanne Moreau ihre Synchronstimme.

Am 13. März stirbt die faszinierende **Rosemarie Fendel** mit 85 in den Armen ihrer Tochter, der Schauspielerin Suzanne von Borsody.

Was bleibt? Ein gespaltenes Land

Schwärmte von einem „neuen Sozialismus" des 21. Jahrhunderts: Hugo Chávez

Sein Wahlspruch war „Sozialismus, Vaterland oder Tod". Er wähnte sich als Führer aller linken Staatschefs weltweit. Er unterstützte mit dem Öl-Reichtum seines Landes den Iran. Sein Dauer-Gegner hieß USA.

14 Jahre lang war Hugo Chávez Staatspräsident von Venezuela, Anfang März stirbt er mit nur 58 Jahren. Er hinterlässt ein gespaltenes Land.

Dienstag, 26. März

Mittwoch, 27. März

Donnerstag, 28. März

Samstag, 30. März

ECHO ++ ECHO ++ ECHO ++ ECHO ++ ECHO ++ ECHO ++ ECHO

Die **fliegende Helene**

Highlight bei der Verleihung des deutschen Musik-Oscars: Moderatorin Helene Fischer schwebt im silbernen Ledercatsuit kopfüber von der Decke, räumt dann zwei Echos ab! Carla Bruni trägt Hosenanzug, verrät auch warum: „Wenn du im Sitzen eine Gitarre halten musst, kannst du kein Röckchen tragen!"

Sie schwebt von der Decke, singt dabei „Let Me Entertain You" von Robbie Williams und moderiert den Abend: Helene Fischer, Multitalent

Nimmt zwei Awards mit nach Hause: Helene Fischer

Abräumer des Abends: drei Echos für Campino und „Die Toten Hosen"

Auch gleich zweimal geehrt: Rapper Cro

„Leider geil": Ein Echo für Deichkind

Carla Bruni, First Lady des Chansons

Schreibt auch Lieder: Sängerin Alina Süggeler von „Frida Gold"

Sängerin Mandy Capristo, Freundin von Fußballer Mesut Özil

Tiger Woods & Lindsay Vonn

Ja, wir sind ein Paar

Sie ist seit Jahren die erfolgreichste Skirennläuferin der Welt, er (nach Sex-Skandal und Scheidung) wieder der Super-Magnet im Golf – jetzt sind sie ein Paar. Lindsay Vonn verkündet am 18. März auf ihrer Facebook-Seite: „Ja, ich bin mit Tiger Woods zusammen." Und er twittert: „Wir daten jetzt." Er kümmert sich schon länger um sie: Als Lindsay im Februar bei der Ski-WM schwer stürzte, ließ er sie mit seinem Privatjet zur OP in die USA fliegen.

Durch Golf zum Multi-Millionär: Tiger Woods

2010 gewann sie Olympia-Gold: Lindsay Vonn

Neues Traumpaar des internationalen Sports: Lindsay Vonn und Tiger Woods

Der „alte" Tommy schlägt die Nr. 1

Superlative gibt's ... Tommy Haas schlägt in Miami Novak Djokovic. Tommy ist 34, Novak ist 25 – und die Nr. 1 der Tenniswelt. Seit 30 Jahren hat noch nie ein Spieler über 30 einen Weltranglisten-Ersten geputzt. Wie Haas sich fit hält? „Diät und viel Schlaf", sagt er.

„Du warst besser": Djokovic gratuliert ▼

Kein Gramm Fett: Tommy Haas, geboren in Hamburg

Ex-Schalker schießt Schalke aus Königsklasse

Schade, Schalke! Im Achtelfinale der Champions League kommt das Aus: Nach 1:1 in Istanbul nur 2:3 zu Hause gegen Galatasaray. Ganz bitter: Der in Gelsenkirchen geborene Hamit Altintop trifft für seine Türken. Jetzt sind „nur" noch Bayern und Dortmund in der Königsklasse...

Spielte von 2003 bis 2007 auf Schalke: Hamit Altintop

Schuss, Innenpfosten, drin: Altintop schockt Schalke

Sind wir Deutschen wirklich so unbeliebt in Europa?

MARTIN SCHULZ
Präsident des Europäischen Parlaments

Die Bilder, auf denen seit Ausbruch der Krise Angela Merkel und Wolfgang Schäuble in NS-Uniformen dargestellt worden sind, haben mich erschreckt. Ich hatte geglaubt, dass in Europa die Zeiten überwunden sind, in der eine Nation eine andere verhöhnt. Ich war empört, als die demokratisch gewählten Repräsentanten meines Volkes so geschichtsvergessen beschimpft wurden. Ich habe das scharf kritisiert und bin bewusst in jene Länder gefahren, um dort über die große Solidarität der Deutschen zu sprechen.

Immer habe ich mich aber gefragt, wie es zu solchen Ausfällen kommen konnte. Es liegt auch daran, dass es – bei uns genauso wie bei unseren Nachbarn – zu viel Polemik in der Debatte um die Krise gibt. Den Menschen wurde vorgemacht, dass auf der einen Seite die Fleißigen seien, die alles richtig machten, und auf der anderen Seite die Faulen, die sich in der europäischen Hängematte ausruhen wollten. Jeder, der sich ehrlich befragt, weiß, dass solche Stereotype totaler Unsinn sind. In jedem Land gibt es diejenigen, die anpacken genauso wie diejenigen, die ihren Vorteil zulasten anderer suchen.

Vorurteile über einen vermeintlichen Volkscharakter sind aber gefährlich, weil sie Misstrauen zwischen den Völkern schüren. Misstrauen, das lange überwunden schien. Durch meine vielen Reisen in Europa weiß ich eines sicher: Wir Deutsche werden in ganz Europa bewundert. Für unser politisches System, das seit Jahrzehnten ungemein stabil ist; für unsere Produkte, die weltweit für gute Qualität stehen; für unsere kulturellen und sportlichen Leistungen. Als die Fußball-WM in Deutschland stattfand, haben uns die Besucher als tolerante und fröhliche Gastgeber erlebt. Da war keine Missachtung gegenüber unserem Land, sondern aufrichtige Bewunderung für unsere wirtschaftliche Stärke und wie wir die Wiedervereinigung nach der friedlichen Revolution hinbekommen haben.

Aber es gibt etwas, das unsere Nachbarn ärgert: Als wir Deutsche von der Krise besonders betroffen waren, haben wir die drohende Rezession nicht einfach hingenommen. Mit der Abwrackprämie für Altautos und mit Investitionen in die energetische Gebäudesanierung haben wir Wachstumsimpulse gesetzt. Mit dem Kurzarbeitergeld haben wir diejenigen im Arbeitsmarkt gehalten, die von Entlassung bedroht waren. So ist es uns gelungen, gut aus der Krise herauszukommen. Warum, fragen sich viele, verweigern gerade wir diese Strategie unseren Nachbarn? Das ist kaum zu vermitteln, gerade weil in den Staaten, die von der Krise besonders hart betroffen sind, schlimme soziale Zustände herrschen: eine Jugendarbeitslosigkeit von über 50 % und ein Zusammenstreichen von Renten, Einkommen und Krankenversorgung. Dort sieht man: Eine fantasielose Sparpolitik zerstört Gesellschaften, weil Menschen ihr Vertrauen und ihre Hoffnung verlieren. Das ist gefährlich.

Irgendwie fühlt sich jeder schlecht behandelt: Wir Deutschen verstehen nicht, warum wir trotz unserer finanziellen Solidarität kritisiert werden; die Menschen in den Krisenstaaten verstehen nicht, warum niemand anerkennt, was sie an schmerzhaften Reformen geleistet haben. Aus dieser Negativspirale müssen wir ausbrechen. Deshalb muss Europa Reformen UND Wachstumsimpulse voranbringen. Wir müssen neue Hoffnung geben, gerade einer jungen Generation, die unser aller Zukunft ist. Vor über einem Jahr sprach mich in Madrid eine junge Spanierin an: „Ihr habt Hunderte Milliarden Euro, um Banken zu retten. Was habt ihr für meine Generation?“ Diese Frage hat mich damals sehr beschämt, weil ich keine Antwort wusste. Ich dachte: Wenn wir eine ganze Generation verlieren, weil sie sich von unserem politischen System abwenden, wäre das fatal. Unser Kontinent würde ohne ihre Mitarbeit in der Bedeutungslosigkeit verschwinden.

Heute bin ich froh, dass die richtigen Lösungen angegangen werden. So begreift die Große Koalition den Kampf gegen die zerstörerische Jugendarbeitslosigkeit als zentrales europapolitisches Ziel und sie will Wachstumsimpulse setzen. Mit einer weitgehenden Regulierung von Banken und Finanzmärkten werden endlich auch die Verursacher der Krise finanziell herangezogen. Das sind wichtige, ja entscheidende Schritte. Aber am wichtigsten ist: Wir sollten uns erinnern, was der Hass zwischen den Völkern vor 100 Jahren auf unserem Kontinent angerichtet hat: den Holocaust, zwei Weltkriege, Hunger, Vertreibung und die Teilung unseres Landes und Kontinents. All das begann damit, dass sich viele Menschen fragten: „Warum wird mein Volk so schlecht behandelt?“ Wir müssen sehr aufpassen, wenn eine solche Frage auch in diesen Tagen erneut im politischen Raum steht.

Demo in Nikosia (Zypern): Merkel in Nazi-Uniform auf Plakaten. Für Politiker, die den Spar- und Reformkurs vertreten, gibt es in ganz Südeuropa EIN Schimpfwort: „Merkelisten"

Der Bomben-Horror von Boston

Hier in Boston im US-Staat Massachusetts wird jedes Jahr der älteste Stadt-Marathon der Welt gelaufen. Seit 1897. Immer am „Patriot's Day", dem dritten Montag im April. Dreimal (1994, 1995, 1996) hat bei den Frauen die Deutsche Uta Pippig gewonnen.

Dieses Jahr sind 23 000 Läuferinnen und Läufer am Start – es wird ein Horror. Kurz vor dem Ziel explodieren zwei Bomben, 264 Menschen werden verletzt, drei Zuschauer sterben. Besonders das Schicksal des 8-jährigen Martin Richard schockiert: Er wird bei dem Terroranschlag getötet, seine Schwester Jane verliert ein Bein.

Nächste Seite: „Keine Bombe kann uns besiegen".

TOW ZONE
BOSTON

Aus einem Zuschauer-Video, vom FBI ausgewertet: Martin, das jüngste Todesopfer, steht an der Absperrung (blauer Kreis), einer der Attentäter (roter Kreis) hat den Bomben-Rucksack am Boden abgelegt (roter Kreis). Wenig später die Explosion

Das Grauen von Boston: Auf dem Gehsteig der Boylston Street, 30 Meter vor der Ziellinie des Marathons, liegen Verletzte in ihrem Blut

Präsident Obama in der Heiligkreuz-Kathedrale in Boston

Trauergottesdienst: Michelle und Barack Obama beten für die Opfer

„Keine Bombe kann uns besiegen“

Es ist eine bewegende Trauerfeier in der Heiligkreuz-Kathedrale in Boston: 2000 Menschen stehen auf, applaudieren ihrem Präsidenten mit Tränen in den Augen. Barack Obama sagt: „Keine Bombe kann uns besiegen. Wir können nicht zulassen, dass Dunkelheit und das Böse triumphieren.“

Auf Martins Plakat stand „Peace“

Die Todesopfer waren Zuschauer des Marathons: Eine 29-jährige Managerin, eine 23-jährige chinesische Studentin und der 8-jährige Martin Richard. Er hatte in der Schule ein Plakat gemalt. Aufschrift: „No more hurting people. Peace.“ (Keine verletzten Menschen. Frieden). Jetzt ist er tot.

Sein Vater Bill wendet sich an die Öffentlichkeit: „Behaltet unseren Martin in Erinnerung. Betet für meine Familie.“ Seine Tochter verlor bei dem Terroranschlag ein Bein, seine Frau erlitt Kopfverletzungen.

★ ★ ★

Die Attentäter? Zwei Brüder, 19 und 26 Jahre alt, tschetschenischer Abstammung, seit 11 Jahren in den USA. Ihr Wahn: den Islam „verteidigen“ ...

Der jüngere Attentäter: Dzhokhar Tsarnaev, Student der Meeresbiologie, wird nach vier Tagen verhaftet

Der ältere Attentäter: Tamerlan Tsarnaev, stirbt durch Schüsse und weil sein Bruder ihn mit dem Fluchtauto überrollt

Die Richards waren eine glückliche Familie – jetzt ist Sohn Martin (rechts) tot, Tochter Jane verlor ein Bein, die Eltern Denise und Bill erlitten Splitter-Verletzungen im Gesicht. Nur Sohn Henry (links) ist unverletzt

MORITZ BALLERSTÄDT
BILD-Reporter

Ein Attentäter lag in einem Boot in Watertown

Mein Handy piept. SMS einer BILD-Kollegin. „Sag bitte, dass du nicht beim Boston Marathon warst.“ War ich nicht. Ich bin zwar in Boston, aber dass der Terror die Stadt erschüttert – das erfahre ich aus Deutschland.

15. April 2013, ein sonniger Nachmittag, Patriots' Day, Marathon-Montag – ein wichtiger, vielleicht der wichtigste Tag für Boston im Jahr. Ich schalte das Radio ein und höre, was in der Innenstadt passiert. Terroristen, al-Qaida? Erst eine Bombe, dann drei, eine vierte! Von fünf Toten redet ein Reporter, dann sind es acht, neun ... Die Fehlmeldungen im Radio überschlagen sich.

Kurz danach bin ich am Tatort, sehe Angst und Chaos. Eine Läuferin erzählt mir aufgewühlt: „Ich habe Menschen durch die Luft fliegen sehen“. Tränen rinnen über ihr Gesicht.

Die Stadt ist jetzt abgeriegelt. Armee, Polizisten, Feuerwehrmänner wuseln umher. Ich schicke Fotos in die Berliner Redaktion – acht Stunden bin ich im Einsatz. Es ist 23 Uhr. Klarheit gibt es jetzt über die Opfer: Drei Tote, mehr als 100 Verletzte. Aber wer sind die Attentäter? Und wo sind sie?

Drei Tage später. Ausgangssperre! Ich darf raus, weil ich meinen Presseausweis zeige. Die Suche nach den Terroristen ist endlich erfolgreich – im Bostoner Vorort Watertown.

Es kommt zu einem Schusswechsel, einer der beiden Terroristen liegt tot auf der Straße, der andere hatte ihn mit dem Fluchtauto überfahren, er ist entkommen. Wohin?

Jetzt wird Haus für Haus durchsucht, in jedes Gebäude stürmen sechs Mann in voller Kampfausrüstung.

Am Abend wird der zweite Mann schwer verletzt festgenommen. Er hatte sich in einem kleinen Boot, das in einem Vorgarten aufgebockt war, versteckt, war vom Hubschrauber aus mit einer Wärmebild-Kamera entdeckt worden.

Mir ist, als hörte ich die ganze Stadt aufatmen.

Dienstag, 2. April

Mittwoch, 3. April

Donnerstag, 4. April

Freitag, 5. April

★ ★ ★ DEUTSCHER FILMPREIS 2013 ★ ★ ★

Die Publikums-„Lola": Matthias Schweighöfer. Sein Kommentar: „Krass"

Beste Hauptrolle: Barbara Sukowa als „Hannah Arendt"

Beste Nebenrolle: Christine Schorn

Der Abräumer: „Oh Boy"

Bester Hauptdarsteller: „Oh Boy" Tom Schilling mit Freundin Annie

Präsidentin der Deutschen Filmakademie: Iris Berben (in „Escada")

So liebt man sie: die gut gelaunte Katja Riemann

Das ist mal ein Debüt! Jan-Ole Gerster beendete sein Filmstudium mit der Abschlussarbeit „Oh Boy" – jetzt wird der 300 000 Euro billige Schwarz-Weiß-Streifen mit sechs „Lolas" geehrt: Für Regie, Drehbuch, Musik, als Bester Film und für den Besten Hauptdarsteller (Tom Schilling) sowie den Besten Nebendarsteller (Michael Gwisdek). Zweiter Abräumer bei der 63. Verleihung des Deutschen Filmpreises im Friedrichstadtpalast in Berlin: „Cloud Atlas" von Tom Tykwer mit fünf „Lolas"– aber der hatte 100 Millionen Dollar gekostet.

MEHR SEX
Super-Sheryl gibt guten Rat

Facebook-Chefin **Sheryl Sandberg** sagt in einem Interview: „Paare, bei denen der Mann die Wäsche macht, haben häufiger Sex." Sie teilt sich den Haushalt mit ihrem Mann.

MEHR WORTE
Auch Doris macht jetzt Karriere

Gerhard Schröders Frau **Doris Schröder-Köpf** (Journalistin, 3 Kinder) ist jetzt Integrationsbeauftragte in Niedersachsen. „Ihr Wort hat Gewicht", lobt Ministerpräsident Weil.

MEHR FREIHEIT
Sandy geht eigene Wege

Ehe-Aus! **Alessandra Pocher** (besser bekannt als Sandy Meyer-Wölden) trennt sich von TV-Allrounder Oliver. Knapp drei Jahre waren sie verheiratet, haben drei Kinder.

Fünf Präsidenten & ihre First Ladys

Für Ex-Präsidenten werden Gedenkbibliotheken errichtet, das ist in den USA Tradition. Jetzt auch für George W. Bush. In Dallas eröffnet er im April einen 250 Millionen Dollar teuren Komplex aus Museum, Archiv und Institut. Besucher können dort per Touchscreen selbst Präsident „spielen": Wie hätten Sie entschieden in Afghanistan, im Irak, bei der Finanzkrise? Zur Einweihung kommen alle noch lebenden Präsidenten mit den First Ladys – Bush senior und seine Frau besonders farbenfroh. Schauen Sie auf seine Strümpfe und auf ihren Schal.

Die Herren Präsidenten: Barack Obama, George W. Bush, Bill Clinton, George W. Bush senior, Jimmy Carter ...

... und die First Ladys: Michelle Obama, Laura Bush, Hillary Clinton, Barbara Bush und Rosalynn Carter

Samstag, 6. April

Montag, 8. April

Dienstag, 9. April

Mittwoch, 10. April

Derrick war bei der Waffen-SS

In 281 Folgen hat er 24 Jahre lang den Oberinspektor Stephan Derrick gespielt, die ZDF-Serie wurde in mehr als 100 Länder verkauft – kein Zweifel, der Schauspieler Horst Tappert ist einer der beliebtesten Deutschen, auch weltweit. Im April wird enthüllt, dass er während des Zweiten Weltkrieges in Hitlers berüchtigter Waffen-SS war. Sein Truppenteil: das Panzergrenadier-Regiment 1 „Totenkopf". Ob er an Kriegsverbrechen beteiligt war, liegt im Dunkeln. Er kam mit 19 Jahren zur SS, wurde nach wenigen Monaten in der Ukraine verwundet.

Tappert starb 2008 im Alter von 85 Jahren.

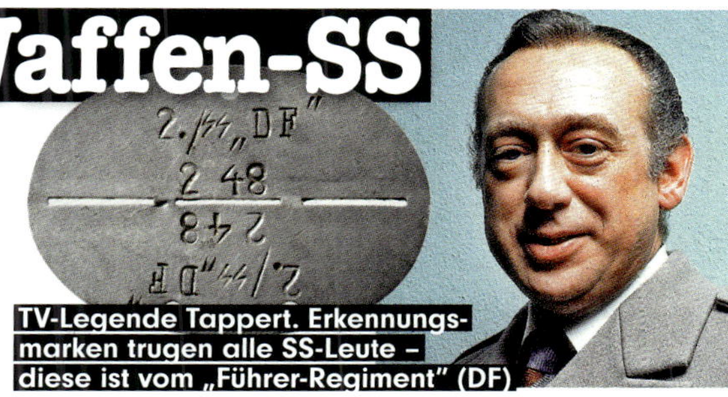

TV-Legende Tappert. Erkennungsmarken trugen alle SS-Leute – diese ist vom „Führer-Regiment" (DF)

NACKT-ATTACKE auf PUTIN und MERKEL

Es sind Frauen der Gruppe „Femen", die Putin Menschenrechtsverletzungen vorwerfen. Warum nackt? „Nur so wird man wahrgenommen", sagt Alexandra Shevchenko, die hier die Arme hochreißt

DIESES FOTO ERZÄHLT ZWEI GESCHICHTEN: 1. DIE BODYGUARDS HABEN VERSAGT 2. PUTIN IST UND BLEIBT EIN MACHO

Schrecksekunden bei der Eröffnung der Hannover Messe: Bundeskanzlerin Angela Merkel und der russische Präsident Wladimir Putin wollen den VW-Stand verlassen, Sicherheitsbeamte machen Platz für Fotografen – da stürmen drei barbusige Frauen durch, auf ihren Körpern steht „Fuck Putin" und „Verpiss dich, Putin". Wie reagiert der? Daumen hoch! „Sie haben mir gefallen", sagt er später.

2:0 Bayern weiter! Traumfinale gegen Dortmund?
Sylvie van der Vaart
DAS IST IHR NEUER!
Hartz IV
Michelle Hunziker Schwanger! Das Interview
Deutsche gehen seltener zum Arzt

Donnerstag, 11. April

NEUER FLEISCH-SKANDAL!
Erstmal zu Penny
Oliver Pocher und Sandy Meyer-Wölden
Alles aus!
KLOPPS TRANSFER DES JAHRES
Ich habe mir Haare einpflanzen lassen

Freitag, 12. April

Wulff Staatsanwalt will Strafprozess
Seit wann ist Treue out?
In der Liebe, im Beruf, unter Freunden: Kann man sich auf nichts mehr verlassen?
Mädchen-Friedhof facebook

Samstag, 13. April

Macht Merkel 2015 Schluss?
Erstmal zu Penny
Bayern verspotten Klopps Haar-OP
Endlich Frühling!
BILD beantwortet die wichtigsten Fragen zum NSU-Prozess

Montag, 15. April

Diese Panne ist seltener als ein Sechser im Lotto

Lotto-Skandal: 2 Kugeln fehlten

Hinten im Schlitten liegen die beiden verklemmten Kugeln (Kreis). Lottofee Heike Maurer: „Ich konnte danach kaum schlafen"

Es ist die größte Panne in 58 Jahren Lotto-Geschichte: Bei der Mittwochs-Ausspielung am 3. April fehlen zwei Kugeln. Gemerkt wird es nach der Sendung, die Ziehung wird 22 Minuten später wiederholt. Was ist passiert? Zum Start fallen die 49 Kugeln aus einem Schlitten, rollen in die Trommel. Dieses Mal bleiben zwei Kugeln (die 46 und die 47) stecken, niemandem fällt das auf. Ärgerlich, aber logisch: Wer die Zahlen der ersten Ziehung auf seinem Lottoschein angekreuzt hat, bekommt nichts – sie werden immer „ohne Gewähr" verkündet.

Kölner Mädchen (6) stürzt aus Sessellift

Dramatisches Urlaubsbild aus den österreichischen Alpen: Die 6-jährige Myra aus Köln hat ihren Wochen-Skikurs in Gargellen im Montafon geschafft, will mit Mama im Lift noch mal nach oben auf die Piste. Dann das Drama: Der Schutzbügel ist nicht geschlossen, Myra rutscht durch, ihre Mutter hält sie am Kragen, bis ihre Kräfte versagen. Das Mädchen fällt fünf Meter tief – glücklicherweise in Tiefschnee, sie bricht sich „nur" einen Unterschenkel.

Die Mutter kann ihre Tochter noch am Kragen halten – dann lassen ihre Kräfte nach, Myra fällt

BANGLADESCH

Über 1000 Tote in Textilfabrik

Schockierend und unvorstellbar: In Sava (Bangladesch) stürzt eine neunstöckige Textilfabrik ein – 1127 Menschen werden getötet. Viele Unternehmen der EU und aus den USA lassen hier billig produzieren; für einen Monatsmindestlohn von 30 Euro. Nach der Katastrophe werden besserer Arbeitsschutz, mehr Kontrollen und ein höherer Lohn vereinbart.

ALEPPO

ARD-Reporter angeschossen

Seit Januar ist er offiziell im Ruhestand, doch Nahost lässt ihn nicht los: ARD-Reporter **Jörg Armbruster** ist wieder im syrischen Aleppo. Er macht Interviews, liefert in einem Krankenhaus noch Medikamente und Verbandszeug ab – da treffen ihn Kugeln eines Scharfschützen. Er wird schwer verletzt, aber er überlebt. Wegen herausragender journalistischer Arbeit wird ihm später der Hanns-Joachim-Friedrichs-Preis verliehen.

MÜNCHEN

Justin Bieber lässt Äffchen im Stich

Teenie-Star **Justin Bieber** hat Ärger mit dem deutschen Zoll: Am Münchner Flughafen wird ihm sein Kapuziner-Äffchen Mally weggenommen – es hat keine Papiere. Mally kommt ins Tierheim, später in den Serengeti-Park nach Hodenhagen. Bieber lässt nichts von sich hören.

Getrennt: Justin Bieber, Affe Mally

TERROR BEIM MARATHON!

Bild

Anschläge in Boston! Tote und Verletzte

NSU-Prozess verschoben

DAS GROSSE OPEL FRÜHSTÜCK

Sandy Meyer-Wölden WAS WIRD JETZT AUS IHR?

DIE BESTEN SOMMER-REIFEN

Dienstag, 16. April

Bomben beim Marathon

Der Horror von Boston

Bild

Das sind die Opfer

DAS GROSSE OPEL FRÜHSTÜCK

3 Tore in 6 Minuten Giganten-Hattrick von Gomez

Mittwoch, 17. April

Enthüllungen über den Star-Rapper

Hat Bushido sich an die MAFIA verkauft?

Bild

Eine Liebeserklärung in 180 Stickern!

Gift-Brief an Obama

Kanzlerin Merkel Meine Pläne

Gomez trifft für neue Liebe

Donnerstag, 18. April

Margaret Thatcher (†87)

Sie war die „Eiserne Lady"

Disziplinert, auch äußerlich: Die Kleidung streng, die Frisur betoniert. Diszipliniert auch ihre Trinkgewohnheiten: morgens Fruchtsaft, nachmittags Tee, abends Whisky

Königin Elizabeth und Prinz Philip begleiten sie auf dem letzten Weg

1986, Thatcher im Panzer: Sie besuchte in Fallingbostel eine britische Einheit

1979, Einzug in die Downing Street Nr. 10, mit Denis, ihrem Ehemann. Er war ein erfolgreicher, wohlhabender Öl-Manager, nannte sie „The Boss". Er starb 2003

Sie war die erste Premierministerin Großbritanniens (elf Jahre, von 1979 bis 1990) – und die einzige. Sie war hart. Sie zertrümmerte Gewerkschaften. Sie privatisierte Staats-Unternehmen. Unter Schmerzen erblühte ihr Land, vor Europa. Sie war gegen die EU, gegen den Euro, gegen die deutsche Wiedervereinigung. Sie führte Krieg gegen Argentinien, um die kleinen Falkland-Inseln. Sie war ein Alphatier. Eine Frau aus dem letzten Jahrhundert. Man liebte sie nicht, man bewunderte sie. Am 8. April ist Margaret Thatcher, die „Eiserne Lady", gestorben. Ihr Land gab ihr einen großen Abschied.

Zwei, die sich politisch verstanden: Mit Ronald Reagan tanzt sie 1986 im Weißen Haus

Drei, die politisch nicht immer einer Meinung waren: Mit Kanzler Helmut Kohl und Bundespräsident Richard von Weizsäcker 1982 an der Mauer in Berlin. Sieben, acht Jahre später war sie gegen die deutschen Wiedervereinigung

Mit BILD zur Champions League!
Jenny Elvers Ehe-Aus?
Ihr Mann hat eine Freundin
Bild
Die besten Rutgeber-Apps

Freitag, 19. April

10000 Polizisten jagen TERROR-BRÜDER
Das sind die Bomber von Boston
Bild
So tickt mein Pep
Jenny Elvers Wie lange hat ihr Mann schon eine Freundin?
BILD bei facebook

Samstag, 20. April

Tutu: Ein stolzer Preis für einen Mann der Versöhnung

Nicht viele Männer können es sich erlauben, mit 81 noch grelle Farben zu tragen und wild zu tanzen. Doch er kann es: Desmond Tutu, der frühere südafrikanische Erzbischof und Friedensnobelpreisträger. In der St.-George-Kathedrale von Kapstadt legt er im April ein Freudentänzchen hin: Er hat gerade erfahren, dass ihm der mit 1,33 Millionen Euro dotierte Templeton-Preis verliehen wird – für sein lebenslanges Engagement für „Liebe und Versöhnung."

Tanzt vor Freude über die Ehrung: Desmond Tutu

Willem-Alexander ist jetzt König

Aber wer ist wer beim Gipfeltreffen der Thronfolger?

Auf den Tag genau 33 Jahre war sie auf dem Thron: Am 30. April 2013 dankt Beatrix als Königin der Niederlande ab. Ihr Sohn Willem-Alexander, „Prins van Oranje", wird mit der „Inhuldigung" König. An seiner Seite: Königin Máxima. Zur Thronübergabe kommen fast alle Kronprinzen und Kronprinzessinnen dieser Welt nach Amsterdam, stellen sich brav zu einem Gruppenfoto auf – einige Nicht-Royals dürfen mit aufs Bild.

1. Kronprinzessin Mathilde von Belgien
2. Kronprinz Philippe von Belgien
3. Erbprinzessin Sophie von und zu Liechtenstein
4. Erbprinz Alois von und zu Liechtenstein
5. Erbgroßherzogin Stéphanie von Luxemburg
6. Erbgroßherzog Guillaume von Luxemburg
7. Prinz Daniel von Schweden
8. Kronprinzessin Victoria von Schweden
9. Kronprinz Felipe von Spanien
10. Kronprinzessin Letizia von Spanien
11. Kronprinz Salman von Bahrain
12. Kronprinz Haakon von Norwegen
13. Sayyid Haitham al-Said (Omans Kulturminister)
14. Kronprinzessin Mette-Marit von Norwegen
15. Scheich Hamed bin Zayedal Nahyan
16. Fay Hartog-Levin (Ex-Botschafterin)
17. Admiral James G. Stavridis (Nato)
18. Helen Clark (Vereinte Nationen)
19. Manuel Barroso, Präsident der EU-Kommission
20. Maria Margarida Barroso, Ehefrau des EU-Kommissionspräsidenten
21. Kronprinz Al-Muhtadee Billah von Brunei
22. Kronprinzessin Sarah von Brunei
23. Kronprinz Maha Vajiralongkorn von Thailand
24. Kronprinzessin Maha Chakri Sirindhorn von Thailand
25. Prinz Charles von Großbritannien
26. Camilla, Herzogin von Cornwall
27. Kronprinz Frederik von Dänemark
28. Jordaniens Prinz al-Hassan bin Talal
29. Kronprinzessin Mary von Dänemark
30. Jordaniens Prinzessin Savath al-Hassan

50 Jahre ZDF Vieles war „spitze!“

DAS ZWEITE und seine Zuschauer können Goldene Hochzeit feiern

Kein Scherz. Am 1. April 2013 wird das Zweite Deutsche Fernsehen 50 Jahre alt. Und kann mit vielen Zuschauern eine Art Goldene Hochzeit feiern: Mit Zuschauern, die als Kinder „Flipper" liebten und heute Rosamunde Pilcher. Die das „Aktuelle Sportstudio" mit aus der Taufe hoben und jetzt mit den Enkeln Champions League gucken. Und die „Wetten, dass ..?" weiter die Treue halten.

Blättern wir im Jubiläumsalbum, finden wir Kurioses, Skandale – und einen fehlenden Rekord.

Kurios & unvergessen

1. Tarzan-Darsteller **Johnny Weissmüller** brachte 1971 seine Frau mit ins Sportstudio. Ein Affe riss an ihren Haaren und erbeutete die ganze Frisur: eine Perücke!
2. Keiner konnte Zett-Dee-Efff so skandieren wie er: **Dieter Thomas Heck** in seiner „Hitparade". Er machte Heino, Heintje und „Hossa" berühmt.
3. **Wim Thoelke** lästerte 1979 über Frauen-Fußball: „Decken, decken! Nicht Tisch decken! Mann decken!"

Die größten Skandale

1. 1983 behauptete der Kandidat einer **Buntstift-Wette** bei Gottschalk, Farben schmecken zu können: Der Schummler (vom Satire-Blatt „Titanic") guckte durch die Brille!
2. 1970 trug eine 17-Jährige in einer **„Wünsch Dir was"**-Show eine durchsichtige Bluse – man sah ihren Busen!
3. 1965: **Hildegard Stössel** ging im Baby-Doll zum Karneval – gefeuert!

Ein Rekord fehlt noch

Wolfgang Rademanns „Peter-Alexander-Shows" waren Quoten-Hits, sein „Traumschiff" ist es immer noch, doch ein Rekord fehlt: Sechs Treffer an der Torwand im „Aktuellen Sportstudio"! Wenn das klappt, springen alle hoch wie einst Hans Rosenthal (und jetzt Kai Pflaume): DAS IST SPITZE!

Beliebt und bescheiden – ihr neuer Titel: Ihre Königliche Hoheit PRINZESSIN Beatrix der Niederlande

31. Herman van Rompuy, EU-Ratspräsident
32. Geertrui van Rompuy, Ehefrau des EU-Ratspräsidenten
33. Augustina Kämpfer, Partnerin des argentinischen Vize-Präsidenten
34. Amado Boudou, Argentiniens Vize-Präsident
35. Sharon Johnston, Ehefrau des Generalgouverneurs von Kanada
36. David Johnston, Generalgouverneur von Kanada
37. Sheika Moza bint Nassar al-Misned von Katar
38. Fürst Albert von Monaco
39. Willem-Alexander der Niederlande
40. Máxima der Niederlande
41. Prinzessin Ariane der Niederlande
42. Prinzessin Alexia der Niederlande
43. Kronprinzessin Amalia der Niederlande
44. Prinzessin Lalla Salma von Marokko
45. Kronprinz Naruhito von Japan
46. Kronprinzessin Masako von Japan
47. Ex-UN-Generalsekretär Kofi Annan
48. Annans Frau Nane Lagergren

Beatrix war 33 Jahre Königin ...

... wie lange will Willem-Alexander König sein? Er lacht: „Unsere älteste Tochter Amalia hat mich auch schon gefragt, wann ich zurücktrete. Sie will sich das in den Kalender kritzeln."

Ermittlungen wegen Steuerhinterziehung
Der Fall Hoeneß
+++ Es geht um Börsen-Zockerei +++ 20 Mio. auf Geheim-Konto +++ Droht ihm jetzt Gefängnis?
Erstmal zu Penny
Bild
Vettel-Sieg mit Frauen-Power
Jenny Elvers Ich kämpfe um meinen Mann
So viel Rente kriegen Deutschlands Rentner
Die Milch macht...

Montag, 22. April

Börsen-Zockerei
Ist Hoeneß süchtig?
Bild
Dietmar Schönherr trauert um seine Frau
Götze zu Bayern!
Telekom schafft DSL-Flatrates ab

Dienstag, 23. April

Hoeneß-Jubel trotz Haftbefehl!
→ 4:0! Seine Bayern hauen Barca weg
→ Er ist nur auf Kaution frei
Bild
Hier gibt's am meisten Hartz IV
Baby da, Sex weg!
Der Götze-Deal Alle Details

Mittwoch, 24. April

Katja Eichinger
Ist das ihr Neuer?
facebook macht Jagd auf Kinderschänder
Die 7 besten Computerspiele
Dortmund – Real 4:1
Deutsches Finale ganz nah!
Schwuler Politiker teilt sich Baby mit Lesben
Bild

Donnerstag, 25. April

VORM GROSSEN CHAMPIONS-LEAGUE-FINALE ZWEI FUSSBALLSENSATIONEN

Bayern schlägt Barca!

Müller schreit seine Freude heraus. Erster Gratulant: Gomez, der kurz vor dem Halbzeit-Pfiff zum 2:0 trifft

Das 1:0: Müller köpft den Ball über die Linie. Piquet (l.) kommt zu spät, Torhüter Valdes kann nicht mehr klären

Bayern-Fans haben dieses Datum im Herzen: 23. April 2013! Im Halbfinale der Champions League wird der FC Barcelona mit 4:0 vom Platz gefegt! Das ist historisch! Die Tore: Müller (25.), Gomez (49.), Robben (73.), noch mal Müller (82.). Überirdisch! Die „beste Vereinsmannschaft der Welt" deklassiert! Im Rückspiel setzen die Bayern noch eins drauf – 3:0 in Barcelona! Finale, der Mega-Hammer!

STEUERN HINTERZOGEN

Hoeneß: Es geht um seinen Kopf

Barcelona gedemütigt, das Finale erreicht – Bayern-Päsident Uli Hoeneß ist sportlich am Ziel seiner Wünsche. Und steht privat vor der Katastrophe seines Lebens: Er hat Steuern hinterzogen, über ein Konto in der Schweiz mit zig Millionen an den Börsen rumgezockt. Die Familie und Freunde sind entsetzt. Er selbst über sich auch. Selbstanzeige, Millionen ans Finanzamt, aber er muss 2014 vor Gericht.

Ein Wohltäter, ein sozial engagierter Mann – aber auch ein Steuersünder: Uli Hoeneß droht sogar Gefängnis

50 Lebensmittel! Davon können Sie so viel essen, wie Sie wollen
Sex und Drogen im Steuer-Paradies
Bild
Kampf um Lewandowski
Alles über den Mann, um den Bayern und Dortmund zocken

Freitag, 26. April

Bild
Mit zwei Uhren Rummenigge beim Zoll erwischt
Ex-LKA-Chef erschossen!
Zoff mit Polizei Zwei Werder-Stars gefeuert!
Die schönsten Kleider beim Deutschen Filmpreis

Samstag, 27. April

Ich bin die Bayern-Flitzerin
Erstmal zu Penny
Bild
GROSSE ANALYSE
Dafür wird facebook wirklich genutzt!
Potenz-Mittel für

Montag, 29. April

4 Jahre nach seinem Tod geben die Behörden Dokumente frei
Bild
Die SS-Akte Derrick
Der große Kampf ums Finale
Das neue Mietrecht

Dienstag, 30. April

FÜR DIE EWIGKEIT: DIE DEUTSCHEN MACHEN DIE SPANIER PLATT

Dortmund putzt Real!

Sein erstes Ding: Nach Flanke von Götze fliegt Lewandowski heran, schießt den Ball ins Tor. Real-Keeper Lopez ist chancenlos

Dortmund-Fans haben dieses Datum im Herzen: 24. April 2013! Im Halbfinale wird Real Madrid mit 4:1 geputzt! Das ist galaktisch! Alle vier Tore schießt Robert Lewandowski. „Einfach Wahnsinn", sagt er. Das Rückspiel in Madrid verliert man zwar 0:2, aber es reicht: Die „Königlichen" sind raus, Dortmund ist im Finale! Jawohl, ein Mega-Hammer: Zwei deutsche Mannschaften haben die Spanier plattgemacht!

Jaaa! Robert Lewandowski ballt die rechte Faust, feiert seinen ersten von vier Treffern. Er ist der Matchwinner

DARÜBER REDEN ALLE

Klopp: Es geht um seinen Schopf

Von hinten nach vorn, und schon 'ne volle Haarpracht: Jürgen Klopp strahlt. Der wohl haarigste Transfer der Liga

Zwei Wochen vor dem Triumph über Real hatte Dortmund-Trainer Jürgen Klopp (endlich) seine eigene, ganz private Schlagzeile in BILD: „Ich habe mir Haare einpflanzen lassen". Wie man das macht? Bei lokaler Betäubung werden Haare vom Hinterkopf entnommen und am Vorderkopf eingesetzt. Das hält ein Leben lang und die Geheimrats-Ecken sind weg. Kloppo: „Das Ergebnis ist doch ganz cool geworden, oder?"

Auf ein Wort. Der Fall Uli Hoeneß

WALTER M. STRATEN
BILD-Sportchef

Das Urteil über den Steuersünder Uli Hoeneß wird der als streng geltende Münchner Richter Rupert Heindl im März 2014 verkünden. Geldstrafe? Bewährung? Gefängnis? Für den (all-)mächtigen Präsidenten des FC Bayern ist es eine neue Lebenssituation, dass er sein Schicksal nicht mehr selbst in der Hand hält.

Und das Urteil über den Menschen Uli Hoeneß?

Er ist sicher nicht der „Vater Teresa vom Tegernsee", als den ihn Karl-Heinz Rummenigge bei seinem 60. Geburtstag im Januar 2012 feierte.

Er bekommt sicher keinen Schlagzeilen-Jubel mehr wie in BILD im September 2012: „Brauchen wir mehr Hoeneß in der Politik?" Da hatte er gerade vor fünf Millionen Fernsehzuschauern bei Günther Jauch Klartext geredet, dass es den Politikern in den Ohren klingelte.

Das alles ist vorbei, unabhängig vom Spruch des Richters Heindl. Hoeneß kann nicht mehr in Talkshows als Leviten-Leser der Nation auftreten.

Und doch! Wir brauchen Uli Hoeneß auch weiter in der Öffentlichkeit, weil er uns den Spiegel vorhält und wir lernen können von ihm. Aus schlechten und guten Taten.

JA, dass Uli Hoeneß ein Helfer in der Not ist, weiß man. Er unterstützte Fußballvereine wie St. Pauli und Dortmund (tatsächlich!), die in existenziellen Krisen steckten. Er spendet generell seine Vortragshonorare.

Sein Lebensmotto: „Dem Starken zwischen die Hörner hauen und beim Kranken der Erste am Krankenbett sein."

Wie ernst er es wirklich damit meint, haben wir bei BILD erfahren in einem sehr traurigen Fall in unserer eigenen Redaktion. Ein junger Reporter, der über den FC Bayern berichtete, litt an einer lebensbedrohlichen Krankheit.

Hoeneß erfuhr davon und tat alles – ohne Aufhebens – für unseren Kollegen, besorgte ihm zum Beispiel Termine bei den besten Spezialisten. Der Einsatz konnte das Leben des BILD-Reporters leider nicht retten, aber er sagt viel aus über den wahren Menschen Hoeneß.

Ich bin sicher, er würde sogar helfen, wenn seine ärgsten Feinde in Not wären.

NATÜRLICH, der Metzgersohn aus Ulm kann auch anders! Rot anlaufen, brüllen, das gerade aktuelle Feindbild verbal so richtig an die Wand nageln (am liebsten Sepp Blatter). Unvergessen, sein Telefon-Auftritt in der Fußball-Talkrunde „Doppelpass".

Udo Lattek und Franz Beckenbauer diskutierten, in lockerer Art, über die Kokain-Affäre Christoph Daum. Ein empörter Hoeneß ließ sich von zu Hause live in die Sendung verbinden und schrie mit sich überschlagender Stimme: Dieser lässige Umgang mit Drogen und Alkohol sei eine Unverschämtheit und kein Vorbild für die Jugend. Rums!

Hoeneß hat oft genug auch mit seiner klaren Meinung danebengehauen. Aber er hat wenigstens eine ...

NEIN, Hoeneß ist kein Heiliger. Er kennt im Fußballgeschäft alle Tricks und Finten. Er gibt offen zu, auch mal zu schwindeln, wenn es den Interessen seines FC Bayern dient. Und klar: Er hat richtig „Mist gebaut" in der Steuersache, wie er selber inzwischen eingesteht.

Er wird das Urteil ertragen müssen, das Richter Heindl strafrechtlich fällt – und das wir fällen, in unserer Haltung zu ihm.

Der Humanist Albert Schweitzer sagt: „Was ein Mensch an Gutem in die Welt hinausgibt, geht nicht verloren." Und das ist bei Uli Hoeneß immer noch eine Menge.

Viel Gutes getan – und „richtig Mist gebaut“: Uli Hoeneß, Präsident des FC Bayern München – und Steuersünder. Er wartet auf sein Urteil

Die Nazi-Braut vor Gericht

Es ist der größte Mordprozess seit Jahrzehnten. Zehn Morde! Türken, türkischstämmige Deutsche, ein Grieche, eine Polizistin wurden erschossen. Die Täter: von Ausländerhass Getriebene.

Vom 6. Mai an steht Beate Zschäpe von der Neonazi-Organisation „Nationalsozialistischer Untergrund" (NSU) vor Gericht. Ihre Terrorkomplizen Uwe Mundlos und Uwe Böhnhardt haben sich umgebracht.

Zschäpe erscheint im schwarzen Anzug wie zu einem Businesstermin, wendet den Hinterbliebenen im Saal den Rücken zu – und sagt kein einziges Wort.

Bitte blättern Sie um.

OLIVER GROTHMANN
BILD-Gerichtsreporter

Mitleid? Reue? Nichts davon. Die Zschäpe lutscht nur bunte Bonbons

Vom ersten Tag an im Mai beobachte ich den NSU-Prozess in München, schreibe über ihn. Und bin jeden Tag entsetzt:

Wie gefühlskalt die Hauptangeklagte Beate Zschäpe zwischen ihren Anwälten sitzt. Wie minutiös ihre Komplizen Uwe Mundlos und Uwe Böhnhardt ihre Morde planten. Wie vernetzt die rechte Szene mit dem Verfassungsschutz war. Und wie perfekt Zschäpe ihre Mittäter deckte.

Sprachlos bin ich, wenn Polizisten im Prozess erzählen, wie einseitig sie nach jedem Mord ermittelten. Fast nur die Angehörigen der Opfer waren verdächtig. Aussagen von Zeugen über zwei Männer in schwarzer Kleidung mit Fahrrädern wurde nicht nachgegangen. Hinweise ins rechte Milieu auch nicht.

Die Kinder des ersten Opfers: Semya Simsek und ihr Bruder

Stattdessen wurde gegen die Opfer-Familien intensiv ermittelt. Und dadurch ihr Leid vervielfacht – sie wurden ein zweites Mal zu Opfern! Dafür schäme ich mich …

Beeindruckend ist der Auftritt von Gamze Kubasik, der Tochter von Mordopfer Mehmet Kubasik. Sie schildert, wie die Familie unter dem Mord UND der Vorverurteilung durch Polizei und Medien zu leiden hatte. Wie die Beamten immer wieder versuchten, ihren Vater als Drogendealer zu verunglimpfen. Wie die „Leute auf der Straße mit den Finger auf uns zeigten". Wie sie zu Hause weinte. „Alle Träume sind zerbrochen", sagt ihre Mutter Elif.

Und Zschäpe? Sitzt ungerührt auf ihrem Platz, löst Kreuzworträtsel, lacht, lutscht bunte Bonbons. Ist teilnahmslos, als die schrecklichen Bilder der Tatorte gezeigt werden – die blutverschmierten Opfer: Väter, Brüder, Söhne, Ehemänner. Hingerichtet von den NSU-Killern!

Als die Mutter von Halit Yozgat die Zschäpe direkt anspricht, ist es im Saal ganz still. „Ich spreche als Mutter. Warum ist diese Tat geschehen? Klären Sie mich auf", bittet Ayse Yozgat. Die Angeklagte schaut ihr kein einziges Mal in die Augen. Zuschauer weinen. Ich denke: Kennt die kein Mitleid?

Wie kaltblütig Beate Zschäpe ist, hatte sie am 4. Januar 2011 gezeigt, als sie vom Selbstmord ihrer Komplizen erfuhr: Sie jagte die Wohnung des Terror-Trios in Zwickau in die Luft. Obwohl sie wusste, das nebenan eine behinderte Seniorin wohnte, legte sie Feuer.

Aber ein Menschenleben zählt nichts in der kranken Welt dieser Angeklagten.

Der Prozess wird erst 2014 beendet sein. Es werden noch viele Tränen fließen im Münchner Gerichtssaal. Bei Zschäpe wohl nicht. Sie ist Reue-unfähig.

Wer ist diese Frau? Wie tief sitzt ihr Ausländerhass? Beate Zschäpe schweigt vor Gericht. Löst Kreuzworträtsel. Sie lebt in einer kranken Welt

Die Nazi-Braut lebt in einer kranken Welt

Die zehnfachen Mörder: Uwe Böhnhardt (l.) und Uwe Mundlos

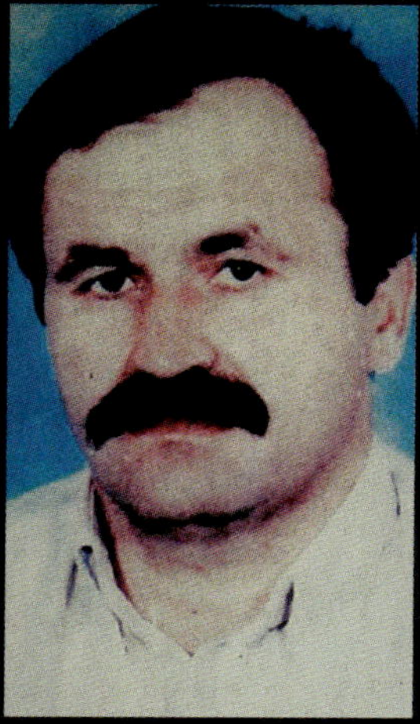

„Als er jung war, schrieb er Liebesgedichte“

Samstag, 9. September 2000, gegen 13 Uhr, Nürnberg. Der türkische Blumenhändler **Enver Simsek** (38) wird mit acht Schüssen ermordet. Seine Witwe Adile erzählt: „Als er jung war, schrieb er Liebesgedichte.“ Seine Tochter Semya spricht auf der zentralen Trauerfeier in Berlin.

„Er war ein ganz, ganz lieber Mensch“

Mittwoch, 13. Juni 2001, etwa 16.30 Uhr, Nürnberg. Der türkische Änderungsschneider **Abdurrahim Özüdogru** (49) wird mit zwei Kopfschüssen getötet. Er lebte seit 20 Jahren hier. Nachbarn beschreiben ihn als „ganz, ganz lieben Menschen“. Er hinterlässt Frau und Tochter.

Nach ihm wird eine Straße benannt

Mittwoch, 27. Juni 2001, kurz vor Mittag, Hamburg. Den türkischen Gemüsehändler **Süleyman Tasköprü** (31) treffen drei Kugeln in den Kopf. Er hinterlässt Freundin und 3-jährige Tochter, die nun bei seinen Eltern aufwächst. 2014 wird eine Straße nach ihm benannt.

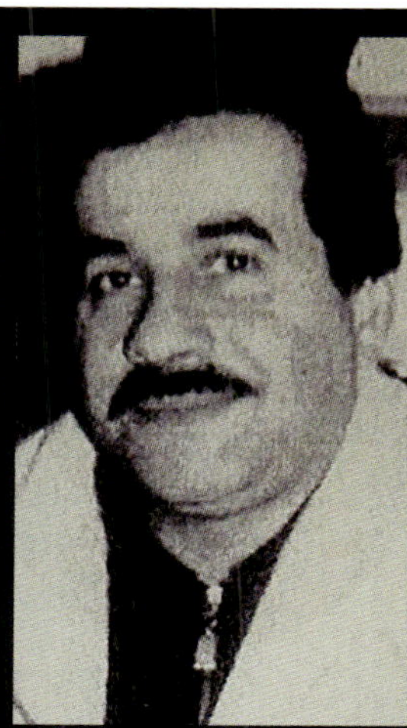

Frau und Tochter machten gerade Urlaub

Mittwoch, 29. August 2001, 10.30 Uhr, München. Der türkische Staplerfahrer **Habil Kilic** (38) betreut den Gemüseladen seiner Frau, die mit der 12-jährigen Tochter in Urlaub ist. Er wird durch zwei Kopfschüsse „professionell hingerichtet“, sagt ein Ermittler.

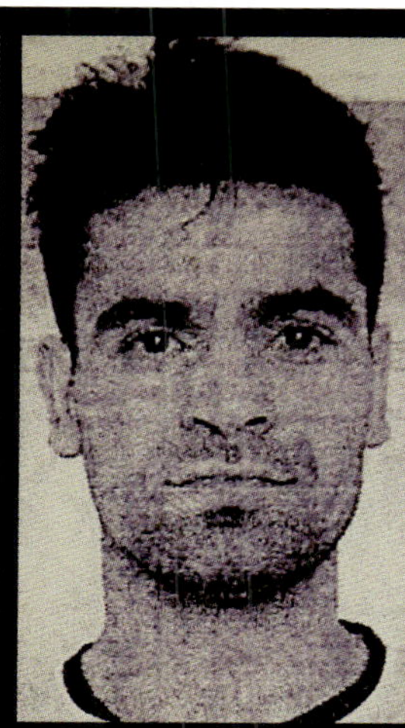

„Der netteste Mensch, den ich gekannt habe“

Mittwoch, 25. Februar 2004, 10.15 Uhr, Rostock. Der Türke **Mehmet Turgut** (25) wird im Imbissstand „Mr. Kebab Grill“ mit vier Kopfschüssen getötet. Er war zu Besuch, half dort aus. Ein Freund: „Der netteste Mensch, den ich je getroffen habe.“

Das sind die **Opfer** der **NSU**

Es war eine der längsten Mordserien der jüngeren Geschichte. Neun Männer, alle mit Migrationshintergrund, wurden getötet. „Hingerichtet“, sagt ein Ermittler. Letztes Mordopfer: eine Polizistin. Bundespräsident Gauck sprach mit Hinterbliebenen über unvorstellbare Ermittlungsirrtümer und -fehler: „Sie sind verdächtigt, gedemütigt und allein gelassen worden. Sie hätten Trost und Unterstützung gebraucht.“

„Er hat uns Wassereis spendiert“

Donnerstag, 9. Juni 2005, 10 Uhr, Nürnberg. Der Türke **Ismail Yasar** (50) stirbt in seinem Imbiss-Container: 4 Kugeln in Kopf und Oberkörper. Frau und Sohn (15) trauern. In der Scharrer-Schule nebenan erzählen Kinder: „Er hat uns Wassereis spendiert.“

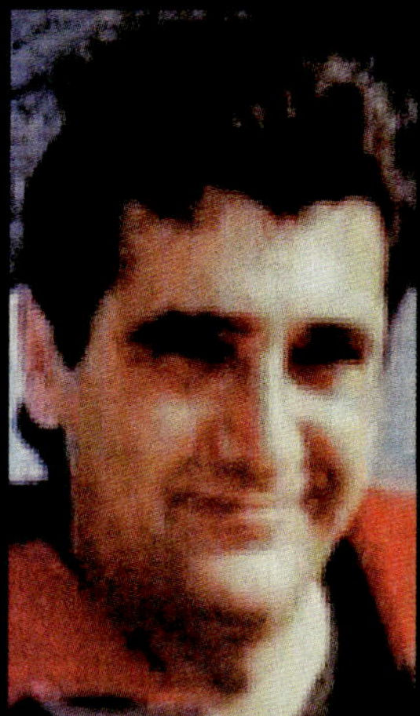

„Theo“ hat in München sein Abi gemacht

Mittwoch, 15. Juni 2005, 18.30 Uhr, München. Der Grieche **Theodoros Boulgarides** (41) wird in seinem Laden „Schlüsselwerk“ mit drei Kopfschüssen getötet. „Theo“ hatte vor 20 Jahren in München sein Abi gemacht. Er hinterlässt Frau und zwei Töchter.

„Den Papa kannten alle in Dortmund“

Dienstag, 4. April 2006, 13 Uhr, Dortmund. **Mehmet Kubasik** (39) stirbt in seinem Kiosk durch zwei Kopfschüsse. Der kurdische Türke (seit 2003 eingebürgert) hinterlässt Frau, eine Tochter, zwei Söhne. „Papa kannten alle hier in Dortmund“, schwärmten sie.

Für Halit gibt es jetzt einen Halitplatz

Donnerstag, 6. April 2006, 17 Uhr, Kassel. **Halit Yozgat** (21, er ist Deutscher) treffen in seinem Internet-Café zwei Kugeln in den Kopf. Ein Mann vom Verfassungsschutz sitzt am Computer, will nichts bemerkt haben. 2012 weiht Kassel einen Halitplatz ein.

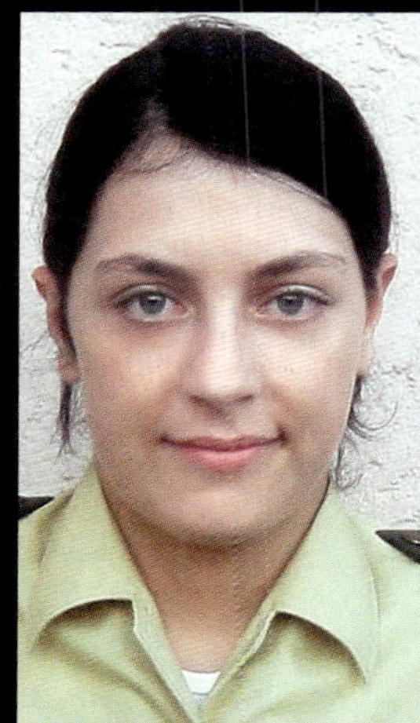

Das letzte Opfer: Eine Polizistin aus Thüringen

Mittwoch, 25. April 2007, 14 Uhr, Heilbronn. Die Polizistin **Michèle Kiesewetter** (22, sie stammt aus Thüringen) macht mit einem Kollegen Mittagspause im Dienstwagen – sie wird mit Kopfschuss getötet, er schwer verletzt. Die Täter stehlen die Dienstwaffen.

VERRÜCKT? LEO FLIEGT MIT HAMBURGER INS ALL

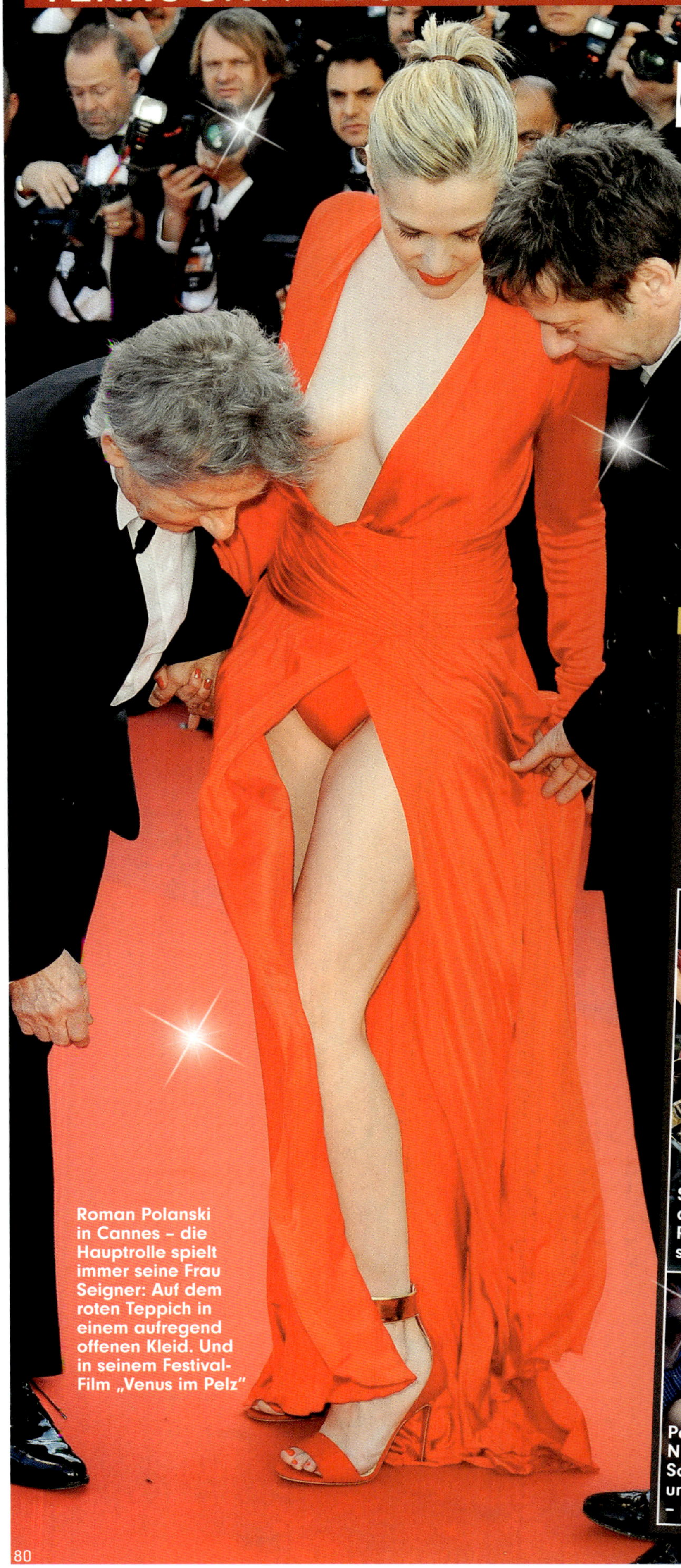

Roman Polanski in Cannes – die Hauptrolle spielt immer seine Frau Seigner: Auf dem roten Teppich in einem aufregend offenen Kleid. Und in seinem Festival-Film „Venus im Pelz"

Cannes kann's

Immer dieses Wortspiel: Cannes kann's. Aber es stimmt: Viele Mega-Super-Stars sind auch 2013 ans Mittelmeer gekommen. Drei davon: Roman Polanski, Robert Redford (beide mit ihren Frauen) und Leonardo DiCaprio. Der ließ sich bei einer Auktion ersteigern: Der Hamburger Unternehmer Alireza Roodsari bot 1,8 Millionen Euro, darf mit Leo ins All fliegen! „Virgin Galactic" von Milliardär Richard Branson soll sie hochbringen. Wir sind gespannt.

Robert Redford zeigt „All Is Lost" und seine deutsche Frau Sibylle Szaggars

Gemeinsam ins All: Leo und Alireza Roodsari

AUFTAKT ZUR NEUEN WELT-TOURNEE

DIE STONES KÖNNEN ES IMMER NOCH

Wirklich wahr: Die „Rolling Stones" fegen seit 50 Jahren über die Bühne. Und sind schon wieder auf Welt-Tournee! Nicht jede Woche ein Konzert, man wird ja älter, aber mal auf großer Bühne in London, mal in einem Club in Paris. Jetzt in Los Angeles: Alt (Jack Nicholson, 76) und Jung (seine Tochter Lorraine, gerade 23 geworden) rocken mit.

Schon immer dabei: Keith Richards quält seine Gitarre

Ganz eng: Nicole Kidman und ihr Keith Urban

„No Doubt"-Star Gwen Stefani springt zu Mick Jagger auf die Bühne

Papa!!! Jack Nicholson mit Sonnenbrille und Opernglas – peinlich!

Donnerstag, 2. Mai

Freitag, 3. Mai

Samstag, 4. Mai

Montag, 6. Mai

„VOGUE"-CHEFREDAKTEURIN ANNA WINTOUR LÄDT ZUR „MET GALA 2013"

New York kann's auch, aber anders

Cannes ist frech-elegant, die Stones sind alters-wild, hier in New York heißt das Motto: Schräg, bunt, düster, grell – PUNK! Wir feiern die coolste Party des Jahres: Die „Met Gala 2013"! Anna Wintour, die „Vogue"-Legende, hat eingeladen, das Ticket kostet schlappe 15 000 Dollar. Und ein ganzer Tisch 150 000. Aber, keine Sorge: Die Stars lässt der Türsteher kostenlos durch ...

Sehr brav: Gastgeberin Anna Wintour im Blumen-Outfit von Chanel

Wie gewöhnlich etwas ungewöhnlich: Madonna in einem Hauch von Givenchy. Mit halterlosen Strümpfen. Und Pink-Pumps von Casadei

Let's rock! Gisele Bündchen in Anthony Vaccarello

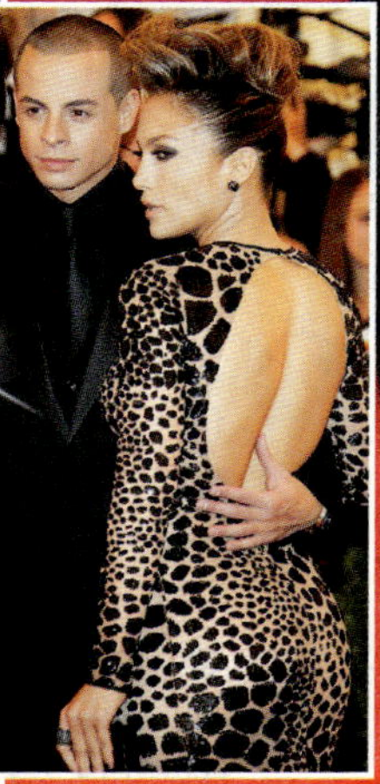
Grrrr, Raubkatze! Jennifer Lopez (in Michael Kors) mit Casper Smart

Heiße Braut: Model-Mama Heidi Klum in Marchesa

Sehr elegant: Oscar-Abräumer Christoph Waltz im Smoking und mit Fliege

Der Teufel hat sich schick gemacht
Die Nazi-Terroristin im Business-Look vor Gericht · Sie lächelt und schweigt · Wirbel um Neo-Nazis im Saal
Bild
Ehe-Aus!
Hoeneß bleibt Boss auf Bewährung

Dienstag, 7. Mai

Désirée Nosbusch & Daimler-Chef Dieter Zetsche
Liebes-Aus!
Bild
NSU-Prozess STREIT UMS KREUZ
Weil er Bayern-Boss bleibt: Der Fall Hoeneß spaltet Deutschland
DAX ERKLIMMT REKORD-HOCH

Mittwoch, 8. Mai

Das unbekannte DDR-Leben der Kanzlerin
Stand sie dem System näher als bisher bekannt?
Bild
Amoklauf am Vatertag
Ehefrau erschossen, 3 Nachbarn schwer verletzt

Freitag, 10. Mai

„Ekelerregend" „Kaltherzig"
Bild
ARD-Star geht auf Heidi Klum los!
Stefan Mross Hochzeit!
Wulff wieder da!

Gruppenfoto mit Kanzlerin! Im nächsten Jahr will man sich wieder treffen – wenn sie die Wahl gewinnt. Autorin Marion Horn (links) ist im Mai noch BILD-Vize – ab Oktober 2013 Chefredakteurin von BILD am Sonntag

Ich war bei Merkels Girls' Day

Von MARION HORN

Natürlich ist die Überschrift dieses Textes nicht ganz korrekt: Das war kein „Girls' Day", das war geballte Frauenpower. Ich also bei der Kanzlerin. Der erste Termin in meinem Leben, den ich nur deshalb habe, weil ich weiblichen Geschlechts bin.

Kanzleramt, 1. Stock, Internationaler Konferenzraum. Gut 70 Top-Entscheiderinnen. Aus großen und kleinen Unternehmen. Aus Verwaltung, Medizin, Kultur, Kirche, Forschung, Medien. Plus 30 Studentinnen.

Angela Merkel wirkt ausgesprochen gut gelaunt. Sie erzählt, wie sie jüngst gefragt wurde, ob sie glaube, dass eine Kanzlerin Kinder haben könne.

„Und da redete ich so vor mich hin", sagt sie lächelnd, „dass ich mir das schwierig vorstelle, weil eine Kanzlerin ja quasi immer im Dienst ist und Elternsein das ja auch erfordert." – Pause –

„Und dann fiel mir ein: Der Kohl, der hatte ja auch Kinder ..."

Großes Gelächter.

Auch als Ines Kolmsee (Chefin eines großen Stahlbetriebes, vier Kinder) von ihrem „Spaß" mit Behörden erzählt: Dass man ihr keine Lohnsteuerkarte mehr geschickt habe, weil sie geheiratet hatte („Sie brauchen doch jetzt nicht mehr zu arbeiten").

Überhaupt geht es viel um die Vereinbarkeit von Beruf und Familie. Und was sich ändern müsse.

Das überzogene deutsche Mutterbild („Rabenmutter"), die Anwesenheitskultur (Meetings nach 17 Uhr). Pro und kontra Quote. Dass es ein Recht auf Rückkehr in Vollzeit nach Teilzeit geben müsse. Kita-Ausbau, Ganztagsschulen, Reform des Ehegattensplittings und, und, und. Ergebnis zum Schluss? Großartig, dass endlich mal nicht **über,** sondern **mit** Frauen geredet wird.

Blogge Dir Dein Leben! David hat's geschafft

Mit 15 Schule geschmissen – Multimillionär

Er trinkt Tee, hat keine Bücher, fährt Vespa: David Karp in seiner Firma

Der Albtraum aller Eltern: Mit 15 schmeißt David Karp in New York die Schule, schreibt Computerprogramme. Er gründet die Blogger-Plattform „Tumblr" (108 Mio. Mitglieder) – jetzt kauft sie Yahoo für 1,1 Milliarden Dollar. David, mittlerweile 26, erhält davon 300 Mio. in bar!

Richard Branson als Stewardess bei der Konkurrenz

Ein Milliardär verliert 'ne Wette

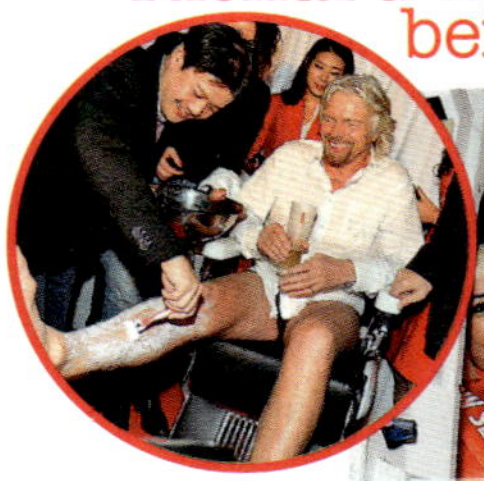

Bein-Rasur, Augenwimpern angeklebt: Richard Branson als Stewardess

Megamilliardär Richard Branson („Virgin") wettete mit Halbmilliardär und Fluglinien-Konkurrent Tony Fernandes („Air Asia"): Wir haben beide auch einen Formel-1-Rennstall, welcher ist besser? Branson verliert, muss beim Sieger als Stewardess ran. Beine rasiert, Perücke auf, geschminkt – dann verschüttet er O-Saft über Fernandes. Haben die gelacht!

Uli Hoeneß Tränen bei der Meisterfeier
Erstmal zu Penny
STRESS So krank macht uns der Job!
Bild
Wilde Gerüchte Charlene
Montag, 13. Mai

Seine Hochzeit auf Mallorca
Sorge um unser Geld!
Steuerpläne bedrohen Erbschaften
Inflation frisst Ersparnis auf
Lebensversicherungen immer weniger wert
Was Sie jetzt tun können
Bild
ANGELA MERKEL An der Uni war ich die Bardame
Klopp holt Werder-Torjäger
Streit um Goldschatz in der Schweiz
Wetter-Mauer teilt Deutschland
Dienstag, 14. Mai

KREBS-ANGST! Angelina Jolie Brüste amputiert
Ich tat es für meine Kinder – Ich fühle mich immer noch als Frau
Brad Pitt: Sie ist eine Heldin für mich
Bild
Klopp versteckt Götze
Google Pleite vorm BGH
Mittwoch, 15. Mai

Bild
Schaaf flüchtet aus Bremen
5,6 Prozent Mehr Geld für Metaller
REWE
Brüste entfernt, weil Oma, Mutter, Tante und Cousine an Krebs starben
Ich hab's gemacht wie Angelina Jolie
Donnerstag, 16. Mai

BOSTON 1
Anschlagsopfer laufen wieder

Beeindruckend: Knapp sieben Wochen nach dem Bombenanschlag auf den Boston-Marathon (s. Seite 66) laufen 2000 Menschen – darunter Verletzte – das Rennen zu Ende: 1,5 Kilometer bis zum Ziel, wo die zwei Sprengsätze explodiert waren.

BOSTON 2
FBI erschießt Verdächtigen

Hatten die Boston-Attentäter Helfershelfer? Ein tschetschenischer Freund von ihnen, der an einem Dreifach-Mord beteiligt war, wird im Mai vom FBI verhört. Er wird erschossen, weil er einen Beamten mit dem Messer attackiert haben soll.

NAOMI
Trennung vom Milliardär

Top-Model **Naomi Campbell** trennt sich im Mai nach fünf Jahren von ihrem russischen Milliardär **Vladimir Doronin** – er habe fremdgeflirtet. In der „New York Post" kommentiert das ein Freund so: „Die trennen sich doch ständig."

4 MILLIARDEN
Haustiere sind teuer

Exakt 3,869 Milliarden Euro gaben die Deutschen 2012 für ihre Haustiere aus – 2,2 % mehr als im Jahr davor. Das teilt im Mai der Industrieverband Heimtierbedarf mit. Allein der Umsatz für Futter stieg auf 2,939 Mrd.

Willkommen, Herr Nachbar!

Jetzt leben also tatsächlich zwei Päpste im Vatikan: Neun Wochen nach seinem Rückzug vom Stuhl Petri zieht Benedikt XVI. ins umgebaute Kloster Mater Ecclesiae inmitten der Vatikanischen Gärten. Hier will er seinen Lebensabend verbringen. Zur Begrüßung kommt Neu-Nachbar und Nachfolger Papst Franziskus vorbei. Als Erstes ziehen sich beide zum gemeinsamen Gebet zurück.

Auf gute Nachbarschaft! Papst Franziskus (rechts) begrüßt Benedikt, der jetzt als „emeritierter Papst" bezeichnet wird. Anrede weiter „Heiliger Vater" oder „Eure Heiligkeit"

Kohl im wiedervereinigten Dorf

Die Landesväter Seehofer und Tillich, Kohl, seine Frau Maike, Österreichs Ex-Kanzler Schüssel (v. r.), ein Plakat vom Dorf: DANKE

Hier ist deutsche Geschichte mit Händen zu greifen. Das Dorf Mödlareuth (50 Einwohner) liegt genau auf der Grenze Thüringen/Bayern, 41 Jahre lang lief eine Mauer mitten hindurch. „Little Berlin" sagen manche. Im Mai ehrt Bayern hier Helmut Kohl, den Kanzler der Einheit, mit einer Gedenktafel. Der Altkanzler: „Wir haben den richtigen Weg eingeschlagen. Ich bin stolz auf unser Volk!"

Freitag, 17. Mai

Samstag, 18. Mai

Dienstag, 21. Mai

Mittwoch, 22. Mai

MILLIONEN-DESASTER: Diese Drohne darf nicht fliegen

Verschnupft? Na ja, politischen Ärger hat er genug: Verteidigungsminister de Maizière und ein Modell der Drohne

Das wird plötzlich eng für den beliebten Verteidigungsminister Thomas de Maizière.

Eine Aufklärungsdrohne, schon von seinen Vorgängern bei einer US-Firma bestellt, bekommt für den europäischen Luftraum keine Fluggenehmigung. De Maizière stoppt die Anschaffung, eine 500-Millionen-Euro-Investition wird zum Desaster. Wer hat Schuld? Wer hat wann was gewusst? BILD schreibt: Berlin sucht den Drohnen-Depp. Im Untersuchungsausschuss müssen die Altminister Scharping und Jung ran, die Opposition fordert de Maizières Kopf.

Das Ende vom Lied: Keine Drohne, Millionen futsch, niemand wird entlassen.

KIRCHENTAG

130 000 sagen Amen!

Wer nie auf einer so großen Massenveranstaltung war, braucht jetzt ein wenig Fantasie: 130 000 Menschen sagen am 5. Mai zum Abschluss des Kirchentages im Hamburger Stadtpark gemeinsam AMEN – eine unglaubliche Intonierung, ein Vibrieren des Bodens, eine friedliche Kraft. Der Kirchentag war auch ein akustischer Erfolg.

Bundespräsident Gauck diskutiert mit Samuel Koch, der seit dem Unfall bei „Wetten, dass ..?" querschnittsgelähmt ist, über Integration behinderter Menschen

1. GRÜNER Kretschmann vertritt Gauck

Bundespräsident **Joachim Gauck** ist im Mai zehn Tage in Lateinamerika – Bundesratspräsident **Winfried Kretschmann** vertritt ihn. Der Ministerpräsident Baden-Württembergs ist der erste Grüne in diesem Amt.

Die Ärzte sagten, sie habe ein hohes Brustkrebs-Risiko. Da lässt sich ANGELINA JOLIE beide Brüste abnehmen

Brad Pitt: Angie ist eine Heldin

Der Schock weicht Erstaunen, Zwei-fel – und schließlich Bewunderung von Millionen Menschen weltweit.

Hollywood-Star Angelina Jolie hat ihre Brüste entfernen lassen. Aus Angst vor Krebs.

Den mutigen Schritt macht sie selbst öffentlich – in der „New York Times". Auszüge:

„Meine Mutter kämpfte fast ein Jahrzehnt lang gegen den Krebs und starb mit 56. Sie hielt lange genug durch, um ihre ersten Enkelkinder in den Armen zu halten.

Ich trage ein defektes Gen, BRCA 1, in mir. Meine Ärzte schätzten, dass ich ein 87-prozentiges Risiko für Brustkrebs und ein 50-prozentiges Risiko für Eierstockkrebs habe.

Ich schreibe darüber, da ich hoffe, dass andere Frauen von meiner Erfahrung profitieren können. Mein Brustkrebsrisiko ist auf unter 5 Prozent gefallen.

Ich habe das Glück, mit Brad Pitt einen Partner zu haben, der so liebevoll und unterstützend ist. Er hat jede Minute der Operationen in der Klinik verbracht. Wir haben es geschafft, hin und wieder gemeinsam zu lachen.

Persönlich gesagt: Ich fühle mich nicht weniger als Frau."

Brad Pitt sagt nur wenige Worte: „Angies Entscheidung ist absolut heldenhaft. Alles, was ich für sie möchte, ist ein langes, gesundes Leben – mit mir und unseren Kindern."

Angelina Jolies Mutter, die Schauspielerin Marcheline Bertrand: Sie starb 2007 an Krebs

Sie stirbt an Brustkrebs – zwei Wochen, nachdem Angelina Jolie über die eigene OP berichtete: ihre Tante Debbie Martin

Zwischen zwei OP-Terminen: Angelina Jolie spricht am 11. April beim G8-Außenminister-Gipfel in London. Sie ist UN-Sonderbotschafterin. William Hague, Guido Westerwelle und John Kerry hören ihr zu

Schön, sinnlich, weiblich. Mit BILD sprach Angelina Jolie über Glücksmomente: „Wenn wir zu acht zusammen essen. Wenn wir zu acht morgens im Bett kuscheln. Wenn die Kinder schlafen und ich mit Brad ein Glas Wein trinke." Sie hat drei eigene und drei Adoptivkinder. Alle tragen den Familiennamen Jolie-Pitt

Griechenland, Zypern und jetzt Kroatien

Versenkt die EU hier unsere nächsten Milliarden?

Bild

FINAL-Aus für Götze!

Theologie-Studentin in Paris Swingerclub

SUPER-NANNY ÜBER IHRE FERNBEZIEHUNG So geht Ehe mit 311 km Abstand

Donnerstag, 23. Mai

Bild

DATENSCHÜTZER SCHLÄGT ALARM

facebook-Jagd auf Hartz-IV-Betrüger

FINAL-KRIMI Heynckes verbietet Sieg-Party

Klopp zockt um Götze-Job

Wolfsburgs tolle Frauen holen schon den Pott!

Das wird ein harter Sommer

Jetzt kommt das VOLKS-VIAGRA

11 Mio. Tonnen Lebensmittel weggeworfen

Freitag, 24. Mai

Bild

GERMAN ENDSPIEL

Sind Sie HEUTE ROT oder GELB?

Samstag, 25. Mai

WAS DAS FERNSEHEN NICHT ZEIGTE

Die wilde Bayern-Nacht

Erstmal zu Penny

Bild

...und Hoeneß kamen die Tränen

Deutscher Doppelsieg in Monaco

BECKMANN Schluss mit Talkshow!

Montag, 27. Mai

THRONREDE DER QUEEN, DER KRONPRINZ IST DABEI

Prunkvolle Zeremonie: Charles und Camilla neben der Queen und Prinz Philip

Charles trägt die Fest-Uniform eines Flotten-Admirals, Camillas Boucheron-Diadem ist eine Leihgabe der Queen

Mehr Macht für Prinz Charles?

Auf diesen Moment hat er ewig gewartet. Prinz Charles begleitet die Queen zum ersten Mal seit 17 Jahren zur Thronrede ins Parlament. Mit Camilla an seiner Seite.

Bei Hofe heißt es, Königin Elizabeth wolle kürzertreten, 400 Termine absolvierte sie letztes Jahr, zu viel für eine 87-Jährige.

Mehr Macht für Charles? Ende des Jahres soll er allein die Commonwealth-Konferenz auf Sri Lanka leiten.

GRAND PRIX

Sieg für Emmelie, Katastrophe für Cascada

Sie war die Favoritin und sie setzte sich durch: Emmelie gewinnt für Dänemark

Der deutsche Song heißt zwar „Glorious", schneidet beim ESC 2013 aber ganz anders ab: Die Gruppe „Cascada" landet beim „Eurovision Song Contest 2013" in Malmö mit mageren 18 Pünktchen auf Platz 21 (von 26 Ländern), das ist bitter. Strahlende Siegerin: Die Barfuß-Sängerin Emmelie de Forest aus Dänemark mit „Only Teardrops" und 281 Punkten. Peinlich, zum Schluss: Die deutsche Jury-Chefin Lena verwechselt Länder, vergibt falsche Punkte. „Ich schäme mich", sagt sie nachts beim TV-Interview. Viele schämten sich mit.

Bei den Proben war sie besser: Cascada landet weit hinten

Malerfürst Lüpertz in Handschellen!

Weil er bei Rot über die Ampel gegangen war

So malte er die Festnahme: Lüpertz gefesselt, ein Polizist droht mit Knüppel

Die Polizei, dein Freund und Helfer? Manchmal übertreibt sie ein wenig ...

Malerfürst Markus Lüpertz geht am 28. Mai in Düsseldorf bei Rot über die Straße, wird von einer Polizistin „angeblafft", ein Wort gibt das andere, sie drückt ihn an die Wand, ruft Verstärkung, Peterwagen, Blaulicht – Lüpertz in Handschellen! „Ich werde als 72 Jahre alter Doktor-Professor, in Anzug und Krawatte, festgenommen! Ich bin doch kein Penner!" Er kriegt ein 5-Euro-Knöllchen – und für BILD malt er die Szene nach. Das Gute also: Es gibt ein neues Lüpertz-Bild!

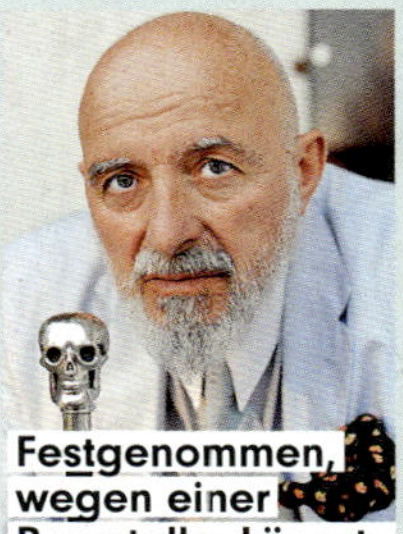
Festgenommen, wegen einer Bagatelle: Lüpertz

Schon wieder trifft es das Städtchen Moore in Oklahoma. Diesmal sterben 24 Menschen

Sarah Dick und ihre Tochter Jadyn vor den Trümmern ihres Hauses: Das Leben geht weiter

Märchenstunde nach der TORNADO-HÖLLE

Lehrer retten Kinder. Im Hintergrund die zerstörte Grundschule

Es ist ein Foto, das uns zeigt: Das Leben geht weiter – egal, was passiert ist! In der Einfahrt zu dem, was mal ihr Zuhause war, sitzt Sarah Dick auf einem Stuhl mit ihrer Tochter Jadyn auf dem Schoß. Die beiden blättern in einem Bilderbuch. Für einen Moment ist der schreckliche Tornado, der ihre Heimatstadt Moore (Oklahoma, USA) zerstörte und 24 Menschen tötete, vergessen.

Das Auge des Tornados hatte genau die Plaza-Towers-Grundschule getroffen, zehn Kinder waren vom herabstürzenden Dach erschlagen worden. 1999 war Moore schon einmal von einem Tornado zerstört worden. Damals starben 41 Menschen.

Blick über Moore: In vielen Gebäuden brach Feuer aus

Rachel Hilton rettet Kätzchen. Das Haus ihrer Eltern steht nicht mehr

INDIANER?

Ein Diplomat ganz undiplomatisch

Rodrigo Machuca, Botschafte Ecuadors in Peru, schlägt in einem Supermarkt der Hauptstadt Lima Kundinnen, die drängeln. Und schimpft: „Peru ist ein dem Untergang geweihtes Land voller Indianer!" Er wird zur unerwünschten Person erklärt.

NEUE SCHEINE

Der 5er mit Hologramm

Ab 2. Mai gibt es in der EU neue 5-Euro-Scheine. Drei Milliarden Stück! Die „5" sitzt jetzt in der Mitte, ein verändertes Wasserzeichen und ein Hologramm-Band machen Fälschungen (fast) unmöglich. Die alten 5er bleiben gültig.

Das gigantische Champions-League-Finale in London. Bayern schlägt Dortmund 2:1. Eine Sternstunde

Europas Fußball ist

Enttäuscht: Mario Götze, Marco Reus, Ilkan Gündogan

Dortmunds Trainer Jürgen Klopp: „Das tut richtig weh"

So ein Spiel hat Deutschland noch nie erlebt. Wir gegen uns im Finale der Champions League, Dortmund gegen die Bayern – The German Endspiel im Londoner Wembley-Stadion.

Die Engländer sagten vorher: Das Schöne ist, dass garantiert eine deutsche Mannschaft verliert. Wir sagten: Fantastisch, dass auf jeden Fall eine deutsche Mannschaft gewinnt. BILD geht zum Endspieltag am 25. Mai sogar ans „Heiligste", druckt das BILD-Logo auf Seite 1 in Bayern & Dortmund-Farben: Halb rotweiß, halb schwarz-gelb.

Die Bayern holen sich nach einem grandiosen Spiel den Pott, mit 2:1. Die Tore fallen in der zweiten Halbzeit. 1:0 Mandzukic (60. Minute), 1:1 Gündogan (68./Foulelfmeter), 2:1 Robben (89.). Aber gewonnen haben beide Mannschaften. Im

Traurig: Neven Subotic, Roman Weidenfeller

Die Entscheidung: Robben schießt den Ball an Weidenfeller vorbei – 2:1

Innige Umarmung: Angela Merkel und ihr Lieblingsspieler Schweinsteiger

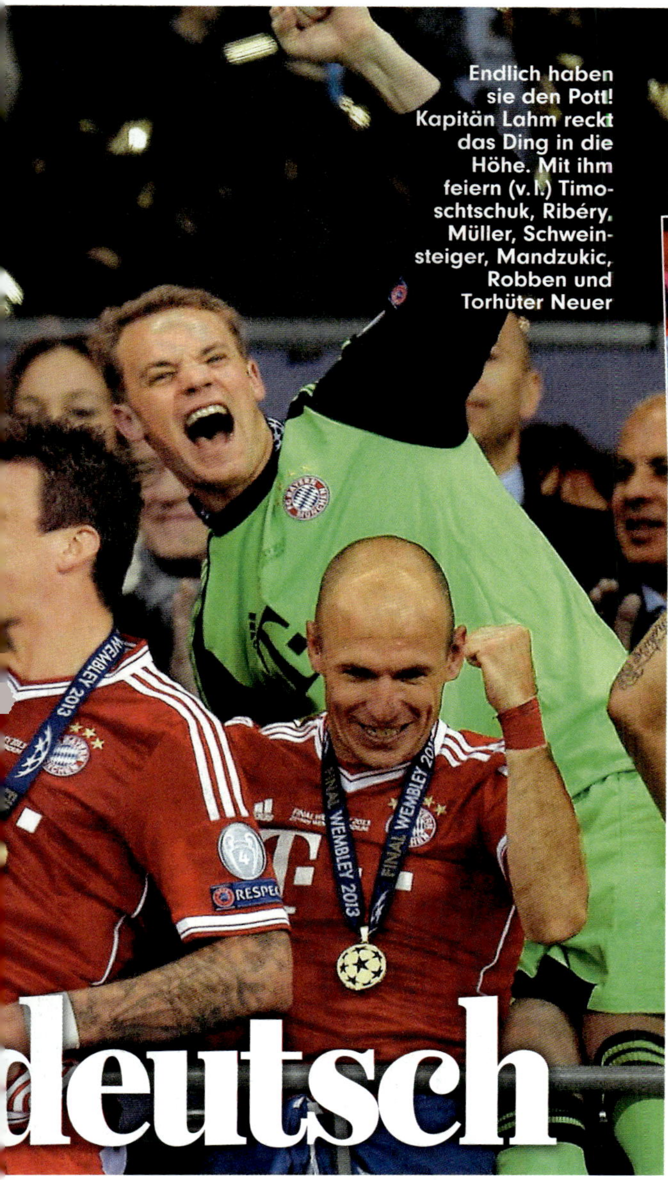

Endlich haben sie den Pott! Kapitän Lahm reckt das Ding in die Höhe. Mit ihm feiern (v.l.) Timoschtschuk, Ribéry, Müller, Schweinsteiger, Mandzukic, Robben und Torhüter Neuer

deutsch

ıalbfinale hatten sie die beiıen spanischen Mega-Teams ɛeal und Barca bezwungen jetzt lobt die spanische Zeiɹng „Sport": „Bayern und Dortɹund errichten dem Fußball ein ⁄lonument. Alle Spieler, alle, ätten auf Schultern vom Platz getragen werden müssen." Europas Fußball ist deutsch. „La Vanguardia", ebenfalls spanisch, schreibt: „Bayern und Dortmund sind Lichtjahre von ihren europäischen Rivalen entfernt. Barca und Real eingeschlossen."

Die Bayern feierten bis 6 Uhr früh

Franck Ribéry, seine Frau Wahiba und der Pott – der kam mit ins Hotelbett

Belohnung: Sebastian Schweinsteiger wird von seiner Freundin Sarah Brandner geküsst (der Schal ist vom Ukrainer Timoschtschuk)

Es ist 2.08 Uhr: Jupp Heynckes entert die Tanzfläche

Feier-Biest: Karl-Heinz Rummenigge hielt bis 4.37 Uhr durch

Taktgeber: Thomas Müller und Mario Gomez an der brasilianischen Samba-Trommel

So fliegen Sieger: Die Bayern-Spieler werfen Trainer Jupp Heynckes in die Luft. Mit 68 ist er so gut wie nie – Deutscher Meister, Champions-League-Gewinner, Deutscher Pokalsieger

Heynckes und die Kraft des Alters – GRAU IS GREAT

Ulrich Wickert (Foto), Ex-„Mr. Tagesthemen", mit 69 Jahren Vater von Zwillingen geworden, schrieb in BILD über Heynckes und über das Geheimnis der Generation 60plus:

„War Heynckes nicht eigentlich der ‚Notnagel'? Und jetzt DIESER Triumph! Was ist die Lehre daraus für uns alle? Am Arbeitsmarkt sind ‚die Alten' so gefragt wie nie. Seit 2008 hat sich die Zahl der Beschäftigten, die älter als 60 sind, um 82% erhöht. Jungbleiben ist aber nicht nur eine Frage der ‚Fitness', es ist eine Frage der Haltung: **Neugier.** Ein Helmut Schmidt (damals 94) ist einer der neugierigsten Menschen, die ich kenne. **Beweglichkeit.** Genies wie der Maler Gerhard Richter (81), der Regisseur Jürgen Flimm (71), der Dirigent Daniel Barenboim (70) suchen stets nach ‚Neuem'. **Gelassenheit.** Wir sind die Generation ohne Angst. Die Kunst besteht darin, Höhen und Tiefen zu überdauern. Im Sport wie im wahren Leben."

Ein Buch-Bestseller von Wickert heißt deshalb auch: „Neugier und Übermut".

Dienstag, 28. Mai

Mittwoch, 29. Mai

Donnerstag, 30. Mai

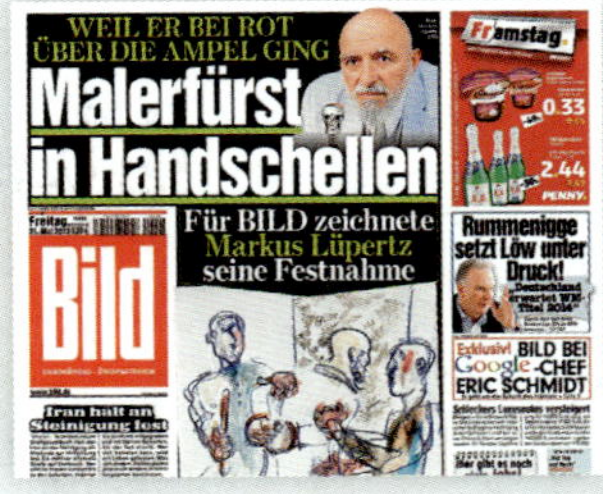

Freitag, 31. Mai

2013, Sieg in Monaco, Nico Rosberg jubelt – und Fürst Albert (links) klatscht Beifall

1983, Sieg in Monaco – damals saß Vater Keke Rosberg am Steuer

Nico ganz der Papa

Wie der Vater, so der Sohn: Nico Rosberg gewinnt das Formel-1-Rennen in Monaco – er ist stolz, Mercedes ist stolz, die deutschen Fans sind stolz, aber am meisten strahlt Keke Rosberg, Nicos Vater.

Denn vor 30 Jahren stand er ganz oben, gewann hier in Monaco, war der „König von Monte Carlo". Nico: „Unglaublich. Auch weil ich hier aufgewachsen bin. Ich bin auf meinem Schulweg gefahren." Und Papa Keke: „Ich habe es gerochen, dass er hier gewinnen wird." Eins hat der Vater noch voraus: Er ist Weltmeister geworden, Nico (noch) nicht. Aber er hat in Monaco den amtierenden Weltmeister geschlagen, der hinter ihm Zweiter wurde: Sebastian Vettel. Ein deutscher Doppelsieg.

1999 Schluss mit Tennis, Figur wie damals: Steffi Graf

Diese Lady ist eine Graf

Mondäner Blütenhut, gelockte Mähne, trendy Blumenwickelkleid! Tennis-Ikone Steffi Graf wird immer schöner. Im Mai ist sie beim wichtigsten Galopprennen der USA, dem Kentucky-Derby, Jurorin eines Schönheitswettbewerbs.

Schon als 5-Jähriger dabei: Nico 1990 mit Papa Keke und Mama Sina

SIR ALEX
Trainer-Legende hört auf

26 Jahre war er Trainer von Manchester United, gewann zweimal die Champions League, 1999 das Last-Minute-Drama gegen die Bayern – danach schlug ihn die Queen zum Ritter. Jetzt, im Mai, verkündet **Sir Alex Ferguson** seinen Rücktritt. Franz Beckenbauer: „Wir verneigen uns vor seiner Persönlichkeit."

SCHAAF
Trainer-Legende gefeuert

41 Jahre war er bei Werder Bremen, als Jugendspieler, dann in der Bundesliga, schließlich 14 Jahre lang Trainer: Am 15. Mai wird **Thomas Schaaf** gefeuert. „Ich hatte hier eine außergewöhnliche Zeit", hinterlässt er per Video. Europapokalsieger, 3 x Deutscher Meister, 6 x Pokalsieger, eine stolze Bilanz.

ARNESEN
HSV-Sportchef muss gehen

Und noch ein Abschied im Mai: Der Hamburger SV entlässt seinen Sportchef, den Dänen **Frank Arnesen.** Er war erst vor zwei Jahren von Chelsea aus London gekommen. Der HSV, der Dino der Bundesliga (als einziger Club von Anfang an dabei), jagt seit Jahren dem großen Erfolg hinterher. Letzter Titel: 1987.

Deutscher Pokalsieger!

Da applaudierte auch Bundespräsident Joachim Gauck: Die Frauen des VfL Wolfsburg sind Deutscher Pokalsieger (3:2 gegen Potsdam). Spielführerin Nadine Keßler reißt den Pokal in die Luft

Das macht stolz, das schmückt die Trophäen-Vitrine im Wolfsburger Stadion: die drei Pokale der Fußball-Frauen. Die Männer haben erst einen: Deutscher Meister 2009

WOLFSBURGS FRAUEN Europas Beste! Triple!

Was Bayern München bei den Männern schafft, gelingt bei den Frauen im Mai dem VfL Wolfsburg: Europas beste Vereinsmannschaft (Champions League), Deutscher Meister und Deutscher Pokalsieger! Das Triple!

Der 1:0-Sieg in London gegen Olympique Lyon ist eine Sensation: Die Französinnen waren 95 Spiele in Folge ungeschlagen. Und es ist eine deutsche „Rache“: Lyon hatte in den beiden letzten Endspielen Turbine Potsdam und den FFC Frankfurt geschlagen.

Prominenteste Augenzeugen des Spektakels an der Stamford Bridge: Fifa-Boss Joseph Blatter und Uefa-Präsident Michel Platini.

Deutscher Meister!

Am letzten Spieltag 4:0 gegen Bad Neuenahr: Ja, wir sind Deutscher Meister! Zum ersten Mal in der Vereinsgeschichte! Sogar VW-Boss Martin Winterkorn saß auf der Tribüne

Champions-League-Gewinner!

Das Triple ist perfekt! Matchwinnerin im Chelsea-Stadion in London: Martina Müller, die in der 74. Minute einen Handelfmeter knallhart verwandelte

Der NSU-Prozess und was wir daraus lernen können

DORIS SCHRÖDER-KÖPF
SPD-MdL, niedersächsische Beauftragte für Migration und Teilhabe

DR. MEHMET GÜRCAN DAIMAGÜLER
Rechtsanwalt

Seit dem frühen Morgen des 4. November 2011 wissen wir von der Existenz des sogenannten „Nationalsozialistischen Untergrunds“ (NSU). Am 6. Mai begann der Strafprozess gegen die Angeklagten. Die Hauptaufgabe ist dabei, über Schuld oder Unschuld zu urteilen. Das übergeordnete Ziel eines Strafverfahrens ist jedoch nichts weniger als die Wiederherstellung des Rechtsfriedens. Entscheidend dafür ist es, die Taten zu verstehen. Warum mussten zehn Menschen ihr Leben lassen? Gab es Helfer und Helfershelfer? Welche Lehren sollen wir aus den Fehlern in der Ermittlungsarbeit ziehen? Zu Recht stellen Opferangehörige diese Fragen. Die Antworten auf diese Fragen sind jedoch für uns alle wichtig.

Wir müssen über unsere Sicherheitsarchitektur sprechen, natürlich. Wir müssen aber auch über die Haltung mancher Polizeibeamtinnen und Polizeibeamten im Umgang mit Migranten sprechen. Es ist gut, dass wir in einem Land leben, in dem wir unserer Justiz und unseren Polizeibeamten in ihrer überwältigenden Mehrheit uneingeschränkt vertrauen können. Wir müssen aber auch anerkennen, dass weder Land noch Menschen makellos sind. Eine gute Demokratie unterscheidet sich jedoch von einer weniger guten Demokratie nicht dadurch, dass in der einen Fehler vorkommen und in der anderen nicht. Der Unterschied zeigt sich im Umgang mit Fehlern. Ein demokratischer Staat und seine Organe wissen um ihre Fehler. Sie analysieren sie, arbeiten an ihnen, wachsen und stehen am Ende stärker da als zuvor. Nur eine defekte Demokratie spielt herunter und verschließt die Augen.

Das Gerichtsverfahren gegen die Angeklagten wird noch einige Zeit in Anspruch nehmen. Aber schon heute müssen wir als Gesellschaft eine deutliche Nachricht an alle Anhängerinnen und Anhänger von Menschenfeindlichkeit senden: Wer in unserem Land Migrantinnen und Migranten und deren Kinder attackiert, greift uns alle an.

Deutschland hat sich in den letzten Jahren sehr verändert. Wir haben an Vielfalt gewonnen. Dieses Deutschland haben wir gemeinsam aufgebaut, Alteingesessene wie Neuzuwanderer.

Wir brauchen einander. Der demografische Wandel hinterlässt seine Spuren. Immer weniger junge Menschen müssen für immer mehr alte Menschen sorgen. Es geht nicht nur darum, dass die Rentenkassen Menschen brauchen, die einzahlen. Es geht auch darum, dass wir Arbeitnehmerinnen und Arbeitnehmer in unseren Pflegeeinrichtungen brauchen. Bis 2030 fehlen uns über 400 000 Pflegefachkräfte. In Niedersachsen alleine werden es schon in den nächsten sechs Jahren knapp 30 000 sein. Nicht zuletzt für die Bewältigung dieser Herausforderung sind wir auf Zuwanderung angewiesen. Die Teilhabe von Menschen mit Zuwanderungsgeschichte in unserer Gesellschaft wird damit zu einer zentralen Bedingung der erfolgreichen Zukunft unseres Landes.

Vielfalt ist keine Gefahr für unsere Gesellschaft, sondern zwingende Voraussetzung für eine erfolgreiche gesellschaftliche, politische, wirtschaftliche und kulturelle Entwicklung. Das gilt für uns in Niedersachsen genauso wie für ganz Deutschland. Integration und Teilhabe sind dabei keine bloße Aufgabe der Politik, sondern betreffen uns alle. Natürlich müssen Einwanderer sich dem Leben in Deutschland öffnen. Es kann aber nicht nur um Anpassung gehen, die Zuwandernde zu leisten haben. Vielmehr muss auch die Mehrheitsgesellschaft zur Aufnahme bereit sein. Nicht nur die staatlichen Stellen, auch die Nachbarschaften.

Verantwortliche Politik sorgt dafür, dass die Rahmenbedingungen stimmen. Viel zu lange wurde bestritten, was nicht zu bestreiten ist: Wir sind ein Einwanderungsland. Viele Probleme von heute sind hausgemacht und Fehlern der Vergangenheit geschuldet. Viel früher hätten wir ein modernes Staatsbürgerschaftsrecht und verbindliche Sprach- und „Integrationskurse“ benötigt. Ernstgemeinte Teilhabe betrifft sämtliche Lebensbereiche. Auch deshalb ist es wichtig, beispielweise auch Drittstaatsangehörigen das kommunale Wahlrecht einzuräumen.

In den vergangenen Jahren haben wir einiges nachgeholt. Gerade die PISA-Studien demonstrieren, dass eine Umsteuerung auch in der Bildungspolitik erste und beeindruckende Erfolge zeigt. Gute Teilhabepolitik fängt im Kindergarten an und setzt sich in den Schulen, im Arbeits- und Vereinsleben fort.

Es geht bei der Einwanderung nicht nur um nackte Zahlen und Fakten. Wir hören heute Musik, die wir früher nicht kannten. Wir bewundern Schauspieler, deren Namen wir manchmal falsch aussprechen. Wir essen anders, wir feiern anders und wir lieben anders. Die steigende Zahl der bi-nationalen Ehen belegt das eindrucksvoll. Nun gilt es, endlich überall zu erkennen, dass Mehrsprachigkeit und Mehrfachidentitäten keine Gefahr darstellen. Im Gegenteil: In einem immer älter werdenden Land ist Zuwanderung keine Option, sondern Garant für eine gute Zukunft.

Hier trauern Ayse und Ismail Yozgat um ihren Sohn Halit. Sie leben in Kassel, er war deutscher Staatsbürger, in Kassel geboren. Mit 21 Jahren, im April 2006, wird er ermordet – fünfeinhalb Jahre lang steht die Familie danach unter Verdacht, bevor ermittelt wird: Die Täter waren Ausländerhasser. Ismail Yozgat vor Gericht: „Alle haben UNS feindselig angeschaut, alle fragten: Warum haben sie deinen Sohn getötet – wegen Haschisch? Wegen Heroin? Wegen der Mafia?"

Neue Jahrhundert-Flut in Deutschland

Dieses Luftbild von Passau zeigt die ganze Katastrophe: auf 12,89 Meter steigt der Donau-Pegel – 69 cm mehr als 1954. Die Donau (hinten) ist längst über die Ufer getreten, eine braune Brühe überflutet die Stadt.

In vielen Wohnungen steht das Wasser bis unter die Decke, Menschen verlieren ihr Hab und Gut. Nicht nur in Bayern: Auch in Thüringen, Sachsen und Sachsen-Anhalt müssen Zigtausende ihre Häuser verlassen, ganze Ortschaften werden evakuiert. Der Bundestag beschließt einen Hilfsfonds in Höhe von 8 Milliarden Euro. Das Wunderbare in all dem Elend: Deutschland erweist sich als solidarisches Land, Tausende packen an, helfen. **Bitte blättern Sie um.**

So weit das Auge reicht: Fischbeck in Sachsen-Anhalt steht komplett im Wasser. Ein Deich ist gebrochen! Des einen Unglück ist des anderen Glück: Dadurch sinken die Pegel der Elbe in Niedersachsen und Schleswig-Holstein

DEUTSCH-LAND UNTER

Katastrophenalarm im Süden und Osten +++ Dörfer, Städte evakuiert +++ Schäden über 7 Milliarden Euro +++ „Unser Leben ist zerstört" +++ Hilfe von allen Seiten +++ Bundeswehr schickt 19000 Mann

Ist mehrfach vor Ort, packt auch mit an: Angela Merkel, hier mit Sachsens Ministerpräsident Stanislaw Tillich

Tiefdruckgebiete haben 2013 Männernamen (wie immer in ungeraden Jahren). Diese vier lösen die Jahrhundertkatastrophe aus: Christoph, Dominik, Frederik und Günther schütten in vier Tagen ungeheure Wassermengen über Mitteleuropa aus.

Bäche und Flüsse schwellen blitzartig an, treten über ihre Ufer, ergießen sich in Dörfer und Städte, zerstören Straßen, Autobahnen, Gleisanlagen. Und vor allem Wohnungen und Häuser. Viele Menschen verlieren alles, was sie haben.

Zigtausende werden evakuiert. 6000 in Deggendorf, 7000 in Eilenberg, 11000 in der Sächsischen Schweiz. Im Raum Halle werden aus Altenheimen 6000 Menschen geholt. Katastrophenalarm wird in 55 Landkreisen ausgelöst – aber auch in den großen Städten: In Chemnitz, Leipzig, Dresden. Die Altstadt von Meißen: überflutet. In Magdeburg müssen 23 000 raus.

Hilfe kommt von allen Seiten. Die Bundeswehr schickt 19000 Mann, 75000 Feuerwehrleute sind im Einsatz, 16000 vom THW. Medizinische Hilfe leisten DRK, Arbeiter-Samariter, Malteser, Johanniter.

Und, das Wunderbare: Zigtausende Zivilisten packen mit an, füllen Abermillionen Sandsäcke, bringen Verpflegung, Kaffee, Säfte, spenden Geld. Wer glaubt, sein Leben sei zerstört, wird aufgebaut. Die Menschen lassen sich nicht im Stich.

Die materiellen Schäden? Erste Schätzungen Ende Juni sprechen von sieben Milliarden Euro, es werden wohl mehr.

Berlin beschließt sofort einen 8-Milliarden-Hilfsfonds.

Starke Männer lassen Sandsäcke fliegen: Zigtausende halfen, großartig!

Schmutzige, zerstörerische Brühe: Hochwasser von Bayern bis Sachsen-Anhalt

Hat sich an der Uni im Internet informiert und ist gleich los: Melanie Döge, Studentin aus Leipzig, hilft

XXL-Sandsäcke: Bundeswehrhubschrauber bringen Big-Bags nach Schönebeck bei Magdeburg

Andreas Wantowske flüchtet in Groß Rosenberg (Sachsen-Anhalt) vor Wildschweinen

Der Westen des Landes bleibt katastrophenfrei: Düsseldorfer genießen die Sonne am gefüllten Rhein

Ronny Köhler und Freundin Diana holen in Grimma (Sachsen) Möbel aus ihrer Schlammwohnung

Magdeburg: Bewohner eines Altenheims werden in Sicherheit gebracht

Trauerarbeit: Die Menschen von Grimma räumen die Trümmer aus ihren Häusern

Die Wahrheit über Deutschland!
Bild
► 26,6 Prozent haben keinen Berufsabschluss
► 329 853 Wohnungen haben weder Toilette noch Dusche
► 15,02 Mio. mit Migrationshintergrund
Wie verführt man hundert Millionen Leser?
Vom Kind zum Star
JUPPT BAYERN DAS TRIPLE?
Wann hört das endlich auf?
Backstreet Boys geben Fläschchen
NACHRICHTEN

Samstag, 1. Juni

Blutige Proteste in der Türkei
Erstmal zu Penny
0.99
PENNY.
Bild
Fußball-Hammer
► 3:4! Klinsi schlägt Jogi
► Gomez verlässt Bayern
Work-Love-Balance
Wie viel Arbeit verträgt mein Sex?
Katastrophen-Sommer
UNSER LAND SÄUFT AB
SCHOCK-STUDIE
Gewalt gegen Kinder in Deutschland
Länderfinanzausgleich
Fast 1 Mrd. Euro umzuverteilen
NACHRICHTEN

Montag, 3. Juni

Türkei
Der Kampf der Frauen
Deutschland-Flut
Trinkwasser wird knapp!
Typisch Agip!
Bild
Katastrophen-Alarm in Passau +++ Flutwelle vor Dresden +++ Tausende ohne Strom +++ Erste Tote
Lahms Kabinen-Geständnis
US-STAR MICHAEL DOUGLAS
Krebs durch ORAL-SEX
Kein Witz! Ärzte sagen, das gibt es wirklich
NACHRICHTEN

Dienstag, 4. Juni

10 Jahre nach Todessprung
EISMASCHINEN VOM AUSSTERBEN BEDROHT!
Möllemanns letzter Brief aufgetaucht
Bild
MERKEL HILFT FLUT-OPFERN
Gesunder SEX So geht's!
BAYERNS TRIPLE-TRAINER
Heynckes Abschied mit Hintertürchen
In Köln liegt jetzt ein lebensechter Jesus
Frankreich sieht Beweise für Giftgas-Einsatz in Syrien
NACHRICHTEN

Mittwoch, 5. Juni

TAIKONAUTEN Salut in der Steppe

Drei Chinesen (ohne Kontrabass) sitzen vor ihrer Raumkapsel – und salutieren. Militärische Disziplin ist alles. Das Trio ist gerade von der längsten bemannten All-Mission Chinas zurückgekehrt. Die Taikonauten (wie Astronauten im Reich der Mitte heißen) sind in ihrem Land Nationalhelden, machten 15 Tage lang Experimente an Bord der Raumkapsel „Shenzhou 10". China will eine Raumstation bauen und plant eine Mondmission.

Blumen und blaue Schals zur Begrüßung: Zhang Xiaoguang, Kommandant Nie Haisheng und die Taikonautin Wang Yaping vor ihrer Raumkapsel. Die Beine sind wacklig, darum wurden ihnen Stühle gebracht

„Es stimmt, wir waren beim Standesamt": Ole von Beust, Lukas F.

OLE HEIRATET seinen jungen Freund

Sie lernten sich im Hamburger Rathaus kennen, Ole von Beust war Bürgermeister und 54 Jahre alt, Lukas F. war Praktikant und 18. Jetzt, vier Jahre später, geben sie sich das Jawort. Von Beust, der im September 2010 zurücktrat, war im Privatleben immer hanseatisch zurückhaltend. Nur einmal nicht: Als ihn sein Innensenator Schill 2003 mit seiner Homosexualität erpressen wollte, feuerte er ihn – und wurde mit absoluter Mehrheit wiedergewählt.

FRAU STEINBRÜCK Da schluchzt ihr Peer

Kleiner Parteitag der SPD am 16. Juni, Peer Steinbrück und seine Frau Gertrud werden auf der Bühne von TV-Moderatorin Bettina Böttinger interviewt. Frau Steinbrück zur Kritik an ihm: „Uns ging es super gut. Wir hatten Freiheit, wir hatten Freizeit. Und dann kommt er auf die Idee, er wird Kanzlerkandidat – und wird verhauen." Böttinger fragt ihn: „Warum tun Sie's?" Steinbrück stockt, wischt sich Tränen aus den Augenwinkeln – und wird minutenlang beklatscht.

Seit 1975 verheiratet, drei Kinder, sie ist Studienrätin: Dr. Gertrud Steinbrück und ihr Mann

Privates ganz öffentlich: Die Putins verkünden ihre Trennung live im TV

DIE PUTINS Ehe-Aus im TV

Ende Juli hätten der russische Präsident Wladimir Putin und seine Ljudmila ihren 30. Hochzeitstag feiern können, stattdessen verkünden sie im Juni: „Unsere Ehe ist vorbei." Noch im April hatten sie Krisengerüchte dementiert. Und jetzt erklären sie das Aus im Fernsehen! Nach einer Ballett-Aufführung im Kreml treten sie vor die Kamera und stellen trocken fest: „Es war unsere gemeinsame Entscheidung. Wir wollen Freunde bleiben."

560 Euro Trinkgeld!
Bild
REWE
Sie radeln. Wir pflanzen.
Die CDU-Frau und der Nackt-Protest
Michael Jacksons Tochter (15) SELBSTMORD-VERSUCH!

Donnerstag, 6. Juni

MICHAEL JACKSONS TOCHTER
Armes reiches Mädchen
Bild
Ehegatten-Splitting für Homosexuelle

Freitag, 7. Juni

Tattoos
Heynckes' heile Welt
Bild
facebook Sex-Klausel im Ehevertrag
1. STADT KOMPLETT EVAKUIERT

Samstag, 8. Juni

Bild
Chaoten wollen Deiche zerstören
„Wetten, dass..?“ es nicht mehr peinlicher geht?

Montag, 10. Juni

ZENSUS 2013
Deutschland ist ganz anders

Unser Land ist geschrumpft! Jahrelang hieß es, Deutschland habe 81,8 Millionen Einwohner, doch es sind 80,2! Das ist das überraschende Ergebnis des Zensus 2013, der neuesten Volkszählung. Weitere Erkenntnisse: 41 Mio. Bürger sind weiblich, 39 Mio. männlich. 12,6 Mio. jünger als 18 Jahre, 17 Mio. älter als 65. Ausländer: 6,2 Mio. Und: 41,3 Mio. Wohnungen gibt es, 329 853 davon haben weder Dusche noch Toilette.

Ein Computerexperte verrät das gigantische Ausspäh- und Abhörprogramm der US-Geheimdienste

EDWARD SNOWDEN
Staatsfeind Nr. 1 – oder Held?

Am 10. Juni lernt die Weltöffentlichkeit dieses Gesicht kennen – und damit eine Spionagegeschichte der ganz besonderen Art. Edward Snowden heißt der Mann, der Titelseiten und TV-Nachrichten füllt. Ein knapp 30 Jahre alter Amerikaner. Er verrät die größte Ausspäh- und Abhöraffäre aller Zeiten.

Snowden war Mitarbeiter und Computerexperte der „National Security Agency“ (NSA). Er enthüllt, dass der nach den Terrorangriffen von 2001 mit Riesensummen ausgestattete US-Geheimdienst weltweit Telefone und das Internet überwacht, Inhalte abfängt, auswertet, speichert. Und der britische Geheimdienst GCHQ auch. Snowden übergibt sein Material Journalisten, die berichten, er flieht erst nach Hongkong, Ende Juni nach Moskau.

Für Millionen Menschen in aller Welt sind die Geheimdienstaktivitäten der große Skandal, der Enthüller Snowden ist also ein Held. Für andere ist er ein Verräter, der Staatsfeind Nr. 1. Die USA erheben Anklage gegen ihn.

Das Thema beherrscht Poltik und Medien monatelang – und diese Jahreschronik wieder im Oktober.

Rebell oder Verräter? „Ich weiß, dass ich nichts Falsches getan habe“, sagt Edward Snowden

Die neue Welt von

HOLEN SIE ALLES FÜR SICH RAUS!

MANFRED HART
Chefredakteur Bild.de

Die aufregendste Premiere des Jahres

Es war für uns die spannendste Nacht des Jahres. Hunderte Mitarbeiter fieberten mit: Geht alles gut? Am 10. Juni, um 22.56 Uhr, drückte Technik-Chef Walther Steinhuber den Knopf – BILDplus war geboren.

Erleichterung, Klatschen, Schulterklopfen. BILD-Chefredakteur Kai Diekmann twitterte: „Eine neue Ära: BILDplus ist live! Herzlichen Glückwunsch an alle Kollegen, die dieses Mammut-Projekt gestemmt haben!"

BILDplus, eine einzigartige Premiere im deutschen Internet! Das Bezahl-Abo für Deutschlands größte Medienmarke! Auf allen Geräten – Smartphone, Tablet, Computer, Notebook, egal ob Apple, Samsung, Nokia etc. – gab es von jetzt an die neue multimediale Welt von BILDplus und zusätzlich die Zeitung im digitalen Format.

Jeden Tag exklusive Reportagen und Interviews, Videos, interaktive Grafiken, die besten Fotos, aufregende Storys, aufwendiges Design. Allein am Spezial-Report über die Machenschaften und mafiösen Strukturen der Rocker saßen Reporter und Programmierer viele Tage. Das Ergebnis: ein optisches Spektakel mit tollen Texten.

Fast ein Jahr hatten wir am Projekt BILDplus getüftelt. Wir wollten den 12 Millionen Lesern der BILD-Zeitung und den 14 Millionen Nutzern von BILD.de etwas ganz Neues bieten, das es jedoch nicht mehr gratis gibt. Weil aufwendiger und unabhängiger Journalismus viel Geld kostet und nicht verschenkt werden darf.

Beim Start waren wir alle angespannt. Haben wir alles richtig gemacht? Sind die Storys packend genug, läuft die höchst komplexe Technik?

Die Antwort kam schon nach wenigen Minuten. Die ersten Leser meldeten sich bei BILDplus an. Und mit jedem Artikel wurden es mehr: Das erste Liebesinterview mit Rafael van der Vaart und seiner Sabia, der große Gehaltsreport „Das verdient Deutschland", das Special zum billigen Eigenheim. Nach nur sechs Monaten hatten wir mehr als 150 000 Leser, die für BILDplus zahlten.

Sie sind noch nicht dabei? Mit diesem Jahrbuch laden wir Sie ein, BILDplus einen Monat lang kostenlos zu testen. Auf Seite 2 finden Sie den Gutschein-Code.

Ein Kuss für Prinzessin Madeleine, einer für ihn und einer fürs Volk und die Fotografen? Bräutigam Chris wollte gar nicht aufhören mit der Knutscherei

Im Hafen der Ehe! Der Bräutigam schippert mit Freunden zur Party, streckt jubelnd die Arme in den Himmel

Schwedens Prinzessin Madeleine heiratet

Märchen-Hochzeit

So locker, so lässig – und doch so wunderschön romantisch ...

Die Hochzeit von Prinzessin Madeleine und Chris O'Neill ist ein Märchen, wie es nur die Schweden hinkriegen.

Emotional schon die Trauung: Nach dem Jawort knutscht der Bräutigam seine Madeleine gleich dreimal und reckt die Siegesfaust – was für ein Prinz!

Und dann: Rock 'n' Roll im Partyzelt mit den jungen, coolen Royals Europas. Schampus und Schweden-Schnaps bis 3 Uhr morgens.

Hinein ins Eheglück: Der Banker Chris, die Prinzessin Madeleine

Schon seit drei Jahren ein Paar: Schwester (und Kronprinzessin) Victoria mit Daniel

In Uniform: Norwegens Kronprinz Haakon mit seiner Mette-Marit

Sehr elegant, aber allein: Charlène von Monaco mal wieder ohne Albert

Dienstag, 11. Juni

Mittwoch, 12. Juni

Donnerstag, 13. Juni

Freitag, 14. Juni

Hitzeglocke über Berlin, gefühlte 45 Grad in der Sonne, Jacke aus – ein lässiger Präsident

Obama ganz

Wohin mit der Jacke? Kein Problem, Obama wirft sie unters Rednerpult

„Unter Freunden kann man locker sein"

EIN SCHWARZER US-PRÄSIDENT SPRICHT IM GEEINTEN BERLIN AM OFFENEN BRANDENBURGER TOR ...

... wie abwegig hätte dieser Satz vor 25 Jahren geklungen!

Jetzt, am 19. Juni 2013, steht Barack Obama hier, den Blick gen Osten, und sagt:

„Eine ewige Wahrheit an diesem Ort lautet: Keine Mauer kann der Sehnsucht nach Gerechtigkeit, nach Freiheit und Frieden standhalten, die in den Herzen der Menschen brennt."

Tosender Applaus!

Angela Merkel schenkt ihm ➜ erstens eine Schallplatte mit Kennedys berühmter Rede („Ich bin ein Berliner") vom 26. Juni 1953. Und ➜ zweitens „das bestmögliche Wetter".

Obama reagiert lachend: „Wir können unter Freunden auch mal locker sein", zieht seine Jacke aus, wirft sie unters Rednerpult und krempelt seine Ärmel hoch. Ein Mister Cool, bei 33 Grad im Schatten.

24 Stunden sind die Obamas in Berlin, 24 Stunden ist die Stadt im positiven Ausnahmezustand.

Begrüßung unter Freunden. Angela Merkel beschwört in ihrer Rede die transatlantische Freundschaft

Obamas Tochter Sasha steckt Blumen in einen Mauerspalt an der Gedenkstätte Bernauer Straße

Eintrag ins Gästebuch bei Bundespräsident Gauck. Obama schreibt mit links

cool in Berlin

Nach seiner Rede: Obama hat seine Jacke wieder aufgehoben, trägt sie lässig über der Schulter, winkt ins Publikum. Vor dem Brandenburger Tor die US-Fahne. Oben die Quadriga (das „Viergespann" mit der Friedensgöttin Eirene), auch sie schaut gen Osten – wie Obama bei seiner Rede

Aufstand (der Jugend und der Frauen) wird nieder

Ein Volk erhebt sich! Massenproteste in Istanbul, Ankara, Izmir. Vor allem junge Leute gehen auf die Straße, auffällig viele Frauen.

Sie kämpfen gegen Bevormundung, gegen Kopftücher. Die Bilder aus Istanbul vom Taksim-Platz und Gezi-Park gehen um die Welt, zeigen die Aufbruchstimmung und die positive Kraft, die diese jungen Menschen ausstrahlen. Aber sie schildern auch die Brutalität, mit der die Staatsmacht gegen sie vorgeht: Tränengas, sogar aus Granaten, Polizeiknüppel, Wasserwerfer. Es gibt Tote. Ministerpräsident Recep Tayyip Erdogan bläst ein Sturm entgegen. Doch er nennt die Demonstranten vom Ausland gesteuerte Extremisten, Vandalen, lässt Taksim-Platz und Gezi-Park brutal räumen. Wie in der arabischen Welt wird auch hier der Weg zu mehr Freiheit versperrt.

Die Haare unverhüllt, die Faust geballt: So kämpfen türkische Frauen am Taksim-Platz für eine weltoffene Türkei

Claudia Roth fliegt nach Istanbul, gerät auf dem Taksim-Platz ins Tränengas. Ein Demonstrant hilft mit einer Augenspülung

Er lässt Taksim-Platz und Gezi-Park brutal räumen: Ministerpräsident Erdogan

Ein Deutscher aus Konstanz ist mit seinem Klavier auf den Taksim-Platz gekommen: Davide Martello spielt nächtelang, sagt zu BILD: „Ich hoffe, dass meine Musik beruhigend auf die Menschen wirkt"

Schlimm, fast wie eine Kriegsszene: Polizisten schießen auf dem Taksim-Platz mit Tränengas

geknüppelt

Dieses Bild geht um die Welt: Ceyda, eine Stadtplanerin, die friedlich in rotem Kleid und mit weißer Umhängetasche an einer Demonstration für mehr Freiheit teilnimmt, wird mit Tränengas besprüht

Gespenstisch: In Istanbul feuern Polizisten Tränengasgranaten (!) auf Demonstranten

Schock-Bilder: Ein Demonstrant steht in Flammen

Istanbul: Sogar ganz junge Mädchen werden von Polizisten abgeführt

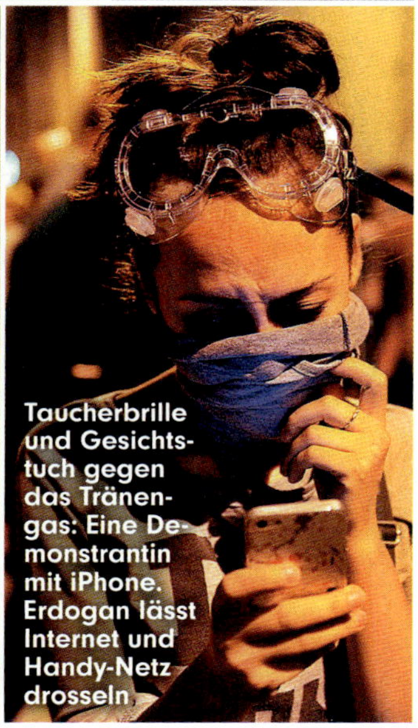

Taucherbrille und Gesichtstuch gegen das Tränengas: Eine Demonstrantin mit iPhone. Erdogan lässt Internet und Handy-Netz drosseln

Farrida mit ihrem Vater in Aleppo, vor vier Monaten ist sie von Granatsplittern schwer verletzt worden: Sie zeigt Jan Josef Liefers ihre Kopf-Narbe

Jan Josef Liefers in Aleppo

Im Mai sah der Schauspieler Jan Josef Liefers in Cannes einen Film von „Cinema for Peace" über Syrien. Er beschloss, selber nach Aleppo zu fahren – um die Folgen dieses Krieges zu sehen.

Im Juni ist er da. Er besucht mit BILD-Chefreporter Julian Reichelt ein vierjähriges Mädchen. Farrida war vier Monate zuvor schwer verletzt worden, ihr Foto gilt als Inbegriff des Syrien-Terrors. Wir haben es in dieser Jahres-Chronik auf Seite 51 gedruckt.

„Was müssen die Kinder eines Tages über uns denken?"

Liefers: „Farrida ist ein Jahr jünger als meine Kleine. Was macht dieses Trauma mit so einem kleinen Menschen? Was müssen die Kinder, die diesen Krieg überleben, eines Tages über uns, über den Westen denken, wenn wir ihnen nicht helfen?"

Liefers fährt durch die Trümmer, spricht mit den Menschen, erkennt: „Wir sind für sie eine Enttäuschung, weil wir uns raushalten."

Sollte der Westen militärisch intervenieren? Liefers: „Man kann über eine Flugverbotszone nachdenken."

Die Kinder und die Welt, in der sie leben müssen: Sie führen Liefers durch die Trümmer von Aleppo

NAZI-BRAUT
Briefe aus dem Knast!
Bild
Die 6 Wahrheiten im Fall Lewandowski
DTM Lausitzring LIVE
Das Erste
VAN DER VAART 1. Liebes-Interview mit Sabia

Samstag, 15. Juni

Endlich Sommer! Heiße Urteile
Erstmal zu Penny
Bild
Rainer Brüderle
Rätsel um Treppen-Sturz
Arm und Bein gebrochen! Spott und Häme im Internet
Jetzt hilft ihm seine Frau
Gute Sex trotz Kindern

Montag, 17. Juni

Blitz-Sommer und dann so was ...
Bild
Hecht beißt Frau beim FKK-Baden
Abnehmen mit facebook
50 Jahre Bundesliga BILD-Leser wählen ihre TRAUMELF
SHIMON PERES Exklusiv-Interview mit Israels Präsident

Dienstag, 18. Juni

US-Präsident um 20.20 Uhr in Berlin gelandet
Was sagt Obama uns Deutschen heute?
Bild
Mr. Wowereit, open this airport!
Ich esse gern Berliner!
Schlaaand!
Jetzt redet Löw!
Ihr neues Glück!

Mittwoch, 19. Juni

Udo malt für die BILD-Leser

Udo Lindenberg, der vielfach Begabte: Musiker, Schriftsteller, Maler. Dieses Werk hat bei BILD einen Ehrenplatz

BILD Hamburg, die größte Regionalausgabe der BILD-Zeitung, wird im Juni 60 – da will unter den Gratulanten einer nicht fehlen: Multitalent Udo Lindenberg. Aber er singt kein Ständchen, nein, er malt ein Bild für BILD! Genauer: Für die BILD-Leser. Udo: „60? Ist doch 'n geiles Alter. Willkommen im sexy Club, sexy sexzig." Es entsteht eine sehr spezielle Hamburg-Skyline: Der Michel, das Hamburger Wahrzeichen, in der Mitte, der Meister selbst mit Glückwunsch-Glas. Das Gemälde wird Umschlag einer BILD-Sonderausgabe – und hängt jetzt gerahmt an vielen Hamburger Wänden.

BERLIN Brad Pitt feiert seine Angie. Und gibt ein großzügiges **Trinkgeld**

Sie kamen im Privatjet nach Berlin: Brad Pitt, seine Angelina Jolie, ihre sechs Kinder. Erst stellt er am Potsdamer Platz seinen neuen Film „World War Z" vor, dann überrascht er sie: „Angie", wie er sie nennt, feiert heute ihren 38. Geburtstag, mit den Kindern bittet er sie ins japanische Restaurant „Kuchi". 90 Minuten Schlemmerei, große Rechnung (840 Euro) – doch Brad Pitt ist bester Laune und super-großzügig. Kellnerin Undine Orth: „Er gab mir 1400 Euro, sagte: ‚Stimmt so'. Mir zitterten die Knie – 560 Euro Trinkgeld! Ich teile es mit meinen Kollegen."

Herzlichen Glückwunsch! Und nach dem Kino ab ins Restaurant: „Brangelina" in Berlin

Donnerstag, 20. Juni

CORDALIS
Er bricht auf der Bühne zusammen

Schock fürs Publikum: Der beliebte Schlagersänger **Costa Cordalis,** der 1976 mit „Anita" seinen größten Erfolg hatte, bricht bei einem Konzert in Chemnitz vor 800 Zuschauern zusammen. Sein Sohn Lucas hilft ihm auf, da sackt er noch einmal weg. Schließlich bringt er den Auftritt zu Ende. „Ich hatte eine Bandscheiben-OP, nehme gegen die Schmerzen Cortison-Tabletten, bin noch sehr geschwächt", sagt er anschließend.

Kollaps! Lucas Cordalis hilft seinem Vater Costa auf die Beine

STREISAND
Die letzte große Diva in Berlin

Weltstar **Barbra Streisand** ist noch einmal nach Berlin gekommen. Die letzte große Diva reist standesgemäß: 46 Koffer, die halbe Familie und ihr Hündchen „Samantha" (Rasse: Coton de Tuléar), für das auf dem Hotelbalkon extra frischer Rasen ausgelegt wurde. Das Konzert ist ausverkauft. 10 000 Streisand-Fans liegen ihr zu Füßen und hoffen, dass es nicht ihr letzter Berlin-Besuch ist.

Singt Hits aus 50 Jahren: Barbra Streisand

GEFASST! Der Lkw-Sniper

Michael K. und der Sniper-Angriff, wie ihn der Zeichner sieht

Seit 2008 war er der Albtraum auf Deutschlands Autobahnen:

Mehr als 750 Mal feuerte ein Sniper (Heckenschütze) auf Lastwagen, Autos und Wohnwagen! Eine Autofahrerin wird von einem Querschläger lebensgefährlich verletzt.

Jetzt ist der Täter gefasst – ein Lkw-Fahrer! Michael K. aus Fronrath (NRW), 140 Kilo schwer. „Eigentlich ein netter Kerl", sagt ein Kollege über ihn. Sein Motiv? Niemand hat eine Erklärung.

NOTRUF +++ SIE SCHNITT SICH DIE ARME AUF +++ KLINIK

Armes, reiches Mädchen: PARIS JACKSON

Cowboyhut, rote Haare, buntlackierte Fingernägel, 15 Jahre jung: Paris Jackson

Ist es ein Selbstmordversuch? Oder ein Hilfeschrei? Paris Jackson, älteste Tochter des „King of Pop", wird nach einem Notruf nachts ins Krankenhaus eingeliefert, sie hat sich Schnitte an den Armen zugefügt. Ein Auftritt bei „Wetten, dass..?" war vorher abgesagt worden – Schulprobleme. Sie ist 15, die Pubertät! Ihre Mutter Debbie Rowe: „Sie hat viel durchgemacht." Paris' letzter Tweet vor dem Notruf: „Warum schmecken Tränen salzig?"

Paris vor vier Jahren bei der Trauerfeier für ihren Vaters Michael Jackson: Mit Tante Janet (43) und La Toya (53)

Freitag, 21. Juni

Samstag, 22. Juni

Montag, 24. Juni

NR. 38 Kassels „Herkules" ist Welterbe

Der Bergpark Wilhelmshöhe mit seiner Herkules-Statue ist seit Juni anerkanntes Welterbe. Aus der Entscheidung der UNESCO: „Die Figur ist technisch und künstlerisch die anspruchsvollste Großskulptur der frühen Neuzeit." Insgesamt hat Deutschland jetzt 38 Welterbestätten, darunter den Kölner Dom, die Museumsinsel Berlin, das Opernhaus Bayreuth und das Wattenmeer.

Acht Meter hoch, errichtet 1701 bis 1717: Der Herkules von Kassel-Wilhelmshöhe

BERLINER SCHLOSS Nach 10 Jahren Grundstein gelegt

590 Millionen Euro soll es kosten, 2019 fertig sein: Am 12. Juni legt der Bundespräsident mit drei Hammerschlägen den Grundstein für den Wiederaufbau des Berliner Stadtschlosses (im 15. Jahrhundert erbaut, 1950 gesprengt, später stand hier der „Palast der Republik"). „Das Humboldt-Forum soll ein Ort lebendiger Begegnungen der Kulturen der Welt werden", sagt Joachim Gauck. Der Bundestag hatte den Neubau mit der Fassade des alten Schlosses vor zehn Jahren (!) beschlossen.

SCHULFEST-DRAMA 16 Verletzte

Die Aussichtsgondel ist DIE Attraktion eines großen Festes der Grundschule in Neuenstedt am Kocher (Baden-Württemberg). Doch dann die Katastrophe: Der Schwerlastkran, an dem die voll besetzte Gondel hängt, kippt plötzlich nach hinten und kracht in ein Mehrfamilienhaus. Fünf Kinder und elf Erwachsene werden verletzt, eine Lehrerin und der Konrektor lebensgefährlich. Nicole aus der 4. Klasse: „Ich habe geschrien und geweint. Ich hatte solche Angst."

Der tonnenschwere Kran ist nach hinten gekippt, die Gondel (links) ins Haus geknallt

Todeskampf im Cockpit

Die Cessna hat sich überschlagen, Fluglehrer Winfried G. (r.) muss an 15 Stellen genäht werden

Drama am Himmel über dem Flugplatz von Strausberg östlich von Berlin. Ein Flugschüler (51) schlägt während des Fluges auf den Fluglehrer ein, verletzt ihn, es kommt zum Todeskampf. Die Notlandung gelingt, doch die Maschine überschlägt sich. Der Angreifer flüchtet, wird vier Stunden später gefasst, der Fluglehrer muss ins Krankenhaus.

Mittwoch, 26. Juni

Donnerstag, 27. Juni

Freitag, 28. Juni

Samstag, 29. Juni

RIO Groß-Demos ein Jahr vor WM

Brandbomben, Massen-Demos, sogar zwei Tote: Der Confed-Cup ein Jahr vor der Fußball-WM in Brasilien ist kein Fußballfest. Das Land erlebt die größten Unruhen seit Jahrzehnten: Proteste gegen Korruption und Geldverschwendung – Confed-Cup, die WM 2014 und die Olympischen Spiele 2016 kosten 20 Milliarden Euro. Ein Sprecher der Opposition: „Wir sind nicht gegen den Sport. Aber wir wollen bessere Schulen und Krankenhäuser!"

STURZ-SPEKTAKEL Pferd und Reiter wohlauf

Da blieb den Zuschauern das Herz stehen! Bei einem Reitturnier in England sorgt **Jolye Clancey** für einen echten Schockmoment. Sie stürzt mit ihrem Pferd „Stage II" an einem Hindernis spektakulär. Kaum zu glauben: Ross und Reiterin blieben unverletzt!

DA HAT ES DER FRÜHERE **CHEF** DEM FRÜHEREN **ASSISTENTEN** NOCH MAL RICHTIG GEZEIGT!

4:3! Klinsi schlägt Löw

Konkurrenten, aber auch Freunde: Jürgen Klinsmann und Jogi Löw. Klinsi, der Neu-Ami, sang die deutsche National-Hymne mit!

2006 hatten die beiden der Welt bei der WM gemeinsam ein Fußballmärchen geschenkt – im Juni zeigt es der frühere Chef seinem damaligen Assistenten noch mal richtig!

Jürgen „Klinsi" Klinsmann, mittlerweile Trainer der US-Boys, schlägt Jogi Löw, nun schon seit sieben Jahren Cheftrainer der Deutschen, in Washington 4:3. Ein Freundschaftsspiel, beide wollen zur WM – vielleicht trifft man sich dort ja wieder ...

Pechvogel: Unser Torwart ter Stegen verstolpert eine Rückgabe ins eigene Tor

HSV-Handballer sind die Könige Europas

Kapitän Pascal Hens mit dem Pokal: ein wehrender Arm

Sieger-Jubel: Petersen, Hens, Kraus, Bitter, Lackovic

Seit Juni haben wir auch im Handball einen Champions-League-Sieger 2013! Die Männer vom Hamburger SV setzen sich die Europa-Krone auf – mit einem sensationellen 30:29 gegen den FC Barcelona. Überragend: Der Joker Mimi Kraus (mit sechs Treffern nach dem Pausen-Rückstand von 9:11) und Torhüter Jogi Bitter mit tollen Paraden in der Schlussphase. Siegprämie: 350 000 Euro – Handballer müssen bescheidener sein als Fußballer.

Wohin geht die Türkei? Erdogan spaltet mein Land

ERTUGRUL ÖZKÖK
Kolumnist, von 1990 bis 2009 Chefredakteur der türkischen Tageszeitung Hürriyet

Wenn der türkische Ministerpräsident Recep Tayyip Erdogan in seinem Land auf Reisen geht, um Reden zu halten, hat das teils skurrile Auswirkungen auf die besuchten Städte.

In Mugla bei Bodrum zum Beispiel ließen Erdogans Mitarbeiter ein Werbeplakat für Damenrasierer mit einem Tuch überdecken – sonst wären die nackten Beine eines Models zu sehen gewesen. In Ankara musste das Schaufenster der weltweit bekanntesten Dessous-Marke „Victoria's Secret" verhüllt werden.

Erdogan ist schon immer ein frommer Muslim und konservativer Politiker gewesen, seine Frau trug stets Kopftuch. Aber erst nach seiner zweiten Wiederwahl 2011 begann der politische Kurswechsel, der in diesem Sommer zum Aufstand auf dem Taksim-Platz führte.

Im Juni 2011 holte Erdogan mit seiner AKP-Partei 49,83 Prozent der Wählerstimmen. Das Wahlergebnis zeigte die Spaltung des Landes auf: Die konservative Landbevölkerung liebt Erdogan, die weltoffene Stadtbevölkerung verdammt ihn.

Ein kluger Regierungschef würde seine Macht einsetzen, um zwischen den unterschiedlichen Interessen der Volksgruppen zu vermitteln. Aber Erdogan interpretierte das Wahlergebnis als Freifahrtschein, um der Bevölkerung einen bestimmten Lebensstil vorzuschreiben.

Erdogan will, dass jede Türkin drei Kinder zur Welt bringt (er selbst hat vier). Für ihn ist jeder, der ab und zu ein Glas Wein trinkt, ein „Säufer". Er will Stewardessen vorschreiben, welchen Lippenstift sie benutzen dürfen. Und er wollte sogar verbieten, dass Männer und Frauen im Park Händchen halten.

Die jungen Menschen in Istanbul nahmen das irgendwann nicht mehr hin. Sie wollten nicht täglich von ihrem Ministerpräsidenten gescholten werden und zusehen, wie ihre Freunde nach dem kleinsten Protest im Gefängnis landen.

Am 31. Mai begannen sie auf dem Istanbuler Taksim-Platz einen Protest, der die ganze Welt in Staunen versetzte. Wochenlang ging von dem Platz und dem angrenzenden Gezi-Park eine ungeheure, positive Energie aus. Es war ein Erlebnis, dabei zu sein.

Unter den Demonstranten waren viele Frauen und viele Studenten. Es war kein wütender Protest wie in anderen Ländern, sondern die jungen Leute waren humorvoll, kreativ und hilfsbereit. Sie gaben der Türkei ein neues, modernes Gesicht.

Erdogan sah in dem Aufstand einen „Komplott" gegen sich. Aber den Demonstranten ging es nicht um Politik oder Parteien. Sie forderten Respekt für ihren Lebensstil – nicht mehr und nicht weniger.

2013 war kein gutes Jahr für Erdogan. Im Gegenteil, es war ein Jahr des rapiden Gesichtsverlusts, sowohl in der Türkei als auch weltweit.

Jahrelang war Erdogan für seine demokratischen Vorstöße und für wirtschaftlichen Erfolge gelobt worden. Aber jetzt schien es, als wolle er beweisen, dass Demokratie in einem muslimischen Land nicht funktioniert.

Auch in der Außenpolitik beging Erdogans Regierung folgenschwere Fehler.

Zum Beispiel öffnete er die türkischen Grenzen für die Opposition in Syrien – obwohl 70 Prozent der türkischen Bevölkerung diesen Schritt ablehnten. Die Folge: Statt gemäßigter Oppositioneller strömten Al-Qaida-Kämpfer ins Land, im Grenzgebiet entstand eine Terror-Region.

Ich glaube, dass uns 2013 als das Jahr in Erinnerung bleiben wird, in dem Recep Tayyip Erdogan seine Maske als „Mann des Volkes" ablegte und sich eine neue Maske aufsetzte: die des autoritären Führers.

Demonstration auf Barrikaden, aber die jungen Leute wollen keine Gewalt, keine Zerstörung: Sie sehnen sich nach mehr Demokratie, nach persönlichen Freiheiten – und sie halten die türkische Fahne hoch

Prinz George ist da: God save the Baby!

Da ist es also, das königliche Baby. It's a boy, es ist ein Junge, geboren am 22. Juli 2013 um 17.24 Uhr in London. Er wiegt 3798 Gramm – und er wird der erste König der Geschichte Englands, dessen Vorfahren nicht nur Prinzen und Prinzessinnen, sondern auch Bergarbeiter und Näherinnen sind.

Er ist dann Nachfolger seiner Ur-Oma, der Queen Elizabeth, von Opa Charles und Papa William. Sein Name: George Alexander Louis, der offizieller Titel: „Seine königliche Hoheit Prinz George von Cambridge". Die wichtigste Nachricht wird vier Stunden nach der Geburt offiziell vom Hof verkündet: Mutter Kate und Kind sind wohlauf. Und der Vater hat den Kleinen zu diesem Zeitpunkt schon das erste Mal gewickelt – wie er später stolz erzählt. Kate und Williams Wunsch: eine ganz normale Familie sein!

Nächste Seite: Im Maxi Cosi nach Hause.

Im Maxi Cosi Papa fährt selbst

Wie eine moderne Familie von nebenan, so wollen William und Kate leben: Der königliche Nachwuchs wird nicht von Lakaien und Nannys umsorgt – Vater trägt seinen Sohn allein

Tag 1 nach der Geburt. George erlebt ihn nicht wie ein Märchen-Prinz, sondern eher wie ein Georg aus Berlin-Mitte: Raus aus dem Krankenhaus, Mama hat ein fröhliches blaues Kleid angezogen, Papa ein kurzärmliges Hemd mit offenem Kragen. Der Nachwuchs wird im Maxi Cosi zum Auto getragen, auf dem Rücksitz angeschnallt, Mama setzt sich daneben und Papa vorn ans Steuer. Ab nach Hause zu Oma und Opa. „Das war mir wichtig", erzählt William später im ersten TV-Interview als Vater, das er nicht dem staatsoffiziellen BBC gibt, sondern dem amerikanischen CNN. Er spricht über ➔ **das erste Windelanlegen:** „Die Hebammen starrten mich erwartungsvoll an: Du machst das jetzt!, schienen ihre Blicke zu sagen. Ich hab's geschafft" ➔ **seine wenigen Schritte bis zum Auto:** „Ich hatte Panik, er könnte mir runterfallen. Glauben sie mir, ich habe viel geübt" ➔ **die Minuten vor dem St. Mary's Hospital:** „Wir waren auf einem Höhenflug. Man will allen zeigen, dass man das schönste, einfach das beste Kind hat" ➔ **Georges ersten öffentlichen Auftritt:** „Ich war einfach nur froh, dass er sich nicht die Seele aus dem Leib schrie". William und Kate behüten ihr Glück. Erst zur Taufe, drei Monate später, darf die Presse wieder ran an den kleinen Prinzen.

Ab auf den Rücksitz! „Ich hab das vorher geübt", gesteht William

Und los geht die Fahrt zu Kates Eltern aufs Land. William fährt den Wagen selbst

nach Hause!

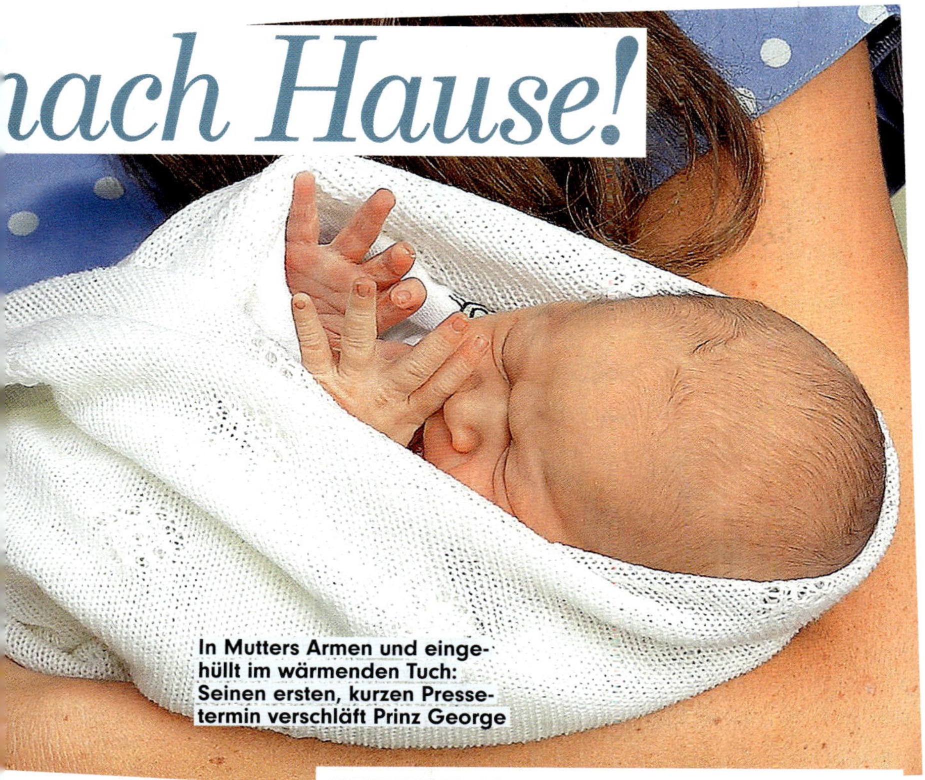

In Mutters Armen und eingehüllt im wärmenden Tuch: Seinen ersten, kurzen Pressetermin verschläft Prinz George

Das ist Tradition: Auf einer Goldstaffelei wird vor dem Buckingham-Palast die Geburt des Babys verkündet ...

... Tausende haben sich vor dem Palast versammelt. Und erfahren: It's a boy! Es ist ein Junge!

Das erste Familienfoto: von Opa geknipst

Noch ein Dokument der Normalität: Das erste offizielle Familienfoto knipst Kates Vater Michael Middleton – George pennt, die Mama strahlt, der Vater auch, Cockerspaniel Lupo ist ganz weit vorn. Und der Horizont ist schief!, maulen später Profi-Fotografen

ALEXANDER VON SCHÖNBURG
BILD-Textchef

George wird die Monarchie umkrempeln

Als der kleine Prinz zur Welt kam, wusste noch niemand, wie er heißen sollte. Spötter wie ich hatten auf Kevin getippt. Ganz ernst meinte ich das natürlich nicht, aber: George Alexander Louis ist schon SEHR traditionell für den ersten britischen Thronfolger, dessen Mutter keinen Tropfen adeliges Blut hat.

Die Mutter von Kate stammt von Bergbauarbeitern ab, ihre Eltern arbeiteten (arbeiteten!) erst für eine Fluggesellschaft, gründeten später ein kleines Geschäft (Geschäft!), ein Online-Versandhandel für Party-Produkte, für die Menschen Geld (Geld!) zahlten. Gewöhnlicher geht es kaum. Der Wohlstand der Familie Middleton gründet auf Tüchtigkeit – eine der britischen Oberklasse völlig fremden Tugend.

Die Gene des kleinen George sind historisch gesehen eine Sensation.

Georges Mutter hat der britischen Gesellschaft einen faszinierend amerikanischen Akzent verliehen: Wenn du nur hart genug arbeitest und dich brav an die Regeln hälst, kannst du es ganz nach oben schaffen, egal woher du kommst. Wenn man den Traum konsequent zu Ende denkt, müsste der kleine George eines Tages eigentlich ein Einwandererkind aus Pakistan heiraten – oder, noch besser, der erste König werden, der in gleichgeschlechtlicher Ehe lebt. Ernster formuliert: Der kleine George wird eines Tages altmodische Monarchisten wie auch hartgesottene Anti-Royalisten gleichermaßen ins Schwitzen bringen, das ist bei diesen Eltern quasi garantiert.

Wenige Wochen nach dem gelungenen Auftritt als „normaler" Familienvater, der seinen Neugeborenen im Maxi Cosi aus der Klinik holt und behände (mit nur einem routinierten Handgriff!) im Land Rover festschnallt, räumte der Prinz übrigens in einem Interview ein: Die Aktion war einstudiert! Er hatte, beraten von seinen Image-Fachleuten, mehrmals geübt, wie man so einen Maxi Cosi ins Auto verfrachtet und dabei so aussieht, als würde man dies täglich tun.

Montag, 1. Juli

Dienstag, 2. Juli

Mittwoch, 3. Juli

Donnerstag, 4. Juli

Trauer um den großen Berthold Beitz († 99)

„Manche wollten aus mir einen Helden machen, aber das war ich nicht. Ich habe einfach als Mensch gehandelt."

Dieser Satz sagt viel, vielleicht das Wesentliche über den Menschen Berthold Beitz. Er war als Generalbevollmächtigter, Aufsichtsratschef, Stiftungs-Boss von Krupp einer der mächtigsten Männer der Republik, er war verantwortlich für Hunderttausende Arbeitsplätze – als junger Mann übernahm er Verantwortung für das Leben anderer: Er erklärte Hunderte Juden zu „kriegswichtigen" Mitarbeitern einer Erdölfirma und bewahrte sie so vor der Erschießung oder der Gaskammer. In Jerusalem wurde nach dem Krieg ein Baum in der „Allee der Gerechten" für ihn gepflanzt.

Als Berthold Beitz am 30. Juli stirbt, wartet man mit der Trauerfeier für ihn bis zum 26. September. Eine besondere Ehrung, denn an dem Tag wäre er 100 Jahre alt geworden. Bundespräsident Joachim Gauck hält die Trauerrede.

Er war ein Vorbild. Er war nie Mitglied einer Partei – unterstützte aber Willy Brandt bei dessen Ostpolitik. Er hasste Vereinsmeierei – war nur Mitglied im Kieler Yacht-Club. Er liebte seine Frau Else, drei Töchter, sieben Enkel, zehn Urenkel – bezeichnete sich aber als Einzelgänger. Er war ein großer Deutscher – er war ein Vorbild

Ober-Rocker auf Malle verhaftet

Hanebuth in Handschellen. „Ich vertraue der spanischen Justiz", sagt er. Und wird nach Madrid überstellt: Haftbefehl

100 Beamte der „Guardia Civil" stürmen Fincas, Wohnungen und Lokale auf Mallorca. Codename der Aktion: „Operation Casablanca". 25 Mitglieder der Rocker-Bande „Hells Angels" werden festgenommen, auch der Boss: Frank Hanebuth, 140 Kilo schwer, bis vor einem Jahr mächtigster Mann dieser Szene in Deutschland. Der Vorwurf der spanischen Behörden: Erpressung, Nötigung, Geldwäsche, Zuhälterei, Drogenhandel. Beschlagnahmt werden 10 Autos, 7 Motorräder, 1 Revolver, 1 Gewehr, 3 Pistolen, Schmuck und Uhren im Wert von 500 000 Euro. Hanebuth antwortet Reportern auf die Frage, was los sei: „Urlaubsverlängerung."

Freitag, 5. Juli

Samstag, 6. Juli

Montag, 8. Juli

Dienstag, 9. Juli

DOPPEL-LOB
Deutschland ist beliebt

Ein BBC-Umfrage bei 26 000 Menschen wird im Juli veröffentlicht: Deutschland ist das beliebteste Land der Welt. Was für ein tolles Lob! Und Londons Bürgermeister **Boris Johnson** schwärmt von Berlin: „Voller Begeisterung erhebe ich mein Glas auf diese unglaubliche Stadt."

TOM BUHROW
ist jetzt Intendant

Die Intendantin geht, der Neue ist da: Monika Piel und Tom Buhrow

Vom Moderatoren-Posten der „Tagesthemen" an die Spitze des WDR – das hat noch keiner vor **Tom Buhrow** geschafft: Am 17. Juli übergibt ihm **Monika Piel** das Amt. Buhrow startete seine TV-Karriere 1985 beim WDR, wurde deutschlandweit bekannt als Korrespondent in Washington und Paris, bevor er 2006 **Ulrich Wickert** bei den „Tagesthemen" ablöste – und die Zuschauer immer mit seinem „Morgen ist ein neuer Tag" in die Nacht entließ.

BUSHIDO
schockt mit Hass-Video

Hass-Rapper Bushido

Gewalt spielt in Rapper-Songs schon immer eine Rolle, dies hier geht aber zu weit: **Bushido** (2011 mit dem „Bambi" für Integration geehrt!), beleidigt Politiker (Wowereit, Claudia Roth) und andere mit obszönen, widerlichen Worten – nicht druckbar! Die Empörung ist groß.

Götz George spielt seinen Vater

Götz George in der Rolle seines Vaters

Eine schwierige Rolle, er wollte sie lange nicht übernehmen, dann tut er es doch: Götz George, einer der erfolgreichsten deutschen Schauspieler der Neuzeit, spielt seinen eigenen Vater Heinrich George, einen der erfolgreichsten Schauspieler der Vergangenheit. Das Schwierige: Der Vater wirkte in Propagandafilmen („Jud Süß", „Kolberg") der Nazis mit. Götz George: „Ich trage meinen Vater auf Händen." Von Kritikern wird der Film gelobt. Er wird von Arte und der ARD gesendet.

Archiv-Bild des Vaters. Götz: „Und wenn er mal einen Hitlergruß gemacht hat, na und?"

Bunt, heiß, eng: Urlaub in Deutschland

Was für ein Super-Sommer! In der Hauptferienzeit im Juli muss kein Sonnenhungriger in den Süden: Deutschland ist Hochtemperaturparadies – Rheinfelden in Baden meldet am 27. Juli satte 38,6 Grad. An Nord- und Ostseeküste bleibt kein Strandkorb frei, jeder Quadratmeter Strand ist belegt. Schön bunt, schön heiß, schön eng!

14 Bundesländer haben Schulferien – auch in Zinnowitz auf Usedom ist kaum ein Fleckchen Sand frei: Strandmuscheln und Sonnenschirme stehen dicht an dicht

Mittwoch, 10. Juli

Donnerstag, 11. Juli

Freitag, 12. Juli

Samstag, 13. Juli

DER TAHRIR-PLATZ, SYMBOL FÜR DEN „ARABISCHEN FRÜHLING", WIRD ZUR HÖLLE

Ägypten stürzt ins Chaos

Das Militär hat wieder die Macht übernommen. Soldaten vor der Kaserne, in der angeblich Mursi festgehalten wird

Zwei Jahre nach dem Sturz des ewigen Präsidenten Husni Mubarak (30 Jahre an der Macht!) wird Anfang Juli 2013 auch Mohammed Mursi, der gewählte Präsident Ägyptens, entmachtet. Militärputsch!

General Sisi ist der neue starke Mann, Adli Mansur wird Übergangspräsident. Zwischen dem Militär und Mursis islamischer Muslimbruderschaft toben bürgerkriegsähnliche Auseinandersetzungen. Dazwischen das nach Freiheit dürstende Volk.

Viele Dutzend Tote, Gräueltaten, öffentliche Vergewaltigungen auf Kairos Tahrirplatz, der ein paar Monate Symbol für den „Arabischen Frühling" war – 100 sexuelle Übergriffe in vier Tagen!

Ägyptens Weg in die Demokratie ist verschüttet.

Gewählt, gestürzt, verhaftet: Mohammed Mursi

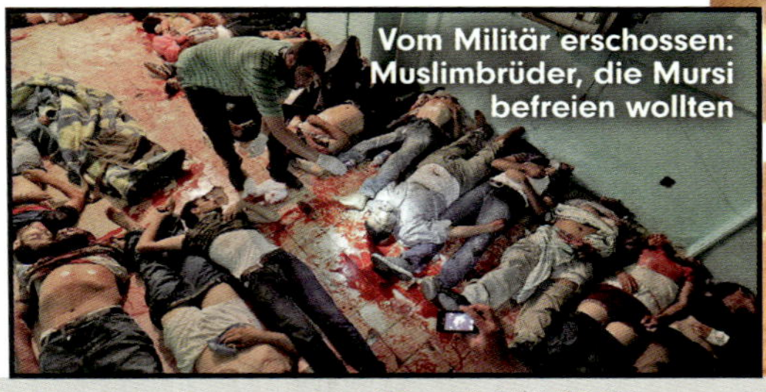
Vom Militär erschossen: Muslimbrüder, die Mursi befreien wollten

Der Tahrir-Platz in Kairo: Eigentlich nur Verkehrsknotenpunkt der Hauptstadt, dann Ausgangsort einer friedlichen Revolution und damit Symbolplatz des „Arabischen Frühlings". Und jetzt, im Juli: Flammen, Tränen, Vergewaltigungen

Sind Urlauber in Gefahr? Das Auswärtige Amt rät von Reisen dringend ab

Ägypten war jahrelang Traumziel für deutsche Urlauber – und jetzt? Das Auswärtige Amt rät im Juli dringend von Reisen ab. BILD spricht mit Deutschen am Flughafen Kairo. Uni-Professor Florian Becker bringt es auf den Punkt: „Ägypten braucht den Tourismus, um wieder auf die Beine zu kommen." Später im Jahr wird der Ausnahmezustand aufgehoben.

Florian Becker und seine Familie: „Es gibt Orte, wo man von der Krise nichts spürt"

Die Geschwister Helena und Alexander Turi vor der Pyramide in Gizeh: „Ständig fallen Schüsse"

Adrian und Christian Scheidemann: „Wir fliegen weiter nach Hurghada, dort fühlen wir uns sicher"

Montag, 15. Juli

Dienstag, 16. Juli

Mittwoch, 17. Juli

Donnerstag, 18. Juli

TRÄNEN
19 Feuerwehr- Leute sterben

Die Frauen von Prescott (Arizona) weinen um ihre Brüder, Söhne, Männer: 19 Feuerwehrleute sterben am 2. Juli bei den schwersten Buschbränden seit Jahrzehnten. Sie waren ein Elite-Team, alle zwischen 20 und 30 Jahre alt. Der Wind hatte sich plötzlich gedreht, einer sechs Meter hohen Feuerwalze konnten sie nicht entkommen.

EHRUNG
Malala spricht vor der Uno

Vor neun Monaten schossen ihr in Pakistan Taliban in den Kopf – weil sie zur Schule ging. Sie überlebte. Jetzt, am 12. Juli, es ist ihr 16. Geburtstag, spricht **Malala** (Foto) vor der Uno in New York: „Wir wollen Schulen und Bildung für jedes Kind dieser Welt!" Zu ihren Ehren erklären die Vereinten Nationen den 12. Juli zum „Malala-Tag".

TRAUER
38 Pilger bei Unfall getötet

Sie kommen von einer Pilgerfahrt aus Pietrelcina, dem Geburtsort des 2002 heiliggesprochenen Padre Pio. Auf der Autobahn 16 bei Avellon (45 km vor Neapel) rast ihr Bus am Abend des 28. Juli in ein Stauende, durchbricht eine Leitplanke, stürzt 30 Meter einen Abhang hinab. 38 Pilger werden getötet, das jüngste Opfer ist 16 Jahre alt.

OTTO 65

WIRD ER JETZT ETWA **SERIÖS?** ODER GAR **ERWACHSEN?** ABER **NEIN!**

Otto ist: Komiker, Comic-Zeichner, Musiker, Schauspieler, Regisseur, Synchronsprecher – und auch modisch immer weit vorn!

Am 22. Juli ist es 65 Jahre her, dass ein kleiner Außerirdischer (wie er sich selbst nennt) in Emden geboren wurde, der Deutschland im Sturm erobern sollte: OTTO!

Für die BILD-Leser blickt er künstlerisch auf sein Leben zurück (hier drei seiner Werke) und gibt zwei wichtige Antworten.

1. Frage: Wie ist dein gefühltes Alter? Otto: „Das hängt davon ab, wer neben mir liegt."

2. Frage: Spürst du das Alter, wenn du aufwachst? Otto: „Ich spüre was. Aber das ist nicht das Alter. Im Gegenteil: Volle Power."

Der Papst bei der Jugend der Welt in Rio

Hände strecken sich ihm entgegen – er ist zum ersten Mal als Papst in seiner Heimat Südamerika. Franziskus: „2016 treffen wir uns in Krakau, Polen!"

Weltjugendtag in Rio: Der Papst kommt mit dem Linienflugzeug, besucht die Favela Varginha (ein Armenviertel, in das sich selten ein Politiker traut) und wird an der Copacabana von drei Millionen (!) jungen Leuten umjubelt. Für sie ist Franziskus ein Pop-Star. Und er macht ihnen Mut: „Schwimmt gegen den Strom! Spielt nach vorne! Baut eine Welt der Brüderlichkeit!" Franziskus ist ein Vater. El Papá.

Das Zugdrama von Santiago de Compostela

Hier sterben 79 Menschen

Mit 192 km/h rast der Zug in die Linkskurve, die Lok wird umgerissen, die hinteren Waggons stürzen um, ...

DIE TODESFAHRT IM VIDEO

... prallen gegen eine Betonwand ...

... die Lok liegt auf der Seite, schlittert übers Gleisbett. Die Todesfahrt ist weltweit im Fernsehen und im Internet zu sehen

Die Trümmer fliegen Hunderte Meter weit. Ein Waggon wird über eine fünf Meter hohe Mauer geschleudert

Er hat ein Handy am Ohr, Blut strömt aus einer Platzwunde, er stammelt: „Ich habe es verbockt. Ich möchte sterben."

Franzisco José Garzón spricht mit der Zentrale der staatlichen Bahngesellschaft Renfe. Garzón ist Lokführer. Er hat den Hochgeschwindigkeitszug mit Tempo 192 durch die Kurve gejagt, in der man nur Tempo 80 fahren darf.

79 Menschen sind gestorben, 150 verletzt. Es ist eine der fürchterlichsten Eisenbahnkatastrophen aller Zeiten in Europa.

Wie es dazu kam?

Garzón hatte mit seinem Zug am 25. Juli um 20.38 Uhr Uhr fünf Minuten Verspätung, brauchte noch vier Kilometer bis zum Wallfahrtsort Santiago de Compostela.

Wollte er die Verspätung aufholen?

Seine ersten Worte am Handy: „Wir sind entgleist, was sollen wir tun? Ich hoffe, es gibt keine Toten, denn die gingen auf mein Gewissen."

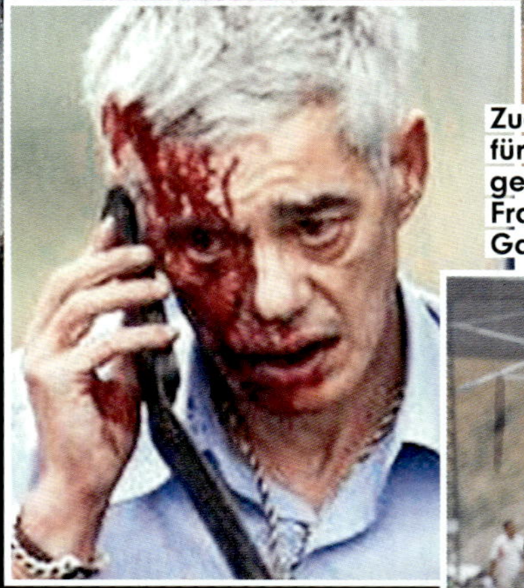

Zuerst wird er für ein Opfer gehalten: Lokführer Francisco José Garzón

Feuerwehrmann José Ramon Valiñas trägt ein verletztes Mädchen zu Ärzten, die es versorgen

Freitag, 19. Juli

Samstag, 20. Juli

Montag, 22. Juli

Dienstag, 23. Juli

200. Geburtstag!

MERKEL BEI WAGNER

Die Lieblingsmusik der Kanzlerin stammt von?

Richtig, von Richard Wagner! Der rangiert vor Gustav Mahler, den Beatles und Karat – das verrät das Facebook-Profil von Angela Merkel. Also ist sie auch dieses Jahr gern zum Wagner-Festival nach Bayreuth gekommen. Zumal 2013 ein Jubiläum gefeiert wird: Wagners 200. Geburtstag (22. Mai).

Nach dem „Fliegenden Holländer" wird dann auch von Bundespräsident Joachim Gauck eine riesige Geburtstagstorte angeschnitten.

In Bayreuth ist auch ihr Mann dabei: Angela Merkel und Prof. Joachim Sauer

Albert II. dankt ab, Sohn Philippe übernimmt das Zepter

Die royale Familie auf dem Palastbalkon: König Philippe und Mathilde, die Kinder Eleonore, Gabriel, Elisabeth und Emmanuel (v. l. n. r.), Königin Fabiola (l.), rechts König Albert und Königin Paola

König Albert wischt sich eine Träne aus dem Auge ...

... auch Königin Paola ist zu Tränen gerührt

Auch Belgien hat einen neuen König

Die Nachbarn in Holland haben ihren Thronwechsel vor drei Monaten ganz groß gefeiert – die Belgier sparen: König Albert II. übergab das Zepter am 21. Juli an Sohn Philippe ohne internationalen Hochadel.

Aber mit viel Gefühl!

Der neue König gilt als schüchtern, imponiert aber durch seine Frau: Mathilde ist studierte Psychologin, schön, warmherzig – und hat den Untertanen schon vier Königskinder geboren.

... und die Dänen machen Urlaub

Vaer ganske venligt (bitte recht freundlich): Die dänische Königsfamilie grüßt aus dem Urlaub vom Schloss Gravenstein – mit einem fröhlichen Durcheinander-Foto. Hinten (links) Kronprinz Frederik mit seiner Frau Mary und Prinz Joachim. Unten rechts dessen Frau Marie, links Prinz Henrik – in der Mitte die Chefin, Königin Margrethe. Und drumherum und kunterbunt die Kleinen.

DIE MENSCHEN FEIERN **PARTY AUF DEM RÖMERBERG**

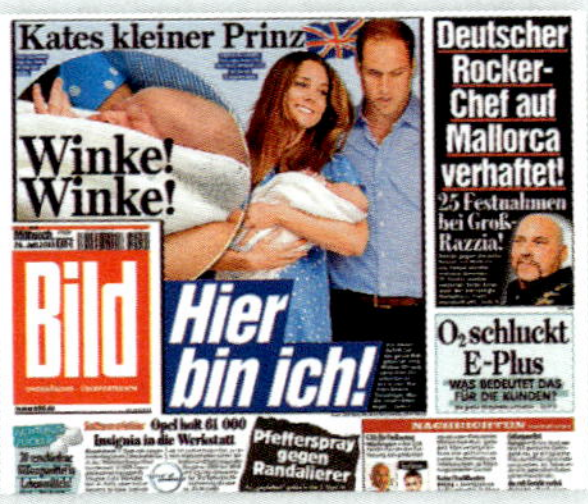

Mittwoch, 24. Juli

Donnerstag, 25. Juli

Freitag, 26. Juli

Mit Medaillen und Pokal: Trainerin Silvia Neid (r.), Torfrau Nadine Angerer, Spitzname „Natze"

Europas Königinnen!

„Natze" hält zwei Elfer

Elfer 1: In der 29. Minute wehrt Angerer den Schuss mit dem rechten Bein ab – große Klasse!

Was für ein Empfang für unsere Sommermärchen-Mädchen! Rund 7000 Fans feiern sie am 29. Juli vor dem Frankfurter Römer, dem Rathaus der Stadt – zum achten Mal Europameister! Super!

Vor 41 301 Zuschauern (EM-Rekord) eroberte die Truppe um Erfolgstrainerin Silvia Neid am Tag zuvor den Titel in Solna bei Stockholm. 1:0 gegen Norwegen! Das Tor des Tages schoss Anja Mittag in der 49. Minute. Zur Final-Heldin aber wurde Torfrau Nadine Angerer: „Natze" hielt zwei Elfmeter. Gekrönt darf sich aber vor allem Silvia Neid fühlen: Drei EM-Titel holte sie als Spielerin, drei als Co-Trainerin, zwei als Chefin – das ist einmalig! Königin Silvia!

Elfer 2: In der 61. Minute hält sie den Ball mit der rechten Hand – sensationell!

DARAUF HAT ER LANGE GEWARTET: ERSTER SIEG IN DEUTSCHLAND!

VETTEL JETZT AUCH DER NÜRBURG-KING

Champagner! Vettel gewinnt auf dem Nürburgring. Erster deutscher Heimsieg seit 2006 (Schumi auf dem Hockenheimring)

Über seinen Bordfunk brüllt er die Freude raus in die Welt: „Ja, ja, ja!" Sebastian Vettel hat es geschafft: Zum ersten Mal (im sechsten Versuch) gewinnt der dreimalige Weltmeister endlich seinen Heim-Grand-Prix.

Vettel ist jetzt auch der Nürburg-King! Sieben Jahre nach Michael Schumachers letztem Heim-Sieg gab's am 7. Juli für die Fans auf dem Nürburgring endlich wieder die deutsche Hymne. Vettel: „Das ist ein besonderer Tag für mich." In der WM-Wertung liegt er jetzt 34 Punkte vor Alonso – wird er zum vierten Mal Weltmeister?

Sex-Erpressung auf Mallorca

Hanebuths Rocker sollen Fotos von reichen Bordell-Besuchern gemacht haben

40° Fällt dieses Wochenende der Hitze-Rekord?

Heute Klopp gegen Pep

Bild

Samstag, 27. Juli

WAS FÜR EIN WOCHENENDE

Hitze!

Hagel!

Heldinnen!

Fußball-Frauen Europameister

Jenny Elvers

Neue Liebe, neues Glück?

Bild

Montag, 29. Juli

Harald Glööckler Staatsanwalt fegt Koks-Verdacht vom Tisch!

Wetter-Wahnsinn

Platzeck tritt zurück

Hier sonnt sich der Fußballer des Jahres

Bild

Dienstag, 30. Juli

Staatsanwalt erhebt Anklage

Jetzt wird's ernst für Hoeneß!

Klitschko DISCO-ZOFF

Immer mehr Wölfe in Deutschland

Bild

Mittwoch, 31. Juli

Nach dem Sieg: Trautmanns Hals schmerzt – Genickbruch!

DER MANN, DER MIT GENICKBRUCH SPIELTE, IST TOT

Lebte zuletzt in Spanien: Bert Trautmann

Er war nie Weltmeister, hat nie für Deutschland gespielt. Und doch ist er einer unserer größten Torhüter. Auf jeden Fall der tapferste: **Bert Trautmann stirbt am 19. Juli mit 89 Jahren. Der Deutsche, der 1956 den englischen Pokal mit gebrochenem Genick gewann.** Die Geschichte von „Traut the Kraut" kennt in England jeder Fußballfan. Trautmann blieb nach seiner Kriegsgefangenschaft auf der Insel, Manchester City holte den „Nazi" trotz Protesten ins Team. 5. Mai 1956, Cup-Finale in Wembley. Trautmann wird von Birminghams Peter Murphy mit dem Knie am Kopf getroffen, ist bewusstlos. Auswechslungen waren damals nicht erlaubt: Trautmann rappelt sich auf, spielt weiter, ManCity siegt 3:1. **Spätere Diagnose:** Genickbruch. Trautmann: „Der zweite Halswirbel war durch." Er spielt bis 1964 über 600 Mal für City, wird 2007 zum größten Spieler der Klub-Geschichte gewählt. Und die Queen ernennt ihn zum „Ehrenoffizier des britischen Empires".

Wimbledon-Finale! WAHNSINN!

SABINE LISICKIS GRÖSSTER **TRIUMPH**. JETZT HEISST SIE: **BUM-BUM-BINE**

Geschafft! Finale in Wimbledon! Ein Traum! Sabine Lisicki fasst es kaum, sie jubelt – und wird umjubelt: Das englische Publikum liebt sie. Im Halbfinale bezwingt sie die Polin Agnieszka Radwanska 6:4, 2:6, 9:7

Traurig, sie hat das Finale verloren. Schon während des Spiels rollen die ersten Tränen

25 Jahre ist es her, dass Steffi Graf zum ersten Mal Wimbledon gewann – und jetzt, am 6. Juli, steht zum ersten Mal wieder eine Deutsche im Finale: Sabine Lisicki! Wahnsinn!

Ihr Sensationsspiel macht sie auf dem „Heiligen Rasen" schon fünf Tage vorher: Sie schlägt im Achtelfinale die für unschlagbar gehaltene Nr. 1 der Welt: Fünfmal hat Serena Williams Wimbledon gewonnen, war zuletzt 34 Spiele lang unbesiegt. Sabine Lisicki erkämpft sich an diesem Tag einen neuen Spitznamen: Bum-Bum-Bine.

Das Finale geht leider verloren: Sabine ist nervös, macht viele Fehler, die Italienerin Marion Bartoli gewinnt 1:6, 4:6.

„Kleiner" Trost für die Berlinerin: Sie erhält einen Scheck über 934 640 Euro!

Was sie mit dem Preisgeld macht? „Das wird angelegt. Aber irgendeinen Schmuck werde ich mir kaufen. Ich wollte schon ganz, ganz lange etwas von Cartier haben."

Eine verlorene Generation? Das darf nicht sein!

VANESSA SCHLESIER
Freie Journalistin

Die Gesichter der Teenager sind es, die mir im Gedächtnis geblieben sind. Und das laute unbeschwerte Lachen der Kinder. Dieser Gegensatz ist es, den ich nie vergessen werde.

Als ich im Mai 2013 das erste Mal durch das Eingangstor des Zaatari-Flüchtlingslagers im Norden Jordaniens gefahren bin, blickte ich vor allem in junge, sonnenverbrannte, schmutzige Gesichter. Mehr als die Hälfte der 80 000 Einwohner des größten syrischen Flüchtlingslagers sind Kinder. Die meisten haben in ihren wenigen Lebensjahren Raketenangriffe überlebt, die Angst ihrer Eltern, den Verlust ihrer Heimat, Hunger und Kälte.

In die Gesichter der Älteren sind diese Erfahrungen eingraviert. Jung auf dem Papier und uralt in Realität. Hart und emotionslos ihr Blick, faltig die Haut, verkrampft der Oberkörper. Kinder, die das Leben zu Erwachsenen gemacht hat.

Wie Achmed.

Sein Vater starb bei einem Bombenangriff im November 2012 im Süden Syriens. Seine Mutter wurde schwer verletzt. Zusammen mit seinen sechs Geschwistern flüchteten sie nach Zaatari. Als Ältester ist er verantwortlich für die jüngeren Geschwister. Achmed ist 15. Und Familienoberhaupt. In einem fremden Land. Statt in die Schule zu gehen, schleppt er Zementsäcke, hilft beim Bau einer Straße mit, arbeitet, wo er nur kann. Damit seine Geschwister in die Schule gehen können.

Ich traf ihn im Juli, bei meinem zweiten Besuch in Zaatari. Ein Halbstarker, verschlossen und ernst. Er hätte auch 30 sein können.

Bei meinem letzten Besuch im Dezember habe ich ihn nicht mehr wiedergefunden. Seine Nachbarn meinten, er habe das Camp mit seinen Geschwistern und der Mutter verlassen und lebe in Jordaniens Hauptstadt. Dort verdiene er mehr.

Und dann gibt es die Kinder, die Kinder geblieben sind. Die mit einer Unbeschwertheit lachen, wie es nur Kinder können. Die „fotografier mich, fotografier mich“ rufen, bis ich ein Foto von ihnen mache. Die sich über nichts mehr freuen als die Kamera anfassen zu dürfen und sich selbst auf dem Bildschirm zu sehen.

Auch ihnen ist Schreckliches widerfahren. Sie haben Narben, oft nicht nur auf ihrer Seele. Safa (6) wurde zum ersten Mal im Dezember 2012 verletzt. Von Granatensplittern. Im März dieses Jahres riss eine Rakete ihr das rechte Bein ab. Seit September ist die Familie in Zaatari. Safa will immer noch mit ihrer Zwillingsschwester spielen und ist traurig, wenn sie nicht mithalten kann, erzählt ihr Vater. Aber die meiste Zeit lacht sie. Ihre fünf Schwestern schieben sie im Rollstuhl zur Schule. Dort gibt es ein anderes Mädchen im Rollstuhl. Die beiden haben sich angefreundet.

In Zaatari leben 16 000 Familien. Das sind 16 000 solcher Geschichten.

Die Menschen im Lager sind sicher. Sie werden überleben. Sie bekommen Essen, Unterkunft, Wasser. „Jetzt geht es darum, dass wir in ihre Zukunft investieren“, sagte mir der Leiter von Zaatari, Kilian Kleinschmidt, im Dezember. Besonders in die der Kinder. In ihre Ausbildung, in Schulen. Damit sie sich weiterentwickeln können. Damit sie in Würde leben. Damit diese Generation an Kindern, die jetzt in Zaatari lebt, keine verlorene Generation ist.

Für Flüchtlinge aus Syrien von den Vereinten Nationen errichtet – das Lager Zaatari im Norden Jordaniens. 16 000 Familien leben hier, „Bürgermeister“ ist ein Deutscher, Kilian Kleinschmidt. „Das Lager kostet pro Tag bis zu einer Million Dollar“, sagt er

August 2013

Wie ein Blitz: Der unglaubliche Usain Bolt

Das Sportfoto des Jahres: Usain Bolt, Spitzname „Lightning Bolt“ (engl.: „Blitz-Bolt“), läuft durchs Ziel – und ein Blitz zuckt über das Stadion!

AFP-Fotograf Olivier Morin gelang bei den Weltmeisterschaften in Moskau dieses Bild – BILD sagt: Glückwunsch, Kollege! Gratulieren muss man natürlich auch dem Sprinter: Usain Bolt ist jetzt der erfolgreichste WM-Athlet aller Zeiten: 3 x Gold in Moskau, fünf Goldene hatte er schon. Weitere Superlative: sechs Mal Gold bei Olympia, schnellster Mensch der Welt (9,58 Sekunden über 100 Meter), bestverdienender Leichtathlet der Welt (20 Millionen Euro im Jahr), dreimal „Weltsportler des Jahres“. Ein Mann wie ein Blitz – bei dem auch immer die Hoffnung mitläuft, er möge nicht gedopt sein. Zwei seiner ärgsten Konkurrenten waren kurz vor der WM erwischt worden.

Nächste Seite: 4 x Gold für Deutschland.

Die deutsche Bilanz bei den **Leichtathletik-Weltmeisterschaften** in Moskau: Großartig!

4x Gold

Hart, härter, Harting

Kein Zweifel, er ist der beste Diskuswerfer der Welt, aber immer wieder quält ihn sein geschundener Körper. In Moskau „hat er Rücken" – aber trotzdem:

Im vierten Versuch schleudert Robert Harting die Scheibe auf 69,11 Meter! Weltmeister, zum dritten Mal in Folge! Und wieder zerreißt er vor den Fotografen sein Trikot.

Pläne? „Vielleicht mal in einem Til-Schweiger-Film dabei sein. Für Rosamunde Pilcher eigne ich mich weniger ..."

Der Herr Obergföll...

... heißt bei der WM noch Henry, Boris Henry. Ein Name wie Bond, James Bond. Das hat nun ein Ende. Warum? Seine Liebste, Christina Obergföll, gewinnt in Moskau mit 69,05 Metern das Speerwerfen. Er ist auch ihr Trainer, hatte mit ihr gewettet: Wenn Du Gold holst, nehme ich bei unserer Hochzeit Deinen Namen an! Das war wohl die richtige Motivation: Im September bekam er einen neuen Ausweis.

Ein junger Überflieger

Seit Ewigkeiten sind deutsche Stabhochspringer international ganz vorn dabei – Weltmeister ist noch nie einer geworden, bis jetzt: Raphael Holzdeppe holt in Moskau sensationell Gold, mit 5,89 m. Der dunkelhäutige Überflieger, der nach seiner Geburt von einem Ehepaar aus dem Saarland adoptiert worden war („Ich weiß nicht, wo ich herkomme"), ist beim Sieg in Moskau erst 23 Jahre alt. Die besten Stabhochspringer-Jahre kommen erst noch!

Fotograf rettet Storl

Ein Mann mit Mut zur Mode: David Storl gewinnt das Kugelstoßen mit 21,73 Meter, aber er benötigte Hilfe von einem Kameramann. Bei seinem Siegesstoß hätte er auf den Rand des Kugelstoßrings getreten – ungültig, meint ein Kampfrichter. Reuters-Fotograf Kai Pfaffenbach rettet den Chemnitzer: Fotobeweis, Stoß gültig, Gold, Storl hat den Hut auf!

Das ist der Hoeneß-Richter!

Bild

Berthold Beitz tot

Industrie-Legende starb mit 99

Lewandowski stänkert gegen BVB

Drillinge wollen Bild-Sommer-Mädchen werden

Friseur-Besuch bis zu 25 % teurer?

Donnerstag, 1. August

Hitze-Falle Autobahn

TV-Star ANDREA KAISER & Fußball-Star LARS RICKEN

Ehe-Aus!

Bild

Nächster Pott für die Bayern

Snowden verlässt Moskauer Flughafen

Freitag, 2. August

HEINO Meine wilde Wacken-Nacht

Schlimmstes Stau-Wochenende des Jahres!

Bild

Flick DFB-Sportdirektor?

Weltweite Terror-Warnung

Samstag, 3. August

Bild

ALAIN DELON

Lieses Comeback auf Sylt

Gladbeck-Killer Rösner Geheime Briefe aus dem Knast

DFB-POKAL Werder und Gladbach raus!

Bundesliga-Revolution im Internet!

Montag, 5. August

Hoppla, das Anlegemanöver scheint schiefzugehen ...

Jürgen Trittin geht baden ...

Er war ja schon mal Umweltminister, da testet man auch die Sauberkeit der Flüsse, aber so? Beim Wahlkampf-Paddeln auf der Werra in Niedersachsen kippt Grünen-Spitzenkandidat Jürgen Trittin ins Wasser, trägt allerdings als Einziger im Boot eine Rettungsweste, vorbildlich! Was er hier nicht ahnen kann: Sieben Wochen später geht er auch politisch baden.

Hiergeblieben! Schwimmer Trittin hat das Boot im Griff ...

... pitschnass, aber sicher steigt er an Land. Wahlkampffotos der nicht geplanten Art

Der nächste Zug fällt leider aus: Bahnhof Mainz, menschenleer

Der Bahn*sinn* von Mainz

Mal was Neues von der Bahn: Nach Klimaanlagenchaos (im Winter vereist, im Sommer zu heiß), Verspätungen oder Nicht-Halt an Haltestellen jetzt, im August, ein gähnend leerer Bahnhof in Mainz. Von 15 Fahrdienstleitern im Stellwerk sind vier krank, drei im Urlaub – bis zu 40 Prozent der Züge fallen wochenlang aus, verspäten sich oder werden umgeleitet. „Bahnsinn" schreibt BILD.

Bahnchef Rüdiger Grube

... und seine **Grünen** fordern den „Veggie Day"

Ein fleischloser Tag pro Woche: Renate Künast

Auszug aus dem Grünen-Wahlprogramm: „Öffentliche Kantinen sollen Vorreiterfunktionen übernehmen. Angebote von vegetarischen und veganen Gerichten und ein ‚Veggie Day' sollen zum Standard werden." **Renate Künast,** die mit Trittin die Bundestagsfraktion leitet: „Ein wunderbarer Tag zum Ausprobieren, wie wir uns mal ohne Fleisch und Wurst ernähren." Ob die Deutschen das wollen?

Traum vom eigenen Haus
Ist kaufen billiger als mieten?
Bayern locker, Schalke mit Dusel
Bild
Erster Klon-Burger
Roger Cicero Liebes-Aus!

Dienstag, 6. August

Glücksrad Peter Bond
Wieder da mit Sex-Roman!
Veggie-Day? So viel Fleisch isst jeder Deutsche
Großer Ratgeber für alle Eltern
Bild
Sarah Connor Saftig Fotos
Bundesliga-Torjäger jetzt Pflegefall

Mittwoch, 7. August

Frei nach 7 Jahren Zwangs-Psychiatrie
Jetzt spricht Mollath!
Bild
Neue Vorwürfe gegen Hoeneß
Mein erster Tag in Freiheit
Meine Pläne für die Zukunft
Strom teuer wie nie!
Sind wir zu tierlieb

Donnerstag, 8. August

Öko-Strom-Irrsinn
50 Geheimnisse Was Sie noch nicht über die Bundesliga wussten
Krebs-Drama Hippie-Ikone
Dieser Windpark wird mit Diesel betrieben!
Bild
Lady Gaga nackt

Freitag, 9. August

Amazon-Boss Bezos mit seiner edlen Trophäe, der „Washington Post" (BILD-Fotomontage)

Was will der Amazon-Milliardär mit der „Washington Post"?

Amazon-Chef Jeff Bezos behauptet, dass es in 20 Jahren keine gedruckten Zeitungen mehr geben wird.

Im August kauft er eine. Gaga? Oder genial?

Bezos kauft nicht irgendeine Zeitung. Er kauft die „Washington Post", die US-Präsidenten geschaffen und gestürzt hat (zwei Reporter enthüllten Richard Nixons „Watergate-Affäre", verfilmt mit Robert Redford und Dustin Hoffman). Er kauft sie preiswert, für 250 Millionen Dollar. Der Verkäufer, Verleger Donald Graham, weint beim Verkauf. Bezos, verheiratet, vier Kinder, ist Computerwissenschaftler. 1994 gründete er den elektronischen Buchhandel Amazon, ist jetzt geschätzte 18 Milliarden Euro schwer.

Bradley Manning nach dem Urteil in Handschellen (rechts) – und mit Perücke und geschminkt als Frau, Vorname Chelsea

„WikiLeaks"-Informant 35 Jahre Haft! für Bradley Chelsea Manning

War das wirklich der größte militärische Geheimnisverrat in der US-Geschichte?

Am 21. August wird der frühere Obergefreite Bradley Manning zu 35 Jahren Haft verurteilt – er hatte mehrere Hunderttausend geheimer Dokumente an die Website „WikiLeaks" weitergeleitet.

Darunter Kriegstagebücher aus Afghanistan und dem Irak. Auch ein Video aus Bagdad, das zeigt, wie Zivilisten und Journalisten aus einem US-Hubschrauber gejagt und getötet werden.

Und Berichte von US-Botschaften über ausländische Politiker („Putin ein Alpha-Rüde", „Merkel selten kreativ", „Sarkozy ein Kaiser ohne Kleider").

Das Urteil der Militär-Richterin Denise Lind wird als Exempel gesehen: Wer US-Geheimnisse verrät, den trifft die volle Härte des Gesetzes. Manning, der gern Frauenkleider trägt, nimmt im Gefängnis den Namen Chelsea an.

SIEMENS Der neue Boss mag „Satisfaction"

Joe Kaeser

Der Mega-Konzern Siemens (78 Milliarden Euro Jahresumsatz, weltweit mit Beteiligungen etwa 400 000 Mitarbeiter) hat seit dem 1. August einen neuen Chef: **Joe Kaeser,** verheiratet, zwei Töchter. Vor Jahren ging er als Josef Käser nach Amerika, kam als Joe Kaeser zurück – Englisch ist die Sprache des internationalen Business. Sein Handy-Klingelton passt auch: „Satisfaction" der Rolling Stones.

TAGESTHEMEN Der Neue ist ein alter Bekannter

Thomas Roth

Das Erste hat einen neuen Ersten: „Mr. Tagesthemen" ist seit dem 5. August **Thomas Roth** – ein alter Bekannter für die Zuschauer. Zuletzt war er New-York-Korrespondent der ARD, davor lange Jahre in Moskau und Südafrika. Der erste Auftritt des Nachfolgers von Tom Buhrow (jetzt WDR-Intendant) war kurz: Acht Minuten in der Fußball-Halbzeit (DFB-Pokal). Blitz-Urteil: Sehr souverän, der Mann.

Nach dem Giftgasangriff: Behutsam wird ein Kleinkind in die lange Reihe der Leichen gelegt

Giftgas gegen das syrische Volk

+++ 1400 Tote in Syrien +++ Moskau und Peking lähmen UN-Sicherheitsrat +++ Militärschlag der USA? +++ Die Welt ist geschockt +++

Dieser 21. August 2013 ist ein Datum, das in die Geschichtsbücher eingehen wird. Wie andere Daten der letzten Jahre:

Erfreuliche, wie der 9. November 1989 – die Mauer ging auf.

Erschreckende, wie der 11. September 2001 (Nine-Eleven) – Bin Ladens mörderische Flugzeug-Anschläge auf die USA.

Irritierende, wie der 20. März 2003 – Bushs Angriff auf den Irak.

Am 21. August 2013 werden in Syrien Giftgasraketen auf das eigene Volk geschossen. 1400 Menschen sterben, Frauen, Kinder.

Bilder aus Ghouta, am Stadtrand der Hauptstadt Damaskus, gehen um die Welt: lange Reihen von Leichen, in weiße Tücher gehüllt. Das Entsetzen ist groß, der Schock sitzt tief.

Für die westliche Welt ist klar: Es waren Raketen der syrischen Armee, Diktator Baschar al-Assad muss zur Rechenschaft gezogen werden.

Seit März 2011 versuchen Rebellen, Assad zu stürzen. Der antwortet mit der ganzen Macht seines Militärs, lässt Städte von Artillerie und Luftwaffe zusammenschießen. Aleppo, seit 1986 Weltkulturerbe, ist eine einzige Trümmer-Landschaft.

Bürgerkrieg, 100 000 Tote. Und jetzt Giftgas, seit Jahrzehnten von der Weltgemeinschaft geächtet!

Washington, London, Paris, Berlin fordern Konsequenzen. Obama: „Eine rote Linie ist überschritten." Der UN-Sicherheitsrat soll einen Vergeltungsschlag beschließen, doch Russland und China blockieren. Der amerikanische Präsident scheint entschlossen, einen Militärschlag ohne UN-Mandat zu befehlen. Die Welt hält den Atem an. Mit diplomatischem Geschick wird verhindert, dass aus dem Bürgerkrieg eine Weltkrise wird. Der russische Präsident **Wladimir Putin** und **Obama** lassen ihre Außenminister verhandeln. **John Kerry** und **Sergei Lawrow** einigen sich auf eine Strategie, umarmen sich vor der Kamera: Assad wird gezwungen, seine Chemiewaffen vernichten zu lassen, Obama verzichtet – zunächst – auf einen Militärschlag. Im September beginnen Inspektoren der OPCW (Organisation for the Prohibition of Chemical Weapons) im Auftrag der Uno mit der Zerstörung von Raketen und der Beseitigung von Giftgasdepots – eine Aktion, die weit in das Jahr 2014 reichen wird.

Im Oktober wird der OPCW der Friedensnobelpreis verliehen.

OPCW-Chef Ahmet Üzümcü sagt BILD: „Wir hoffen, mit unserer Arbeit den gesamten Friedensprozess für Syrien wieder anstoßen zu können."

Die Arbeit seiner Experten ist lebensgefährlich – der Bürgerkrieg tobt weiter, mit „konventionellen" Waffen.

Mittlerweile sollen 130 000 Menschen getötet worden sein. Und Assad ist weiter an der Macht.

Syriens Diktator Baschar al-Assad

Samstag, 10. August

Montag, 12. August

Dienstag, 13. August

Mittwoch, 14. August

Robin Thicke gibt alles, doch Miley Cyrus stiehlt ihm die Show

Wessen Zunge ist länger? Klarer Sieger: das Body-Bunny

Achten Sie auf die Finger: V für Victory, Sieg!

Seltener Auftritt: Mileys Mund ist geschlossen

MILEY CYRUS macht jetzt auf sexy

Wenn Kinder-Stars erwachsen werden ... Miley Cyrus war so süüüß in „Hannah Montana", jetzt, bei den Video Music-Awards, schockiert sie sogar ihre damalige TV-Mama Brooke Shields: „Meine Kinder dürfen das nicht sehen!" Halb nackt, den Po an Robin Thicke gerieben, Zunge raus – total versext, damit ist sie auch im Internet ganz weit vorn. Ein Marketingerfolg, auch wenn die große Bette Midler lästert: „Diese heraushängende Zunge – ist sie dehydriert?"

MAXIMILIAN SCHELL (82)
KINDER? WARUM NICHT?

„Entweder man versteht sich, oder man versteht sich nicht – und dann ist das Alter im Endeffekt wurst", sagt die Opernsängerin Iva Mihanovic. Sie ist 35, als sie Weltstar Maximilian Schell am 20. Juni auf der Hebalm in Oberpreitenegg das Jawort gibt. Der Oscar-Preisträger ist 47 Jahre älter. Das Festmahl: Frittatensuppe, Wiener Schnitzel, Kaiserschmarrn. Hauptgesprächsthema: Die Braut will Mutter werden. Schell: „Kinder? Warum nicht?"

Seit sechs Jahren verliebt: Iva Mihanovic und Maximilian Schell

Jogi, wir sind NICHT ganz DICHT

Fotomodel belastet TV-Millionär

REWE

77

„Er hat mir die Nase gebrochen"

„Sie ist mit der Autotür gegen ein Bauschild gestoßen"

Blutbad in Ägypten

10 HANDY-TRICKS So hält der Akku länger

Donnerstag, 15. August

Gewalt an Ägyptens Stränden

Skandal-Fußballer Pannewitz über seine Suff-Nacht

1.39

Von Hartz IV zum Filmemacher!

Ärger um Wulff-Prozess

Reicht mein Geld im Alter?

Freitag, 16. August

Griechen-Milliarden

Das verschweigt unsere Regierung!

Gustavo 40 Mio. Gehalt

Jugend-Sünden der Stars

TOURISTEN flüchten aus ÄGYPTEN

Samstag, 17. August

AKTE TATORT

Was sich ändert, wer kommt, wer geht

URLAUBS-DRAMA IN VENEDIG

Vater stirbt bei Gondel-Unfall

Christen-Verfolgung in Ägypten

1.49

Dortmund 2:1 KLOPP SCHON SPITZE

Hochzeit nach WM-Sieg

Montag, 19. August

VELT DES SHOW-BIZ ★ ★ ★ AUGUST-NEWS AUS DER WELT DES SHOW-BIZ

Augen zu und KNUTSCH: Toni Garrn und Leo DiCaprio

DiCaprio küsst Toni auf Ibiza

Ist das schon Liebe? Die Romanze zwischen Hollywoodstar Leo DiCaprio und unserem Supermodel Toni Garrn läuft für Leo-Verhältnisse relativ lange: Im Mai turteln sie auf einer Jacht vor Cannes, im Juni in Paris, im Juli an der US-Ostküste, im August küssen sie sich auf Ibiza. Ist die schöne Hamburger Abiturientin, seit Jahren auf allen Catwalks gefragt und „Victoria's Secret"-Engel, Leos große Liebe?

„Ich komme bald wieder": Alain Delon und Rosalie van Breemen

Alain Delon küsst Rosalie auf Sylt

Ist das noch Liebe? Sie waren 15 Jahre ein Paar, haben zwei große Kinder, sind seit 2002 getrennt – und jetzt? Filmlegende Alain Delon und die Hamburgerin Rosalie van Breemen verleben fünf Tage auf Sylt. Kabeljaufilet, Steak in der „Sturmhaube", Picknick am FKK-Strand „Buhne 16", Brutzeln im Strandkorb, schließlich Küsse am Bahnhof. Delon zu BILD: „Ich habe nie aufgehört, sie zu lieben."

Heißer Auftritt in Wacken, beim größten Heavy-Metal-Festival der Welt: Rammstein mit Heino

Wahnsinn! RAMMSTEIN & HEINO

Wer darauf vor einigen Monaten gewettet hätte: „Heino rockt mit Rammstein auf dem Wacken-Festival", der hätte seine Bier-Ration für Jahrzehnte sicher gehabt.

Denn im August passiert das Unglaubliche: Die harten Jungs und der Volksmusiker gemeinsam beim angesagtesten Heavy-Metal-Festival auf der Bühne! Wahnsinn! Auslöser war Heinos Album, auf dem er Hits von Rock-Größen nachsingt. Heiß!

Früher nur mit Sonnenbrille, heute auch mit Totenkopf-Ring: Heino, der Alt-Rocker

Dienstag, 20. August

Mittwoch, 21. August

Donnerstag, 22. August

Freitag, 23. August

GUSTL MOLLATH
7 Jahre in der Psychiatrie

Darüber diskutierte Deutschland wochenlang: Wie leicht kommt man in die Psychiatrie, wie schwer wieder raus? Gustl Mollath wurde 2006 als „gemeingefährlich" eingewiesen – nach sieben Jahren, am 6. August 2013, darf er die Klinik in Bayreuth wieder verlassen, das Verfahren wird neu aufgerollt. Sein Fall: schweres Ehezerwürfnis, Mollath zeigte seine Frau wegen angeblicher Schwarzgeldgeschäfte bei der HypoVereinsbank an (später zum Teil bestätigt). Sie behauptet, er habe sie geschlagen und gewürgt. Warum jetzt die Wende? Ein Attest über die Verletzungen seiner Frau war nicht von der behandelnden Ärztin.

Mollath ist frei: Dattelpalme und Orangenbäumchen hat er in der Klinik gezüchtet

GRÜNES LICHT
Ampelmännchen erobert London

Es hat die Wende überlebt, wurde nicht abgewickelt und wird jetzt sogar zum Exportschlager: Das Ampelmännchen, 1961 in der DDR erfunden, erobert London. 6300 Anlagen werden mit ihm ausge- stattet, schreibt die „Daily Mail". Und: Andere Länder seien sehr interessiert. Wer sagt's denn: Europa marschiert, geht doch!

Das versteht jeder: Grün, los geht's!

CLAUS JACOBI († 86)
Ein Hanseat und Jahrhundert-Journalist

Prägte als Chefredakteur die deutsche Presse – und sah aus wie der Chefredakteur aus einem Hollywood-Film: Claus Jacobi

Mit 34 wurde er jüngster Chefredakteur des „Spiegel" – und ging mit Augstein ins Gefängnis für die Pressefreiheit. Er war Chef von Die Welt, Welt am Sonntag und BILD. Sein „Tagebuch" in BILD war bis zuletzt eine Schatztruhe der gelebten und miterlebten Weisheit. Am 17. August schließt Claus Jacobi in Hamburg für immer seine meerblauen Augen.

Claus Jacobi war Hanseat, ein Jahrhundertmann. Er hinterließ Sätze, die ewig leuchten werden wie Sterne. Gedanken wie diesen:

„Glück ist Zufriedenheit der Seele. Wir können es jagen, aber nicht erzwingen! Wir können es suchen, aber nicht kaufen! Doch plötzlich lässt es sich auf unserer Schulter nieder, sanft wie ein Schmetterling …"

Eine große, handfeste Männerfreundschaft: Jacobi und Gunter Sachs

▲ Der Journalist und Kanzler Kohl: Gespräche von Respekt getragen

► Der Star-Reporter: Im Jet mit Bobby Kennedy

Trauerfeier in der Oude Kerk (Alte Kirche) in Delft. 2004 hatten Prinz Friso und Mabel hier geheiratet

Prinz Friso ist erlöst, die Familie begleitet ihn auf dem letzten Weg. Ganz links: Königin Máxima, dann die Witwe Mabel, die Töchter Luana und Zaria, hinter ihnen die Königstöchter Amalia und Alexia (die Kleinste, Ariane, geht hinter Máxima und Mabel). Schließlich Prinzessin Beatrix und dahinter König Willem-Alexander und Bruder Constantijn

Samstag, 24. August

Montag, 26. August

Dienstag, 27. August

Prinz Friso war sehr beliebt. Zu seinen Ehren wurden alle Windmühlen Hollands am Todestag angehalten

Prinz Friso ist nicht mehr aus dem Koma erwacht

Er lag 18 Monate im Wachkoma. Am 12. August schläft Prinz Friso für immer ein. Er wurde 44 Jahre alt. Das niederländische Königshaus und ganz Holland trauern um den Sohn von Prinzessin Beatrix.

Sein Sterben begann am 17. Februar 2012 in Lech in Österreich: Während eines Skiurlaubs, den er dort wie jedes Jahr mit seiner Frau Mabel und den Töchtern Luana und Zaria verbrachte, wurde er von einer Lawine verschüttet. Ein Freund sendete einen Notruf, grub mit bloßen Händen nach ihm – doch Frisos Gehirn war 23 Minuten ohne Sauerstoff. 50 Minuten lang wurde er reanimiert, dann nach Innsbruck geflogen. Aber seine Aufwach-Prognose war negativ.

Mehr als 16 Monate kümmerten sich Ärzte in London um ihn. Dort hatte er mit Frau und Kindern gelebt. Nicht wie ein Königssohn bei Hofe, sondern als Finanzmanager, ganz bürgerlich. Im Juli wurde er zurück in die Niederlande verlegt. „Um den Sommer mit seiner Familie zu verbringen", wie der Palast mitteilte. Er lag noch einen Monat im Koma.

FRITZ RAU († 83) Er war der Freund der Welt-Stars

Fritz Rau mit Mick Jagger. Der nannte ihn „Godfather"

Er holte die Weltstars nach Deutschland, und für viele wurde er ein Freund fürs Leben: Fritz Rau, der Konzertveranstalter. Er hatte sie alle: die Stones & Michael Jackson, Marlene Dietrich & Madonna, Bob Dylan, Bruce Springsteen, Frank Sinatra. Und natürlich die Deutschen: Peter Maffay, Udo Lindenberg, die Scorpions. Fritz Rau stirbt am 20. August. Mick Jagger: „Rock'n'Rau Forever!"

WOLFGANG HERRNDORF († 48) Bestseller-Autor erschießt sich

Sein „Tschick" wurde zum Kult-Roman: Wolfgang Herrndorf

Verdammter Krebs, schon wieder holt er sich einen ganz besonderen Menschen. Wolfgang Herrndorf schrieb den Kult-Roman „Tschick" über zwei junge Burschen in der Nachwende-DDR (über 1 Million verkauft, Unterrichtslektüre an vielen Schulen). Doch dann: unheilbarer Gehirntumor, Operationen, Bestrahlungen. Chemos, unerträgliches Leid. Herrndorf erschießt sich am Berliner Hohenzollernkanal. Danach stürmt „Tschick" wieder die Bestsellerlisten.

Ex-Bundespräsident muss vor Gericht
Wulff-Freund verhöhnt Justiz auf facebook
Bild
SYRIEN US-BOMBER BEREIT FÜR DEN ANGRIFF

Mittwoch, 28. August

Die schmutzige Wahrheit über Sylvie
Ihre Ex-Busenfreundin Sabia packt aus!
Bild
REWE
Darum bleibe ich bei Real
Ich verklage meinen Chef
33 schräge Prozesse
Giftgas! Hat Assads Bruder sich am Telefon verraten?

Donnerstag, 29. August

Syrien Ab Sonntag Krieg?
Hier zeigt Sylvie, was sie über Sabia denkt
Bild
Hilfe, mein Kind raucht
Fast Food im Test
Champions League 4 England-Kracher für unsere Klubs
PENNY

Freitag, 30. August

Morgen TV-Duell Wie wichtig wird Syrien für den Wahl-Kampf?
Bierflasche am Steuer
DSDS-Star mit 1,5 Promille auf Autobahn gestoppt!
Gauck trauert um seinen Bruder (68)
Skandal-Spieler Kevin-Prince Boateng zu Schalke!
PEP JUBELT!
Bild

Samstag, 31. August

Angela Merkel hat einen Kranz niederlegen lassen, gedenkt der Opfer

Die Bundeskanzlerin in der Gedenkstätte Dachau

Noch nie hat ein Bundeskanzler die KZ-Gedenkstätte Dachau besucht.

Jetzt wurde Angela Merkel von dem Holocaust-Überlebenden Max Mannheimer eingeladen, und sie ist am 20. August gekommen. Mannheimer ist 93 Jahre alt und Vorsitzender der Lagergemeinschaft.

„Für mich ist es ein besonderer Moment", sagt die Bundeskanzlerin. „Die Erinnerung an diese Schicksale erfüllt mich mit tiefer Trauer und Scham."

Hier, nur 20 Kilometer von München entfernt, hatten die Nazis schon 1933 unmittelbar nach ihrer Machtergreifung das erste Konzentrationslager der SS errichtet. Zuerst für politische Gegner, dann auch für Juden, Sinti und Roma, Geistliche, Homosexuelle.

In diesem KZ und seinen 140 Außenlagern waren bis 1945 mehr als 200 000 Menschen inhaftiert, über 41 000 wurden ermordet oder starben an Erschöpfung, Unterernährung, Krankheiten, Seuchen.

Als US-Soldaten Ende April 1945 die Schreckensstätte öffneten, vegetierten noch 30 000 Menschen vor sich hin. Zehntausende waren Tage zuvor in Richtung Alpen getrieben worden, viele starben auf diesen „Todesmärschen von Dachau".

Angela Merkel: „Ein so tiefer Schmerz hallt ein Leben lang nach." Nie wieder dürfe so etwas in Deutschland passieren. „Das ist die bleibende Verantwortung, die uns Deutschen erwächst."

Der alte Herr Mannheimer („Ich bin Sozialdemokrat") zum Abschied zur Kanzlerin: „Meine kürzeste Rede: Danke, danke, danke."

6 x Gold Missy ist der Star der WM

Kraftvoller Start: Auch über 200 Meter Rücken holt Missy Franklin Gold

Superstar der Schwimm-Weltmeisterschaften in Barcelona ist die Amerikanerin Missy Franklin – sie holt sechs Mal Gold. Und sie beeindruckt auch durch ihre Maße: 1,85 m groß, Arm-Spannweite 1,95 m, Schuhgröße 45. „Flossengröße", scherzen ihre Freunde. Missy: „Schwimmerisch ist die Größe ein Segen. Aber sonst? Es ist schwer, größer zu sein als die meisten Jungs."

Und die deutschen Beckenschwimmer? Das waren noch Zeiten, als „Albatros" **Michael Groß, Franzi van Almsick** und **Britta Steffen** begeisterten – die Barcelona-WM ist eine riesige Enttäuschung. Einmal Silber (für Marco Koch über 200 m Brust), sonst nix. Freistil-Sprinter **Marco de Carli**, vor zwei Jahren noch Nummer eins der Welt, scheidet im Vorlauf als 36. (!) aus. Schockiert fragt er: „Wer erschießt mich, bitte?" Zynische Antwort aus dem Publikum: „Niemand. Immerhin ist keiner von euch ertrunken."

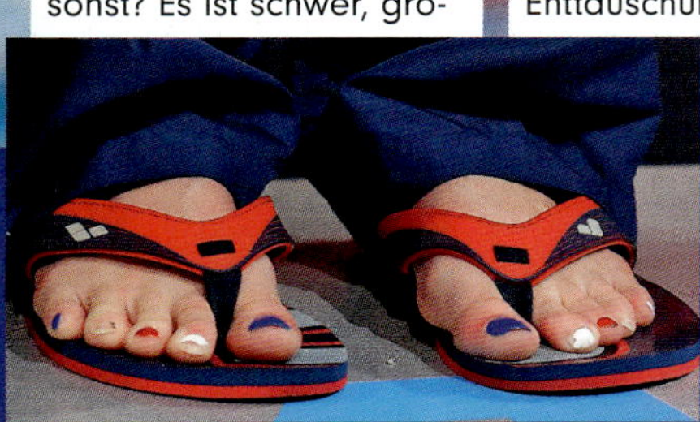

Patriotisch: Missys Fußnägel sind in den amerikanischen Farben lackiert

Kann gut lachen: Der US-Superstar. Spitzname: Missy the missile, Missy die Rakete

KAI TRAEMANN
BILD.de-Sportchef

Bundesliga-Start wie noch nie: Mit BILDplus

50 Mal hatte die Bundesliga schon ihren Meister ausgespielt, 50 Mal haben wir bei BILD mit Freude zugeschaut. Und in der 51. Saison laden wir plötzlich zum Zuschauen ein ...

Das, was im August in der BILD-Redaktion in Berlin passiert, ist für uns alle absolutes Neuland. Erstmals präsentieren wir die Bundesliga im Bewegtbild. Jedes Spiel, jedes Tor ist schon kurz nach Abpfiff bei BILD.de im Video zu sehen. Klingt toll, ist toll. Ist aber vor allem auch eine Menge Arbeit, Hektik und Schweiß in der Sport-Zentrale in Berlin.

Jedes wichtige Ereignis in der Bundesliga wird von der guten alten BILD-Zeitung plötzlich im Video gezeigt. Der Ball rollt rund um die Uhr. Ribéry-Tore auf dem Handy, Reus-Dribblings auf dem iPad, Schalke-Chancen auf dem PC-Schirm. Ab sofort bewegt sich alles bei BILD. Im Bewegtbild.

Und der erste Auftritt wird glücklicherweise gleich 1a: Die Premiere von Pep Guardiola auf der Bayern-Bank ist zugleich das BILD-Debüt. Das muss man sich mal vorstellen: Die Bayern holen 2013 nicht nur das Triple, sondern auch noch den besten Trainer der Welt. Dieser siegt am 9. August gegen Gladbach mit 3:1, dirigiert im ersten Bundesliga-Spiel die Bayern zu den ersten drei Punkten – und wirkt elegant und souverän wie kaum ein anderer.

Das Highlight für uns aber: Schon kurz nach Abpfiff bewundern wir den Star-Coach noch mal in unseren eigenen Videos. Bei BILD. Ein verdammt gutes Gefühl!

Unfassbar gejubelt wird am 1. Spieltag auch in Berlin. Aufsteiger Hertha verprügelt Eintracht Frankfurt mit 6:1. Tabellen-Führer! Borussia Dortmund freut sich über Neuzugang Aubameyang, der beim 4:0 in Augsburg gleich doppelt trifft. Ein irrer Saison-Auftakt!

In Stuttgart kennen sie solche Emotionen nicht im August. Der VfB startet direkt in die erste Krise der Saison – und entlässt Bruno Labbadia Ende des Monats. Auch das zeigen wir natürlich im Video bei BILD.de ...

„Dirigent" Guardiola

Horror: Das Giftgas-Massaker in Damaskus

RAFAEL SELIGMANN
Militärhistoriker u. Herausgeber der „Jewish Voice from Germany"

Frauen, Kinder, Männer am Ersticken, mit Schaum vor dem Mund. Erblindete, die sich ihre Augen reiben. Apathische Gesichter, hektisch behandelnde Ärzte und Krankenhelfer, die den um Atem ringenden Patienten Infusionsschläuche anlegen, bei anderen die Augen mit Wasser spülen. Verzweifelte Angehörige, in Reihen aufgebahrte Leichen. Die Handy-Videos und Bilder, die im Laufe des 21. August auf YouTube geladen werden und via Fernsehen um die Welt jagen, waren dermaßen erschütternd, dass sie vielen als Horrorfilm erscheinen. Dazu die Botschaft: „Giftgaseinsatz in Damaskus!", „Giftgasattacken in Ghouta bei Damaskus!"

Die furchtbaren Bilder der Giftgasopfer verstörten alle. Albträume! Alles in einem sträubte sich, das Gesehene wahrzuhaben. Giftgas war in Europa vor hundert Jahren im Ersten Weltkrieg massenweise gegen französische und deutsche Soldaten eingesetzt worden. Hunderttausende gingen daran zugrunde, blieben ihr Leben lang traumatisiert. Einer von ihnen war der Soldat Adolf Hitler. Er erblindete zeitweise.

Um neue Giftgaskatastrophen zu verhindern, einigten sich die Staaten 1925 im Genfer Protokoll auf ein Einsatzverbot von chemischen und biologischen Waffen. Im Zweiten Weltkrieg hielten sich die Kriegsparteien daran. Doch die SS ermordete damals Millionen Juden und andere mit Giftgas. Selbst danach ließen skrupellose Gewaltherrscher weiterhin durch Giftgas töten. Der schlimmste Mörder war Iraks Diktator Saddam Hussein. Er befahl in den 80er-Jahren, Zehntausende iranische Soldaten und kurdische Zivilisten durch Giftgas umzubringen.

Auch Syriens Diktator Assad ließ seit Jahren heimlich Giftgas herstellen. Sprengköpfe für Raketen aus Russland wurden für die Aufnahme von chemischen und anderen Kampfstoffen präpariert. Als die syrische Armee im Bürgerkrieg ins Hintertreffen geriet, setzten Spezialeinheiten C-Waffen im begrenzten Maßstab ein. Berichte darüber gelangten 2012 an die Öffentlichkeit. Die US-Geheimdienste bestätigten dies. Um Assad vor weiteren Giftgasuntaten abzuschrecken, warnte Präsident Barack Obama Syrien am 20. August 2012 öffentlich, wenn Damaskus Chemie- oder Biowaffen einsetze, übertrete es eine „rote Linie". Die USA könnten militärisch dagegen einschreiten. Die Drohung wirkte – zunächst. Fortan setzte die syrische Armee Sprengstoffbomben gegen Aufständische, aber auch gegen unbewaffnete Zivilisten ein.

Trotz dieser brutalen Kriegsführung der syrischen Streitkräfte und verbündeter Milizen aus Libanon und Iran wurden Assads Truppen im Sommer immer weiter zurückgeworfen. Kämpfer der oppositionellen Freien Syrischen Armee und anderer Verbände erzwangen den Durchbruch in die Vororte der Hauptstadt. Sie drangen aus Osten kommend nach Damaskus ein, standen nur noch wenige Kilometer vom Stadtzentrum. Der Verlust der Ministerien, des Amtssitzes des Präsidenten und des Armeeoberkommandos hätte das Ende der Diktatur bedeutet. In diesem Existenzkampf legte Assad die letzten Skrupel ab. Er erlaubte den Einsatz von Giftgas in Damaskus. Spezialeinheiten füllten 350 Liter hochgiftiges Sarin in Sprengköpfe, die auf Raketen russischer Bauart von 140 und 330 Millimeter Durchmesser montiert wurden. Aus dem Umfeld des Militärhauptquartiers sowie des Berges Kassiun oberhalb der Stadt wurden die Geschosse ab 3 Uhr morgens von mobilen Startrampen in den von den Rebellen besetzten östlichen Vorort Ghouta geschossen.

Das Gas drang in Wohnungen ein, deren Bewohner um diese Zeit schliefen. Beißender Chlor- und Zwiebelgeruch machte sich breit. Frauen, Kinder, Männer starben im Schlaf, andere erlitten Erstickungsanfälle. Die Aufständischen forderten die Bewohner mit Lautsprechern auch von Moscheen auf, sofort zu fliehen. Für viele kam die Warnung zu spät. Die Toten und von Atemnot Geplagten wurden in Krankenhäuser geschafft. Die Hilfsorganisation „Ärzte ohne Grenzen" zählte 3600 Verwundete und 355 Tote. Die US-Regierung geht von 1429 Opfern aus, davon 426 Kinder.

Trotz zahlreicher Bildberichte und Aussagen von Augenzeugen dementierte die syrische Regierung, es habe sich um einen Giftgasangriff gehandelt. Einer Uno-Untersuchungskommission, die in Damaskus weilte, wurde der Zugang zu den betroffenen Orten verweigert. Erst als sich der Einsatz von Giftgas nicht länger leugnen ließ, bestätigte ihn Syrien, beschuldigte jedoch die Rebellen. Doch allein die Regierungstruppen besaßen entsprechende Raketen und Sprengköpfe. Erst nach fünf Tagen wurde der Uno eine Untersuchung erlaubt.
Die westlichen Regierungen, unter ihnen Berlin, verurteilten die Giftgasattacken. Um glaubwürdig zu bleiben, drohte Präsident Obama Assad nun mit militärischen Konsequenzen. Doch die Amerikaner und der US-Kongress wollten keinen neuen Krieg. Als US-Außenminister Kerry erklärte, entscheidend sei die Vernichtung der syrischen Chemiewaffen, reagierte Russland sofort. Moskau zwang seinen Verbündeten Assad, sein Giftgasarsenal, einschließlich der Fabriken, zu zerstören. Der Diktator musste zustimmen.

Die Organisation für die Vernichtung chemischer Waffen OPCW hat bereits die syrischen Giftgasfabriken zerstört. Die Beseitigung der Kampfstoffvorräte dauert an. Für diese Arbeit wurde die OPCW mit dem diesjährigen Friedensnobelpreis ausgezeichnet. Im endlich vorliegenden Uno-Untersuchungsbericht wurde der Einsatz von Giftgas in Syrien bestätigt. Doch ein Schuldiger wurde nicht benannt. Damit werden die Mörder nicht zur Verantwortung gezogen werden.

Weinend sitzen ein Vater und eine Mutter vor der Leiche ihres Kindes in Ghouta, einem Vorort von Damaskus. Am 21. August waren dort Raketen mit Giftgas explodiert. 1400 Menschen werden getötet, darunter viele Kinder

September 2013

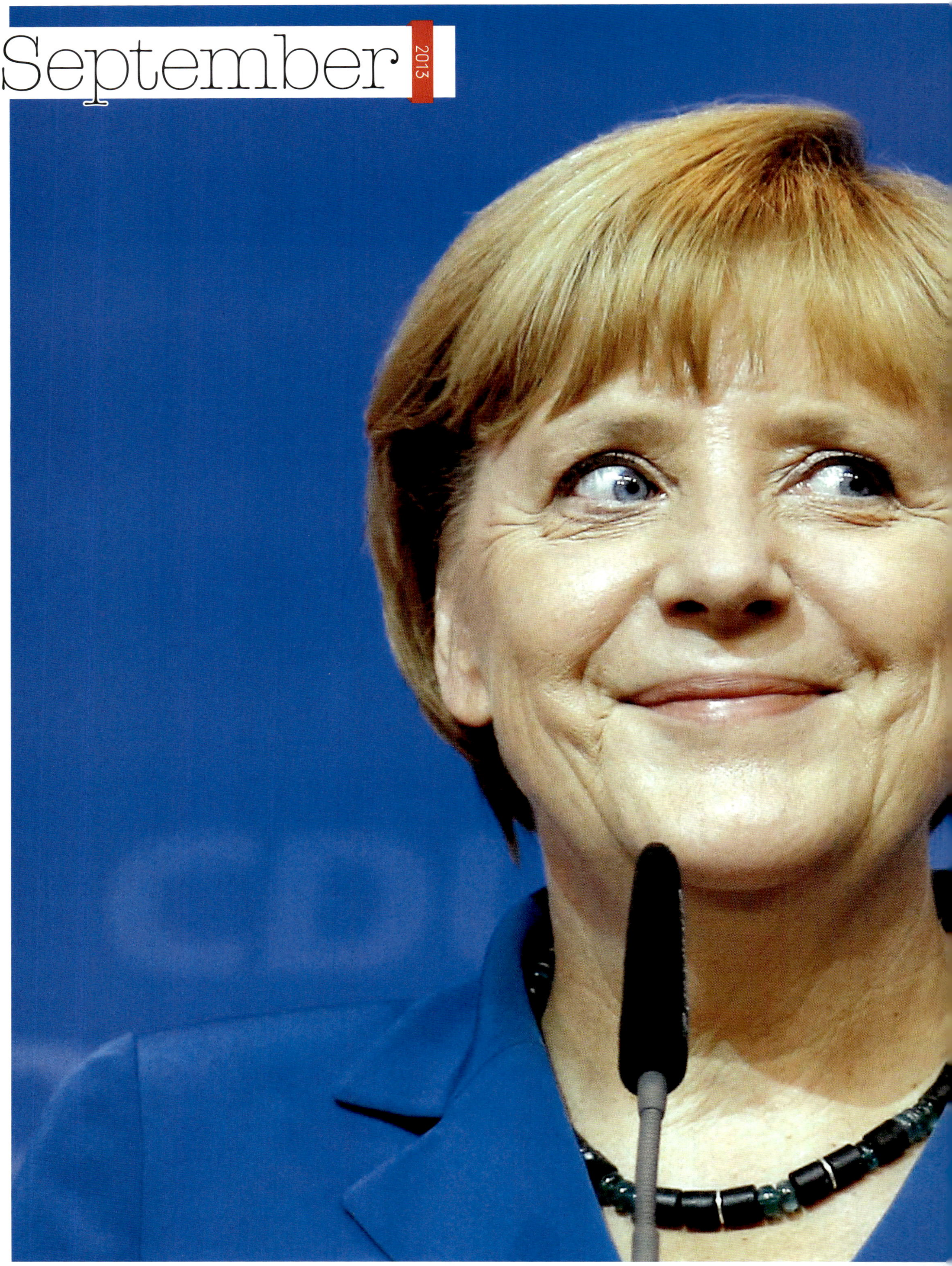

Angela Merkels größter Triumph

Auch ihre politischen Gegner sollten sich jetzt noch einmal zurücklehnen – und auf dieses Bild schauen: Hier sehen Sie das Gesicht des Jahres 2013!

Angela Merkel am Abend des 22. September. Bundestagswahl: 41,5 Prozent für die Union, das beste Ergebnis seit 1990, beinahe die absolute Mehrheit der Sitze im Parlament! Was für ein Triumph! Zum dritten Mal wollen die Wähler sie als Bundeskanzlerin und „Forbes" nennt sie zum siebten Mal „Die mächtigste Frau der Welt"). Aber: Wie will sie regieren? Mit der SPD in einer Großen Koalition? Mit den Grünen? Die FDP jedenfalls ist ihr verloren gegangen, sitzt nicht mehr im Bundestag.

Was selten vorkommt – Angela Merkel wird an diesem Abend auch mal privat: „Ich danke meinem Mann, der dort an der Seite steht. Der muss auch manches ertragen."

Bitte blättern Sie um.

AUS DEM WAHL-KAMPF-ALBUM

Ach, was wurde gegreint: So ein laaangweiliger Wahlkampf! Angela Merkel in der Publikumsgunst immer weit voraus. Peer Steinbrück tritt als SPD-Spitzenkandidat in zu viele Fettnäpfchen. Die Grünen stürzen Woche für Woche aus ihrem Höhenflug. Die FDP taumelt gegen die 5-Prozent-Schallmauer ... Aber diese Bilder bleiben im Wahlkampf-Album: Merkels Hände und Kette, Steinbrücks Stinkefinger, Raab im TV-Duell und Genschers Sonnenbrille.

Was für eine Party! Die Kanzlerin ist beschwingt, CDU-Generalsekretär Hermann Gröhe (rechts), Arbeitsministerin Ursula von der Leyen und Armin Laschet (CDU-Chef in NRW) tanzen, Urgestein Heiner Geißler (ganz links) schmunzelt

SO SEHEN **SIEGER** AUS

Geschafft! CSU-Chef Seehofer umarmt Merkel

Bevor Angela Merkel an diesem Abend zu Wort kommt, singt ihre CDU-Truppe „Tage wie diese". Und auf der Bühne wird getanzt. Ausgelassene Stimmung, kein Wunder: Zusammen mit der CSU 311 Sitze (von 631) im neuen Bundestag – das ist fast die absolute Mehrheit. Eine Sensation. Merkel klatscht zum Singsang den Takt, bedankt sich und gibt die Losung aus: „Heute wird gefeiert, morgen wieder gearbeitet!" Murren im Saal. Die Kanzlerin: „Na gut, übermorgen." Der Saal stimmt den neuen Song an, wie Fußball-Fans: „Ü-ber-morgen, ü-ber-morgen."

Hans-Dietrich Genscher versucht alles, um seiner FDP über die 5-Prozent-Grenze zu helfen: Auftritt mit gelber Sonnenbrille

Darüber diskutierte die Nation! Steinbrück antwortet beim „Interview ohne Worte" des SZ-Magazins auf seine Spitznamen („Pannen-Peer", „Problem-Peer") mit dem Stinkefinger. „Klartext braucht keine Worte", sagt er später dazu

Stefan Raab beim TV-Duell in der Frage-Runde!? Aber ja: BILD sieht ihn als Sieger des Abends

Sie war der „Star" des TV-Duells: Die „Schlandkette" der Kanzlerin aus Schaumkoralle, Onyx, Bergkristall und vergoldetem Silber. Rot, Gelbgold, Schwarz – eigentlich die Farben Belgiens

Fast 2400 Quadratmeter groß, aus 2100 Einzelfotos zusammengesetzt: die „Merkel-Raute" als XXL-Plakat in Berlin

Beim TV-Duell hatte Peer Steinbrück für seine SPD noch gepunktet, doch die Aufholjagd reichte nicht: zusammengepresste Lippen bei ihm und Parteichef Sigmar Gabriel

Raus aus dem Bundestag, der Schock sitzt tief: FDP-Spitzenkandidat Rainer Brüderle, Parteichef Philipp Rösler, seine Frau Wiebke

Abwärts: die Spitzenkandidaten der Grünen Jürgen Trittin und Katrin Göring-Eckhardt

– UND SO VERLIERER

Jubel bei der Union, lange Gesichter bei der SPD, den Grünen – und vor allem bei der FDP.

Die Liberalen enden bei 4,8 Prozent, sind zum ersten Mal seit 1949 nicht im Bundestag. Ein Debakel! Die SPD kann zwar um 2,7 Punkte auf 25,7 % zulegen, aber das ist viel weniger als erhofft. Die Grünen, vor zwei Jahren in Umfragen noch bei 25 %, stürzen auf 8,4 – werden sogar von der Linken (8,6 %) überholt.

Und die Kleinen? Die Piraten schaffen gerade 2,2, die rechte NPD ist ohne Chance (1,2), aber die AfD holt 4,7 %, sie fischt bei den Euro-Gegnern.

SO LIEF DIE BAYERN-WAHL

Eine Woche vor der Bundestagswahl wählen die Bayern ihren neuen Landtag. Strahlender Sieger: die CSU! Sie kann allein regieren (47,7 %). Parteichef Horst Seehofer ist jetzt so stark wie der legendäre Franz Josef Strauß († 1988). SPD: 20,6, Freie Wähler: 9,0. Grüne: 8,6. FDP raus mit 3,3 %.

SO LIEF DIE HESSEN-WAHL

Am Tag der Bundestagswahl entscheiden die Hessen auch über ihren neuen Landtag. Ergebnis: CDU 38,3 %, SPD 30,7, Grüne 11,1, Linke 5,2, FDP 5,0. Überraschung: Es läuft auf eine schwarz-grüne Regierung zu, Volker Bouffier bleibt dann Ministerpräsident. Entscheidung vor Weihnachten.

HANS-JÖRG VEHLEWALD
BILD-Chefreporter Politik

BILD macht Lust aufs Wählen

Es ist die größte Extra-Sonder-BILD aller Zeiten! 41 Millionen Haushalte bekommen am 22. September von der Post die Wahl-BILD-Zeitung gratis ins Haus geliefert.

Das Ziel: mehr Wähler an die Urnen locken. „Lust aufs Wählen machen, Ihr Interesse noch einmal anstacheln, Argumente liefern und unterhalten gleichermaßen", schreibt BILD-Chef Kai Diekmann.

Dafür hat die Redaktion monatelang geschuftet: Infos beschafft, Prominente und Politiker befragt, Wahlprogramme ausgewertet.

Heraus kam ein bunter, spannender, informativer Mix aus
➜ Interviews mit den Spitzenkandidaten der im Bundestag vertretenen Parteien.
➜ Wahlaufrufe der Altbundeskanzler Helmut Kohl und Gerhard Schröder.
➜ Eine witzige Fotostory über Angela Merkel und Peer Steinbrück („Das Geheimnis der Liebesraute").
➜ Ein Dreier-Gipfel der Nationalelf-Kapitäne Franz Beckenbauer, Oliver Bierhoff und Philipp Lahm zum Thema Sport und Politik.

Die Leser sind begeistert! Spitzenreiter bei BILD.de: ● Der Überblick über die Wahlprogramme der Parteien („Das haben die mit uns vor") ● Der historische Rückblick auf Slogans und Plakate aller bisherigen Bundestagswahlkämpfe (und auf das, was in der DDR „Wahlen" genannt wurde) ● Die Fragen prominenter Deutscher an Angela Merkel und Peer Steinbrück. Und deren, manchmal nicht zu ernste, Antworten. So erfuhren Wahl-BILD-Leser, was die Kanzlerin bei Riesenhunger am liebsten isst („Spaghetti Bolognese") und wen Herausforderer Steinbrück auf den Mount Everest mitnehmen würde („Meinen Orthopäden").

Am Ende des Wahltags zeigt die Extra-BILD mit ihren frechen Sprüchen auf dem Titel („Prost Wahlzeit", „Ran an die Urne", „Je mehr Prozent, desto besser") offenbar Wirkung: Erstmals seit vielen Jahren steigt die Wahlbeteiligung wieder leicht an: von 70,8 auf 71,5 Prozent.

Da ist noch Luft nach oben – bei der nächsten Wahl. Und bei der nächsten Wahl-BILD.

Merkel gegen Steinbrück
Raab gewinnt TV-Duell!
2:1 in Frankfurt Dortmund feiert Micki
Bild

Montag, 2. September

BUNDESTAGSWAHL 2013
EINFACH WÄHLEN WANN UND WO SIE WOLLEN.
Das Rätsel der deutschen Mumie
Will Steinbrück jetzt an die Pensionen ran?
Özil für 50 Mio. zu Arsenal
Bild

Dienstag, 3. September

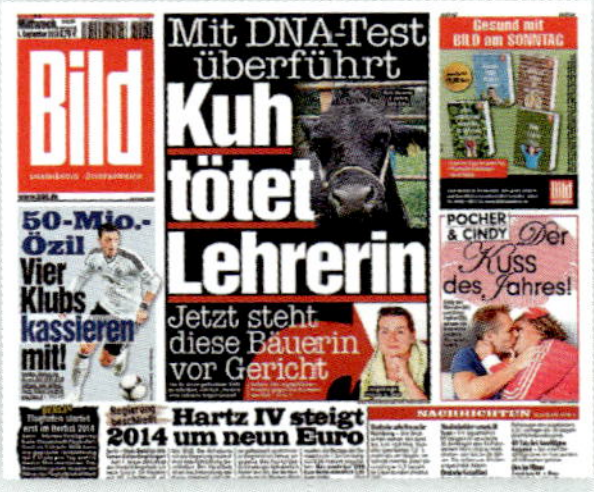
Mit DNA-Test überführt
Kuh tötet Lehrerin
Jetzt steht diese Bäuerin vor Gericht
50-Mio.-Özil Vier Klubs kassieren mit!
POCHER & CINDY Der Kuss des Jahres!
Hartz IV steigt 2014 um neun Euro
Bild

Mittwoch, 4. September

Sylvie und ihr Tanzlehrer
Wieso hat Rafael nichts gemerkt?
Wir retten den deutschen Haushalt!
Meine Arsenal-Pläne mit Özil
Technik-Messe Das Beste von der IFA
Die Mumie vom Dachboden Jetzt spricht Erich von Däniken
Bild

Donnerstag, 5. September

★★★ FASHION WEEK **NEW YORK** ★★★ FASHION WEEK **NEW YORK** ★★★

Erste Reihe: Sting-Gattin Trudy Styler, Bono mit Frau Alison und Tochter Jordan, Christy Turlington, Helena Christensen, Gina Gershon, Jeff Koons

Naomi Campbell kuschelt mit Designerin Diane von Fürstenberg

Schaulaufen der Superstars

New York, New York – wer sind die Stars der Fashion Week Mitte September? Die Stars in der ersten Reihe! Welche Trends nehmen sie mit? Reißverschlüsse bleiben offen (Hilfiger), das Wolkenkleid macht Furore (Victoria Beckham), der Etagenlook wird beklatscht (Calvin Klein). R 'n' B-Star Rihanna designt jetzt auch, begutachtet die Konkurrenz.

Rihanna nimmt die „Opening Ceremony" beim Wort

★★★ FASHION WEEK **PARIS** ★★★ FASHION WEEK **PARIS** ★★★

Roboter-Tanz, sehr sexy: Topmodel Karlie Kloss

Gaultier lässt die Puppen tanzen

Ende September blickt die Modewelt nach Paris: Fashion Week auch hier – und Star-Designer **Jean Paul Gaultier** lässt die Modepuppen tanzen. Tango, Walzer, Cha-Cha-Cha. Topmodel **Karlie Kloss** begeistert mit dem Roboter-Tanz und der Modekönig selbst krönt seine Show zum Abschluss als Dancing Queen! Auch in Paris gesehen: **Prinz Haakon** von Norwegen.

Designer Jean Paul Gaultier rockt mit einem Model auf dem Catwalk

Star-Gast: Schauspiel-Legende Catherine Deneuve

Mega-Renten! So kassieren die Bosse ab

Bild

Wollte Diana diesen Pakistani heiraten?

Freitag, 6. September

Wegen Putzfrau Steinbrück erpresst!

Bild

3:0! Ösis geputzt

Sylvie van der Vaart „Mein Sohn gibt mir Kraft“

Banken senken Dispo-Zinsen

Samstag, 7. September

Deutschlands härtester Jugendrichter fordert

Schläger sofort in den Knast!

Bild

Die 100 besten Weine aus dem Supermarkt

Berliner Mann bringt Baby zur Welt

Montag, 9. September

Klinik-Arzt verrät So werden Sie Patient 1. Klasse

Bild

Steinbrück-Erpresser stellt sich

EIN BILD VON BILD

Das verrückteste Länderspiel des Jahres

Dienstag, 10. September

BERLIN
„Transmann“ bekommt Baby

Klingt unglaublich, ist aber wahr: In Berlin bringt ein Mann mithilfe einer Hebamme ein Baby (einen Jungen) zur Welt – die Fachwelt spricht von einem „Transmann“. Das ist jemand, der die körperlichen Merkmale einer Frau aufweist, sich aber als Mann fühlt. Und der bei der Behörde als Mann registriert ist. Der Berliner wird auch als Vater eingetragen. Juristisch hat das Kind keine Mutter.

PREISTRÄGER
Michael Douglas rührt seine Fans

Michael Douglas (Foto) erhält in Los Angeles einen „Emmy“ für seine Rolle als Liberace in dem Film „Behind the Candelabra“. Er rührt seine Fans mit den Worten: „Ich danke meiner Frau Catherine.“ Die beiden leben seit Kurzem getrennt. „Wir machen eine Liebespause“, sagt der Hollywood-Star zu BILD.

Amoklauf auf Marine-Stützpunkt: 13 Tote

Der Amokläufer Aaron Alexis litt unter Wahnvorstellungen

Ein Opfer liegt auf dem Vorplatz, Männer versuchen ihm zu helfen

Es ist 8.20 Uhr morgens am 16. September, als auf dem Marinestützpunkt in Washington Schüsse fallen. 3000 Menschen tun hier ihren Dienst – jetzt läuft ein Amokschütze durch die Gänge, schießt wild um sich, auch nach draußen aufs Gelände. Wahllos zielt er mit einer Schrotflinte auf seine Opfer, tötet zwölf Männer. Dann wird er selbst erschossen. Der Täter, ein 34-jähriger Mitarbeiter auf dem Stützpunkt, hinterlässt eine Notiz: Seit Monaten sei er mit extrem niedrigfrequenten Radiowellen bombardiert worden, er fühle sich zur Tat getrieben …

Wir spenden unsere Nieren – das ist doch selbstverständlich

Zwei Wochen nach der OP: Michael Sommer bei einer Ordensverleihung in Berlin, seine Frau ist dabei

„Das war für mich eine ganz klare Entscheidung“, sagt er.

DGB-Chef Michael Sommer kämpft seit 2002 für die Rechte der Arbeitnehmer, jetzt kämpfte er für das Leben seiner Frau Ulrike!

In einer Berliner Klinik spendet er ihr im September seine linke Niere. Ein mutiger Liebesbeweis: Vor zwei Jahren wurden ihm vier Fünftel des Magens entfernt, später auch die Galle. Risiko!? Sommer sagt später nur: „Alles ist gut verlaufen.“

Gemeinsames Lachen im Doppelzimmer: Oma Johanna und Enkel André nach der OP in der Berliner Charité

„Der Bengel hat doch noch das ganze Leben vor sich“, sagt sie.

André Höhne hat viel von seiner Oma Johanna. Das Blitzen der Augen, das verschmitzte Lächeln. Und jetzt auch noch eine Niere.

Als seine Notlage diagnostiziert wurde, fragte die Rentnerin nur: „Bin ich zum Spenden zu alt?“ War sie nicht – Spitzenwerte. Nach der OP teilen sie sich in der Charité ein Zimmer. „Der Junge soll mich mal beerben, nicht umgekehrt.“

Verbraucherzentrale enthüllt
Die größten Lebensmittel-Lügen!
Jetzt spricht Sylvies Mutter
Bild
ZUCKER-LÜGE
BIO-LÜGE
LIGHT-LÜGE
3:0 Schnarch-Sieg!
So tickt der Herr der Ringe
BUSHIDO Angst vor einem schwulen Sohn!

Mittwoch, 11. September

Zweiklassen-Gesellschaft
Wer zahlt heute eigentlich noch Steuern?
REWE
Bild
Tina Ruland und die Nackt-Fotos
David Hasselhoff geht in den Container
Schmutz-Kampagne gegen Özil

Donnerstag, 12. September

Trauer um den großen Otto Sander († 72)
BIG BROTHER
Jenny Elvers geht in den Container!
Bild
0.29
DATEN-KLAU BEI VODAFONE
Minister legt sich mit Schalke an!
Testen Sie Ihr SEX-Wissen
WENN STEINBRÜCK STINKIG WIRD

Freitag, 13. September

PROMI-BIG-BROTHER
BILD testet den VIP-Container
Deutschland lacht über Steinbrücks Stinke-Finger!
Bild
Furz-Skandal um diesen Bundesliga-Star
Vorsicht, Schrott-Immobilien!

Samstag, 14. September

In dieser Rolle wurde er unsterblich: Als Engel Cassiel in Wim Wenders' „Der Himmel über Berlin" und in der Fortsetzung „In weiter Ferne, so nah"

Otto Sander stirbt mit 72

Aber seine Stimme lebt weiter

„Ich war nicht ihr Erzeuger, wurde aber ihr Vater", sagte Otto Sander. Hier tragen ihn Meret und Ben Becker zu Grabe

Es ist, als sei ein Familienmitglied gestorben. Der unübertroffene Otto Sander berührte sein Publikum wie kaum ein anderer Schauspieler. Jetzt ist er tot. Aber seine Stimme lebt weiter, auf Hörspiel-CDs, in seinen Filmen.

Wir kennen ihn aus Klassikern: „Das Boot", „Der Himmel über Berlin" (mit Gorbatschow), „Der Hauptmann von Köpenick". 150 Filme.

Wir kennen seine Stiefkinder: Ben Becker und Meret Becker. Seine Frau, die Schauspielerin Monika Hansen. Zu viert haben sie im „Polizeiruf 110" brilliert.

Viele kennen ihn als überragenden Theater-Schauspieler. Legendär seine Rollen in der alten Berliner „Schaubühne" unter Peter Stein.

Auf der Bühne vom „Berliner Ensemble" nehmen am 28. September der Intendant **Claus Peymann,** der Regisseur **Wim Wenders,** der Regierende Bürgermeister **Klaus Wowereit** Abschied. Ein Brief von Michail Gorbatschow wird verlesen. Dann tragen Meret und Ben Becker den Sarg.

Fast 40 Jahre war sie an ▸ seiner Seite: Die Schauspielerin Monika Hansen

Eine Stimme, die für immer in den Ohren bleibt: Bei Ringelnatz-Lesungen hörte man den Whisky mit

Ein Welterfolg: Mit Dagobert Walter (l.) und Ulrich Günther als Kapitänleutnant Thomsen in „Das Boot"

Paul Kuhn († 85)

Eine deutsche Swing-Legende: Paul Kuhn

Es gibt kein Bier auf Hawaii

... aber jetzt im Himmel!

Noch im März sagte er: „Es vergeht kein Tag, an dem ich nicht am Klavier sitze."

Am 13. September stirbt Paul Kuhn, der Mann am Klavier. Er wurde 85 Jahre alt.

Kuhn war ein begnadeter Jazz- und Swing-Pianist. Berühmt, ja volkstümlich machten ihn Songs, die zu Schlagern wurden: „Geb'n se dem Mann am Klavier noch'n Bier, noch'n Bier ..." und „Es gibt kein Bier auf Hawaii ..." „Aber im Himmel wird schon ein Bierchen für Dich kalt gestellt sein", schrieb sein Freund Hugo Strasser zum Abschied. Mit ihm und Max Greger war „Paulchen" die letzten zwölf Jahre als „Die Swing-Legenden" unterwegs.

Marcel Reich-Ranicki

Deutschlands Literaturpapst stirbt mit 93

Marcel Reich-Ranicki (MRR) in seiner Frankfurter Wohnung. Abertausende Bücher, schwarzer Ledersessel – hier gab er seine Interviews. „Los, fragen Sie!"

Ein Leben wie ein Jahrhundert-Roman

Er hat uns gezeigt, dass Lesen Spaß macht.

Er hat den Deutschen ihre Kultur nähergebracht, obwohl sie ihn vernichten wollten.

Er war der „Literaturpapst".

Am 18. September stirbt Marcel Reich-Ranicki, er wurde 93 Jahre alt. Sein Sohn Andrew verabschiedet sich von ihm mit einem Kuss auf die Stirn. Neben dem Bett liegt die neueste Goethe-Biografie.

„Mein Leben", nannte MRR seine Autobiografie, die ein Bestseller wurde.

Sein Leben: 1920 in Polen geboren, Abi in Berlin, Studium von den Nazis verboten, sie pferchen den Juden ins Warschauer Ghetto. Dort heiratet er 1942 seine Teofila, im selben Jahr werden seine Eltern vergast. Er flieht mit seiner Frau in den Untergrund. 1958 zieht die Familie nach Frankfurt, er schreibt für die „Frankfurter Allgemeine Zeitung", steigt auf zum wichtigsten Kritiker des Landes, zum Star des „Literarischen Quartetts" im ZDF: Ein Mann der klaren Worte, des scharfzüngigen Spektakels.

Gefürchtet, geehrt, verehrt.

Salomon Korn, Vorsitzender der Jüdischen Gemeinde Frankfurt, schildert Reich-Ranickis Worte am Sterbebett: „Er, der nie an Gott geglaubt hat, hauchte: ‚Adieu'." Zu Gott.

2008, Köln. Thomas Gottschalk mit MRR auf der Bühne. Er soll den Deutschen Fernsehpreis bekommen – und lehnt ab: „Ich wusste nicht, was mich hier erwartet! So ein Blödsinn!"

69 Jahre verheiratet! Teofila und Marcel Reich-Ranicki. Sie starb 2011

Das „Literarische Quartett" 1989 in seiner Originalbesetzung (v. l.): Hellmuth Karasek, Jürgen Busche, Sigrid Löffler und Marcel Reich-Ranicki

Die teuerste Bergung aller Zeiten

Das Aufrichten der „Costa Concordia“ kostet 600 Millionen

Kapitän Francesco Schettino: Er hatte seine damalige Geliebte, Domnica Cemortan, mit auf die Brücke genommen – das verstößt gegen die Vorschriften

20 lange Monate lag die „Costa Concordia“ vor der kleinen italienischen Insel Giglio auf der Steuerbordseite. Am 17. September wird sie Millimeter für Millimeter aufgerichtet – die spektakulärste Schiffsbergung aller Zeiten. Kosten: mehr als 600 Millionen Euro. Baupreis vor sieben Jahren: 450 Millionen.

RÜCKBLICK: Am 13. Januar 2012 lässt Kapitän Francesco Schettino sein Kreuzfahrtschiff bei einem riskanten Manöver (er will einen ehemaligen Kollegen grüßen, telefoniert mit ihm von der Brücke) zu dicht an die Insel lenken, ein Felsen schlitzt um 21.45 Uhr die Bordwand über 70 Meter auf, Wasser dringt ein.

Die Maschinenräume werden überflutet, die Stromversorgung fällt komplett aus. Das 290 Meter lange Traumschiff ist manövrierunfähig, dreht sich, kippt auf die Steuerbordseite.

4229 Menschen sind an Bord, Hunderte springen ins Wasser, die Rettungsmaßnahmen verlaufen chaotisch. Die Küstenwache erfährt zufällig um 22.06 Uhr von einer Kollision, telefoniert mit der Brücke, wird zunächst belogen („Nur Stromausfall“). Das erste Boot ist um 22.39 Uhr vor Ort, erst ab 23 Uhr nehmen drei Inselfähren Menschen an Bord, ab 0.20 Uhr sind acht Hubschrauber im Einsatz. Um 4.45 Uhr ist das Schiff vollständig evakuiert.

Kapitän Schettino hat das Schiff schon kurz nach Mitternacht verlassen, ermittelt die Staatsanwaltschaft später. Er steht seit Juli 2013 vor Gericht, ihm drohen 20 Jahre Haft.

32 Menschen, darunter zwölf Deutsche, sind bei der Katastrophe ums Leben gekommen.

Bild

Seehofer stark wie Strauß!

▸ CSU holt absolute Mehrheit in Bayern ▸ FDP fliegt raus! ▸ Bundestagswahl jetzt mega-spannend

In BILD erzählt sie alles Psycho-Akte der Tatort-Kommissarin

Krankenkasse zahlt DIÄT!

HOENESS Machtwort gegen Sammer

Montag, 16. September

Bild

HSV feuert Trainer Fink!

100 Deutsche verraten, was sie verdienen!

Weissensee-Stars sprechen in BILD

BILD auf dem FDP-Sofa

Dienstag, 17. September

Bild

Schaaf zum HSV?

Baby da!

Medikamenten-Skandal!

600 Mittel bei Stiftung Warentest durchgefallen

Zwei Altkanzler und ihr Kandidat

Mittwoch, 18. September

Bild

CHAMPIONS LEAGUE

1:2 Klopp rastet aus!

Marcel Reich-Ranicki tot!

Ein Leben wie ein Jahrhundert-Roman

Wer ist wie pleite im Promi-Container?

Donnerstag, 19. September

500 Experten aus 20 Ländern vollbringen das teure Wunder

1

Die „Costa Concordia" hat 65 Grad Schlagseite. Zunächst mussten 2200 Tonnen Treibstoff und 180 Tonnen Schmierstoff abgepumpt werden

2

An den Seiten des Schiffes sind Schwimmkörper angebracht – Stück für Stück richtet sich der Luxusliner auf

3

Auf dem abschüssigen Seeboden wurde eine waagerechte Plattform montiert, der Boden des Schiffes ist verstärkt, Winden heben es an

4

Geschafft! 19 Stunden hat das Manöver gedauert. 500 Experten aus 20 Ländern waren beteiligt. 2014 soll das Wrack weggeschleppt werden

Aus diesem Wrack kamen wir lebend raus

Als der erste Ruck durchs Schiff geht, packen Roswitha Koch und ihr Mann Gerhard (Foto unten) in Kabine 8322 gerade ihre Koffer. Das Paar aus Fulda will am nächsten Tag von Bord. „Dann, als das Schiff schon schräg stand, krochen wir auf allen vieren zum letzten Rettungsboot." 20 Monate später sehen sie die Bilder vom aufgerichteten Wrack. „Die Erinnerungen kommen wieder hoch", sagt die Rentnerin. „Es war schlimm. Unglaublich, dass wir aus diesem Wrack entkommen konnten."

5

Das Wrack der 290 Meter langen „Costa Concordia" ist aufgerichtet. 20 Monate hat das Schiff im Salzwasser des Mittelmeers gelegen – die Steuerbordseite ist komplett verrostet

VODAFONE
Ein Verkauf für 130 Mrd. Dollar

Das ist die teuerste Übernahme in der Mobilfunkbranche! Vodafone verkauft sein US-Geschäft für 130 Milliarden Dollar (knapp 100 Mrd. Euro) an den amerikanischen Mobilfunkriesen Verizon. Die Börse ist begeistert: Die Vodafone-Aktie steigt in drei Tagen um 13 Prozent. 84 Milliarden Dollar will Vodafone an seine Aktionäre ausschütten, mit dem Rest Schulden tilgen.

ORADOUR
Gauck: Ich beuge mein Haupt

Bundespräsident **Joachim Gauck** in Oradour-sur-Glane: „Ich beuge mein Haupt." SS-Truppen haben hier am 10. Juni 1944 ein grauenvolles Massaker verübt: Sie erschossen 189 Männer in einer Scheune und verbrannten 247 Frauen und 206 Kinder in der Kirche. 642 Tote, ein ganzes Dorf wurde ermordet. Gauck wird von Frankreichs Präsidenten **François Hollande** und dem Überlebenden **Robert Hébras** begleitet, sie umarmen sich (Foto).

LEIPZIG
Burkini-Urteil

Über dieses Urteil spricht Deutschland! Am 11. September entscheidet das Bundesverwaltungsgericht in Leipzig: Muslimische Schülerinnen müssen am Schwimmunterricht teilnehmen. Aber sie können einen „Burkini" tragen – eine Art Ganzkörper-Badeanzug. Die Eltern einer 13-Jährigen hatten geklagt: In allen Fächern bekommt sie Bestnoten, nur im Schwimmen eine 6, weil sie nicht teilnimmt.

Terroranschlag im Einkaufszentrum: 72 Tote

Die 4-jährige Portia läuft durch den Kugelhagel in die Arme ihres Retters. Ihre Mutter sagt später: „Sie wusste einfach, was zu tun ist und zögerte nicht lange"

LAUF UM DEIN LEBEN! KLEINE PORTIA

Durch die Flure des Einkaufszentrums donnern Kalaschnikow-Salven. Katherine Walton kauert mit ihren drei Töchtern unter einem Tisch. Nur wenige Meter entfernt schießen Terroristen der Al-Schabab-Brigade auf alles, was sich bewegt. Sie verüben in der Westgate-Mall von Nairobi (Kenia) ein fürchterliches Massaker, töten 72 Menschen, bevor sie selbst erschossen werden.

Die Terrorattacke dauert vier Tage. Stundenlang kann sich Katherine Walton, eine Amerikanerin, mit den Kindern verstecken, als ihnen plötzlich ein Mann im karierten Hemd zuwinkt. Dann geschieht das Unglaubliche: Die 4-jährige Portia steht auf, und obwohl weiter Schüsse fallen, rennt sie auf den Mann zu, ist gerettet. Kurz danach läuft auch ihre Mutter mit den beiden Schwestern um ihr Leben – und sie sind auch in Sicherheit.

Der Journalist Goran Tomesevic, ein Kriegsreporter, fotografiert die Szene, wie Portia um ihr Leben läuft. Das Bild geht um die Welt. Zusammen mit grauenvollen Fotos von den Opfern.

Zwei schwerbewaffnete Islamisten im Einkaufszentrum. Sie warfen auch Handgranaten, Decken stürzten ein

Sie wurden erschossen: Elif Yavuz und ihr Freund Ross Langdon. Sie arbeitete für die Bill-Clinton-Stiftung, war schwanger. Er war Architekt

Bild
Bohlens neue „DSDS"-Jury
Biss ins Genick
Tiger tötet Pfleger im Zoo!
Gefühls-Vulkan Klopp
DAX-REKORD! Was bedeutet das für mein Geld und die Zinsen?
PROST WAHLZEIT!

Freitag, 20. September

NEW YORK TIMES Putin schreibt Appell

Es ist einmaliger Vorgang! Russlands Präsident **Putin** mahnt in der „New York Times" in einem Namens-Artikel (Autor: Vladimir V. Putin) das amerikanische Volk: „Ein Appell zur Zurückhaltung". Er warnt damit US-Präsident **Obama** vor einem Militärschlag gegen Syrien wegen des Giftgas-Angriffes Putin mutmaßt: Nicht Präsident **Assad,** sondern die Rebellen seien schuld.

TODESZELLE Berlinerin nach 22 Jahren frei

Debra Milke

1990 wurde sie wegen Anstiftung zum Mord an ihrem 4-jährigen Sohn verurteilt, seitdem saß die Berlinerin **Debra Milke** in Phoenix (USA) in der Todeszelle. 1998 konnten Anwälte ihre Hinrichtung gerade noch verhindern. Seit dem 5. September ist sie frei: Ei Appellationsgericht ordnet ihre Entlassung gegen Kau tion (250 000 Dollar) an – der Täter war offenbar sch zophren, seine Aussagen sind wertlos.

ÖSTERREICH Schlappe für Große Koalition

Eine Woche nach unserer Wahl (die zu einer Großen Koalition führen kann) wählen die Österreicher. Sie wurden von einer Großen Koalition regiert – und watschen sie kräftig ab Schlechtestes Ergebnis nac dem Krieg für SPÖ (26,8 %) und ÖVP (24,0 Aber zusammen haben sie immer noch die Mehrheit. Drei Punkte plus mach die FPÖ (20,5), die mit ausländerfeindlichen Parolen Stimmen fischte.

50 BILD-Reporter sagen, wen sie NICHT wählen!
Forscher veröffentlichen Foto-Beweis
Genuss zeigt Wirkung.
Bild
Leben im All entdeckt!
Klum-Model liebt Skandal-Fußballer

Samstag, 21. September

Bild
Merkels größter Triumph!
Bestes CDU/CSU-Ergebnis seit 20 Jahren! FDP fliegt spektakulär aus Bundestag! SPD enttäuscht

Montag, 23. September

Abrechnung bei der FDP
Bild
Alle weg!
Paul Kuhn (85) tot

Dienstag, 24. September

Trittin tritt ab!
JETZT ERZÄHLT ER ALLES
Bild
Boris Becker
Babs hat mich geschlagen!

Mittwoch, 25. September

Schwedens **Estelle** verzaubert das Land

Schweden feiert am 15. September das 40. Thronjubiläum von König Carl Gustaf – und die Familie den 40. Geburtstag von Schwiegersohn Daniel!

Doch die Kleinste ist die Größte: Estelle, 18 Monate jung und Tochter von Kronprinzessin Victoria, stiehlt allen die Show. Schleife im Haar, Daumen hoch, so winkt sie mit Mama und Papa vom Balkon. Manche Aufregung um die königliche Familie hat sich auch gelegt: Dem König wurden außereheliche Eskapaden offensichtlich verziehen. Und Daniel, der lange als Besitzer einer Fitnessstudio-Kette nicht als passende Partie galt, ist mittlerweile im ganzen Land sehr beliebt und erfüllt seine Repräsentationspflichten perfekt.

Sehr beliebt und mit strahlendem Mittelpunkt: Kronprinzessin Victoria, Prinz Daniel und Prinzessin Estelle

Erstes Treffen nach der Inthronisierung von Willem: Letizia geht protokollgerecht in die Knie

Letizia knickst vor Máxima

Protokoll ist Protokoll! Máxima und Letizia kennen sich lange – doch jetzt ist die eine Königin, die andere weiter Prinzessin: Also macht die Spanierin einen Knicks vor der holländischen Freundin. Wenn Prinz Felipe (rechts) irgendwann Nachfolger seines Vaters Juan Carlos wird, so wie König Willem-Alexander (links) Nachfolger seiner Mutter Beatrix wurde, begegnen sich ihre Frauen wieder auf Augenhöhe.

Karstadt wird noch jünger: Berggruen war zum Verkaufszeitpunkt 52, Benko (r.) 36 Jahre alt

KaDeWe, Alsterhaus & Co. verkauft

Nun also doch: Der Handelskonzern Karstadt wird zerschlagen. Nicolas Berggruen, der 2010 eingestiegen war, verkauft 75,1 Prozent der Premiumhäuser KaDeWe in Berlin, Alsterhaus in Hamburg, Oberpollinger in München und der 28 Sporthäuser für 300 Millionen Euro an den Österreicher René Benko, um die restlichen 83 Karstadt-Filialen zu retten. „Ich wusste nicht, wie krank Karstadt war", sagt Berggruen.

IOC-CHEF
Thomas Bach ist der Herr der Ringe

Thomas Bach

Zum ersten Mal ist ein Deutscher Herr der Ringe: Am 10. September wird **Thomas Bach** zum Präsidenten des Internationalen Olympischen Komitees (IOC) gewählt. Bach war Fechter (Florett-Gold bei Olympia 1976), ist Rechtsanwalt, gilt als vorsichtiger Diplomat – und geschickter Strippenzieher. Nun „regiert" er acht Jahre lang alle olympischen Sportarten. Sein erster Großeinsatz: die Winterspiele im russischen Sotschi (Februar 2014). Seine größte Herausforderung: der Kampf gegen das weltweite Doping.

KLOPP RASTET AUS!

Zum Auftakt der neuen Champions-League-Saison verliert Dortmund 1:2 in Neapel, Jürgen Klopp rastet aus, brüllt den vierten Schiedsrichter mit wutverzerrtem Gesicht zusammen, muss auf die Tribüne. Auch die beiden nächsten Spiele muss er oben sitzen – die werden gewonnen.

AMERICA'S CUP
Sensationelles Comeback

Das ist das spektakulärste Comeback der Sportgeschichte: Am 26. September gewinnt das Oracle-Team der USA den „America's Cup" mit 9:8 Siegen – dabei haben die Herausforderer vom Team Neuseeland schon 8:1 geführt! Eine Sensation! Cheftaktiker Ben Ainslee, Skipper James Spithill und Teamchef Russell Coutts sind die Helden. Am meisten aber strahlt Oracle-Präsident Larry Ellison (Foto) – er hat 150 Millionen Euro investiert. Und kann es sich leisten, sein Vermögen: 30 Milliarden Euro. Er ist Nr. 5 der Reichsten der Welt.

Das Segel (260 Quadratmeter) ist nicht mehr aus Tuch, sondern eine starre Konstruktion, ähnlich einem Flugzeugflügel. Der Mast ist 40 Meter hoch – 14 Meter höher als das Brandenburger Tor

In der Bucht von San Francisco: Der Oracle-Katamaran fliegt (dank Tragflächen unter dem Rumpf) mit Tempo 80 übers Wasser

Donnerstag, 26. September

Freitag, 27. September

Samstag, 28. September

Montag, 30. September

Britta hört auf

Viermal Gold bei der EM 2006, zweimal Gold bei Olympia 2008 und zweimal Gold bei der WM 2009 – eine stolze Bilanz.

Im September erklärt Britta Steffen ihren Rücktritt vom Schwimmsport. Sie lebt bei ihrem Freund Paul Biedermann, Deutschlands schnellstem Kraul-Schwimmer, in Halle. Und macht ein Management-Studium an der Luther-Uni. Liebes- und Berufsleben sind jetzt wichtiger.

Tschüs! Der Schwimmstar (hier nach Gold 2008 in Peking) steigt aus dem Becken

DAS IST PERVERS
100 Millionen für Bale

Der Fußballspieler **Gareth Bale** (Foto) wechselt für 100 Millionen Euro von Tottenham Hotspur zu Real Madrid!

Der teuerste Transfer aller Zeiten!

Wer es nicht weiß: In Spanien liegt die Jugendarbeitslosigkeit bei über 50 Prozent.

BILD nennt das „pervers" und fragt: „Wie krank ist der Spitzenfußball?"

BORIS
Er ist Nr. 2 – hinter Goethe

Tennis-Legende **Boris Becker** hat mit 45 seine zweite Biografie geschrieben: „Das Leben ist kein Spiel." Man erfährt Privates über seine Frauen (Schläge, Konsum, wilde Liebe) und dass er eine neue Hüfte hat. In der Bestsellerliste erobert Boris Platz zwei – hinter der neuesten Goethe-Biographie von Rüdiger Safranski.

BALLACK
Dann doch noch Blumen

Elf Jahre kickte er in der Nationalmannschaft, davon sechs als „Capitano", ein offizielles Abschiedsspiel bekam er nie: Am 6. September erhält **Michael Ballack** beim Länderspiel gegen Österreich (3:0) dann doch noch Blumen und eine Umarmung von **Jogi Löw** (Foto). Ballack war Vize-Weltmeister, deutscher und englischer Meister.

WECHSEL VON MADRID NACH LONDON
Özil für 50 Mio. zu Poldi

Jetzt gemeinsam bei Arsenal und Trainer Wenger: Özil und Poldi

Ein Spielereinkauf für 100 Millionen (siehe oben) muss finanziert werden: Real Madrid (500 Mio. Schulden!) verkauft deshalb Superstar Mesut Özil an Arsenal London – für 50 Millionen Euro! Noch nie wurde für einen deutschen Spieler so viel Geld ausgegeben. Özil spielt nun mit „Poldi" Podolski und Per Mertesacker zusammen.

Jetzt der teuerste deutsche Spieler: Mesut Özil

Der erste Bundestag ohne die FDP

CHRISTIAN LINDNER
Bundesvorsitzender der FDP

Der 22. September war ein Schock für uns: Die FDP gehört dem Deutschen Bundestag für vier Jahre nicht an. Schon in der Woche vor der Bundestagswahl hatte man das Gefühl, dass die Liberalen aus der Spur waren. „FDP wählen, damit Merkel Kanzlerin bleibt" – das war zu wenig für eine Partei, die für Eigenverantwortung und Leistungsgerechtigkeit steht. Zwar hatte die FDP zur guten Regierungsbilanz beigetragen, dennoch waren viele vor allem von unserem Auftreten enttäuscht. Also haben die Bürgerinnen und Bürger der FDP einen Neuanfang verordnet – und dem stellen wir uns.

Das starke Wahlergebnis für die Union und die knapp unter fünf Prozent für die Liberalen – das war kein Auftrag, die Grundrichtung der Politik zu verändern. Im Gegenteil: Im September haben Millionen Bürgerinnen und Bürger ihre Stimmen dafür abgegeben, dass Deutschland weiter auf Kurs bleibt. Trotzdem gibt es jetzt einen Richtungswechsel. Die Union hat sich nahezu kampflos von der bürgerlichen Politik der letzten Jahre verabschiedet. So haben CDU und CSU zwar die Bundestagswahl gewonnen, die SPD aber die Koalitionsverhandlungen.

Die neue Regierung hat die Chance verdient, ihre Prioritäten zu setzen. Dennoch bin ich in Sorge, dass Deutschlands Stärke leichtfertig verspielt wird. Der Koalitionsvertrag von CDU, CSU und SPD gibt die falschen Antworten auf die drängenden Gegenwartsfragen. Mit mehr als zwei Billionen Euro steht der Staat in der Kreide. Diese Schulden machen den Staat von den Banken abhängig. Die Generationen unserer Kinder und Enkel drohen an der Zinslast zu ersticken, wenn jetzt nicht gehandelt wird. Die Große Koalition aber will nochmals 23 Milliarden Euro mehr ausgeben. Als Konsequenz muss die für 2015 geplante Tilgung von Altschulden abgesagt werden – das ist Gefälligkeitspolitik auf Pump statt solider Finanzen. Deutschland hat Frankreich und seinen Präsidenten François Hollande dafür kritisiert, dass er das Rentenalter reduziert hat. Jetzt unterstützt Angela Merkel die „Rente mit 63". Wissenschaftler haben errechnet, dass zukünftige Generationen allein durch die Beschlüsse zur Rentenpolitik mit 852 Milliarden Euro belastet werden: Das ist siebenmal mehr als der deutsche Anteil am Euro-Rettungsschirm. „Zukunft gestalten" steht auf dem Koalitionsvertrag – „Zukunft verbrauchen" ist drin.

Auch in anderen Fragen werden die Weichen falsch gestellt: Die Beschäftigten haben endlich einen fairen Anteil am Aufschwung verdient – stattdessen kassiert die Große Koalition weiter den Löwenanteil der Lohnsteigerungen und erhöht noch die Sozialbeiträge. Trotz NSA-Enthüllungen kommt die Speicherung aller unserer Kommunikationsdaten auf Vorrat – das ist das Misstrauensvotum des Staates an seine Bürger. Es gibt nicht mehr Marktwirtschaft in der Energiepolitik, sondern neue Subventionen für Kohlekraftwerke. Zeitungen im Ausland schreiben: Große Koalition ist „große Stagnation".

Im Parlament sitzen nur noch vier Fraktionen. Die Große Koalition und die linksgrüne Opposition. Noch im September wollten viele die FDP endgültig abschreiben. Alle anderen Parteien hielten sich plötzlich für „irgendwie auch liberal". Heute sieht man: Schafft Schwarz-Rot neue Bürokratie für Bürger und Betriebe, wird die linksgrüne Opposition kritisieren, dass diese Fesseln noch nicht eng genug sind. Eine grundlegende andere Haltung fehlt. Für die stehen wir: Denn zuerst haben doch die Bürgerinnen und Bürger mit Freiheit und Eigenverantwortung eine Chance verdient, bevor man nach dem Staat ruft. Deshalb sind wir Liberalen für die Soziale Marktwirtschaft, den Rechtsstaat und eine tolerante Gesellschaft. Und damit sind wir die eigentliche Opposition – seit September zeitweise außerhalb des Parlaments.

Leere Plätze im Bundestag: Zum ersten Mal seit Bestehen der Bundesrepublik ist die FDP nicht im Parlament vertreten

Obamas Spione hörten Angela Merkel ab

■ Die ersten Medienberichte im Sommer wurden noch geleugnet: Der US-Geheimdienst NSA hört weltweit Handys ab? Er liest SMS-Nachrichten? Er sammelt E-Mails? Milliardenfach? Auch in Deutschland?

Der deutsche Innenminister Friedrich flog in die USA, kam zurück, beschwichtigte. Kanzleramtsminister Pofalla erklärte die Affäre für beendet: „Alle Vorwürfe sind vom Tisch!"

DAS GEGENTEIL STIMMT! Mitte Oktober kommt die Wahrheit auf den Tisch – sie ist schockierend: Obamas Spione hörten sogar Bundeskanzlerin Angela Merkel ab, seit 2002! Das Schlagwort „Handygate" ist geboren.

Der ganze Skandal: Bitte blättern sie um.

ygate

Müssen neues Vertrauen zueinander aufbauen: Bundeskanzlerin Angela Merkel und US-Präsident Barack Obama

Können sich Merkel und Obama je wieder so in die Augen schauen?

Im Juni 2011 standen sie gemeinsam im prächtigen Garten des Weißen Hauses: der US-Präsident im Smoking, die Kanzlerin im Abendkleid. Barack Obama verlieh seiner „Freundin" Angela Merkel die „Medal of Freedom", Amerikas höchste Auszeichnung.

Im Juni 2013 standen sie gemeinsam am Brandenburger Tor, Küsschen rechts, Küsschen links. Obama: „Wir sind unter Freunden."

ALLES SHOW?

Mitte Oktober 2013 erfährt Angela Merkel, dass der amerikanische Geheimdienst NSA ihr Handy seit 2002 (!) abhört, ihre SMS-Nachrichten liest. Die Informationen stammen vom früheren NSA-Mitarbeiter Edward Snowden, der mittlerweile in Moskau eine Art politisches Asyl von Putins Gnaden gefunden hat. Ein Ausriss des NSA-Datensatzes (Subscriber GE CHANCELLOR MERKEL) wird mitgeliefert.

Empört telefoniert die Bundeskanzlerin mit Obama. Regierungssprecher Steffen Seibert erklärt anschließend öffentlich: „Sie machte deutlich, dass sie solche Praktiken unmissverständlich missbilligt und als völlig inakzeptabel ansieht."

So scharfe Worte gelten in der Diplomatie als höchste Eskalations-Stufe.

Obama versichert ihr zwar, dass US-Dienste ihr Handy „nicht überwachen und nicht überwachen werden." Von der Vergangenheit allerdings spricht er nicht. Medienberichte, nach denen Obama schon vor drei Jahren vom NSA-Chef Keith Alexander über die Spähattacken auf Merkel informiert worden sei, werden eilig dementiert.

Das politische Berlin jedenfalls ist in heller Aufregung.

- Der amerikanische Botschafter wird „einbestellt", Außenminister Westerwelle sagt ihm die Meinung.
- Das Parlamentarische Kontrollgremium tritt zusammen, die deutschen Geheimdienst-Chefs müssen Rapport erstatten.
- Medien und Politiker fordern, dem Informanten Edward Snowden solle in Deutschland politisches Asyl angeboten werden.
- Der grüne Abgeordnete Hans-Christian Ströbele reist Ende des Monats sogar nach Moskau, trifft sich mit Snowden, Kameras dabei. Snow-

Dieser Datensatz entlarvt die US-Spione

Aus diesem Datensatz erfuhr die Kanzlerin, dass die NSA ihr Handy angezapft hat. Hinter dem Wort „Selector Value" ist Merkels Handy-Nummer geschwärzt. Subscriber GE CHANCELLOR MERKEL heißt Inhaber Germany Kanzlerin Merkel. S2C32 bedeutet, dass das Europareferat (C32) der NSA-Funkaufklärung (S2) Merkels Handy auswertet. Der Auftrag wurde 2002 in die Liste der Spionageziele (NSRL) aufgenommen.

SelectorType PUBLIC DIRECTORY NUM
SynapseSelectorTypeID SYN_0044
SelectorValue [redacted]
Realm 3
RealmName rawPhoneNumber
Subscriber GE CHANCELLOR MERKEL
Ropi S2C32
NSRL 2002-388*
Status A
Topi F666E
Zip 166E
Country Name
CountryCode GE

Von Edward Snowden mitgeliefert: Bei der NSA abgelegte Daten, die belegen, dass Merkels Handy abgehört wurde

Wurde Merkel von hier belauscht?

Vorn die US-Botschaft (Berlin, Pariser Platz 1), rechts der Bundestag, links das Kanzleramt – Luftlinie 800 Meter entfernt

US-Botschaft, Bundestag, Kanzleramt – alles angenehm beieinander.

Praktisch auch für US-Spione in der Botschaft? Merkels Handy war wahrscheinlich mit einer Abhör-Software („Trojaner“) infiziert, überspielte in Echtzeit ihre komplette Kommunikation (SMS, Telefonate). Wohin?

Schwarz, gläsern, mit Musik: die NSA-Zentrale

Von hier geht alles aus, hier läuft alles zusammen: Die Zentrale der National Security Agency (NSA; deutsch: Nationale Sicherheitsbehörde), 40 000 Mitarbeiter, die meisten im Ausland. Der schwarze Glaspalast steht in Crypto City, Fort Meade in Maryland. Zwischen den Doppelscheiben wird Musik eingespielt, damit niemand von außen mithören kann. Ein Ex-Spion, der dort gearbeitet hat, sagt zu BILD über die Empörung in Europa: „Ihr müsst das verstehen: Unser Gewerbe kennt weder Ethik noch Moral. Wir hören alles. Wir saugen alles ab.“ Kann Obama sie bremsen, will er es, wird er es durchsetzen können? Ende Oktober sagt er: „Sie sollten nicht alles tun, wozu sie imstande sind.“

Die NSA-Zentrale in Crypto City, nur 40 Kilometer von Washington entfernt. Mit eigenem Autobahnanschluss, eigener Feuerwehr, eigener Polizei

US-Spione hörten auch den Papst ab

Auch das noch: Die NSA-Leute haben sogar unseren Papst abgehört, enthüllt die italienische Wochenzeitschrift „Panorama“ Ende Oktober. Vom 10. Dezember 2012 bis zum 8. Januar 2013 belauschten sie den Vatikan – vier Wochen später gab Benedikt seinen Rücktritt bekannt. Und während des Konklaves (der Wahl seines Nachfolgers) hörten die Spione auch das Gästehaus ab – in dem wohnte der noch nicht ernannte Franziskus ...

XXL-Protest in Washington

Mode-Gag mit einer politischen Aussage: Eine Demonstrantin in Washington zeigt überdeutlich, was sie von den Aktivitäten der amerikanischen Geheimdienste hält – „STOP SPYING“, Schluss mit der Spionage.

den gibt Ströbele einen Brief für Merkel mit. Darin steht: „Ich freue mich auf ein Gespräch mit Ihnen in Ihrem Land.“

Die Bundeskanzlerin ist nicht das einzige Ausspäh-Opfer. Mindestens 35 Regierungschefs in aller Welt (auch Frankreichs Hollande) sind im Visier der NSA. Und in Deutschland wurden auch Minister, Oppositions-Führer und hohe Beamte abgeschöpft, enthüllt die „New York Times“. Ihr Star-Kolumnist Roger Cohen schreibt: „Ausgerechnet Merkel und die von Stasi-Erfahrungen gezeichneten Deutschen! Handy-Überwachung der mächtigsten Politikerin Europas ist das Letzte, was die USA brauchen.“

Der große Auftritt des grünen Urgesteins

Seit 15 Jahren sitzt er für die Grünen im Bundestag, er ist das dienstälteste Mitglied des Parlamentarischen Kontrollgremiums zur Kontrolle der Geheimdienste – so viel Aufmerksamkeit hatte er noch nie: Hans-Christian Ströbele mit dem „Whistleblower“ Edward Snowden in Moskau. Der Frühstückstisch ist gedeckt. Ein Medienspektakel.

Der geilste Streit des Jahres!
Bild
Polizei ermittelt gegen Kim Gloss
Heizkosten-Explosion!

Dienstag, 1. Oktober

Das große OSSI-WESSI-QUIZ
Schalke und Dortmund siegen
Bild
3 Kumpel sterben bei Gruben-Unglück

Mittwoch, 2. Oktober

ACHTUNG MIETER
Teuerster Winter aller Zeiten kommt!
Bild
Toffifee
ANKLAGE GEGEN SIDO
Eklat beim Fernseh-Preis

Freitag, 4. Oktober

TV-Kampf des Jahres
Wetten, dass Klitschko heute Lanz k.o. schlägt?
Bild

Samstag, 5. Oktober

Ein BISCHOF auf ABWEGEN

Luftbild vom Amtssitz des Bischofs. Im Vordergrund der 1235 erbaute Limburger Dom

Der neue Papst predigt Bescheidenheit – und in Deutschland füllt ein „Protz-Bischof" Fernseh-Sendungen und Schlagzeilen.

Franz-Peter Tebartz-van Elst, Bischof von Limburg, hat seinen Sitz umbauen lassen, statt geplanter 5,5 kostet die Residenz 31,5 Millionen Euro!

Die Reaktion auf diese Nachricht ist für die katholische Kirche verheerend: „Schöner Wohnen", „Dieser Limburger stinkt zum Himmel" wird gelästert, Hunderte treten aus der Kirche aus. Hinzu kommt: Tebartz leugnet einen Erste-Klasse-Flug nach Indien („Nur Business Class" kann einen Strafbefehl wegen „falscher Versicherung an Eides statt" gegen Zahlung von 20 000 Euro gerade noch abwenden.

Er fliegt (diesmal mit Billig-Ticket) nach Rom zum Papst, der schickt ihn in einen „Zwangsurlaub", Tebartz verschwindet im Kloster Metten.

In Limburg setzt der Papst Generalvikar Wolfgang Rösch als Vertreter ein – der fährt auf dem Fahrrad vor.

Montag, 7. Oktober

Dienstag, 8. Oktober

Mittwoch, 9. Oktober

Donnerstag, 10. Oktober

Für den Fotografen posiert Tebartz-van Elst am Lenkrad eines BMW-Oldtimer-Cabrios. Als Bischof hat er natürlich einen Fahrer. „Der musste immer weiße Handschuhe tragen", berichtet der „Spiegel"

tisch mit Platz für sechs sonen, Blick durch Bodenster in den Garten

Bad mit Luxuswanne, designt von Philippe Starck (etwa 3500 Euro). Dahinter eine Doppeldusche

Bundeswehr zieht aus Kunduz ab

„In Afghanistan lernte die Bundeswehr zu kämpfen. Hier wurde aufgebaut, geweint und getröstet, getötet und gefallen."

Mit diesen Worten von Verteidigungsminister de Maizière verabschiedeten sich unsere Soldaten am 6. Oktober aus Kunduz. Nach zehn Jahren. 2014 gehen die letzten Kampftruppen, dann sollen bis zu 1000 deutsche Ausbilder und einige Elite-Soldaten in Afghanistan bleiben.

Ein Symbol, in den Farben des Landes: Die Minister Westerwelle und de Maizière übergeben schwarz-rot-grüne Holzschlüssel an die Afghanen

Nur 2 Arbeiter im Bundestag

Wer Deutschland regieren wird, steht zwar noch nicht fest, aber der neue Bundestag tritt am 22. Oktober zur ersten Sitzung zusammen.

631 Abgeordnete – nur zwei davon sind klassische Arbeiter (ein Bergmann, eine Schlosserin). Der alte Spruch „Der Saal ist mal voller und mal leerer, aber immer voller Lehrer" gilt auch nicht mehr: Nur noch 52 Lehrer und Erzieher sind im Parlament. Die meisten sind Beamte im öffentlichen Dienst (150), gefolgt von Juristen (117). Der Anteil der Frauen ist mit 37 % so hoch wie nie. 229 Abgeordnete sind zum ersten Mal dabei.

Bundestagspräsident Norbert Lammert (Mitte) hat jetzt 6 Stellvertreter (v.l.): Johannes Singhammer (CSU), Claudia Roth (Grüne), Edelgard Bulmahn (SPD), Ulla Schmidt (SPD), Petra Pau (Linke), Peter Hintze (CDU)

USA schrammen an Pleite vorbei

1. Oktober, 00.01 Uhr, das mächtigste Land der Welt ist zahlungsunfähig!

Die Republikaner bekämpfen Obamas Gesundheitsreform mit allen Mitteln, blockieren den Haushalt. 800 000 Staatsbedienstete erhalten kein Gehalt mehr. Am 16. Oktober einigt man sich, das Land atmet auf – plant im Dezember sogar einen Haushalt bis 2015.

Die Freiheitsstatue ist geschlossen, ein Straßenkünstler dient den Touristen als Ersatz

Attacke! Vier Stunden dauert das Spektakel, verletzt wird niemand. Vor 200 Jahren war's fürchterlich: 500 000 Mann standen sich gegenüber, 90 000 wurden getötet

200 JAHRE VÖLKERSCHLACHT BEI LEIPZIG

Napoleon gibt Befehle! Frank Samson spielt ihn – im wahren Leben ist er Anwalt für Verkehrsrecht in Paris

Wir wollen doch nur spielen!

Kanonen donnern über die Felder, Kampfgebrüll hallt, Pferde galoppieren durch den Rauch. Auf ihnen Männer mit gezückten Säbeln.
Ist Krieg? Nein: Theater! Mit 6000 Hobby-Soldaten aus 26 Ländern! Sie alle wollen nur spielen.
Leipzig feiert 200 Jahre Völkerschlacht. Mit Ausstellungen, Gottesdiensten, Gedenkfeiern. Und als Höhepunkt die Schlacht: Wie Napoleons Franzosen den alliierten Truppen Russlands, Österreichs, Schwedens und Preußens unterlagen. 30 000 Schlachtenbummler beklatschen die Kämpfer – einige reiten auf Holzpferden ...

Reemtsma-Entführer Drach ab ins Ausland

Der Verbrecher ist frei. Wo sind die Millionen?

1996 entführt er den Hamburger Millionär Jan Philipp Reemtsma, lässt ihn viereinhalb Wochen später nach Zahlung eines Rekordlösegelds (heute umgerechnet rund 15 Millionen Euro) frei.
1998 wird er in Buenos Aires verhaftet, 2001 verurteilt – jetzt, am 21. Oktober 2013, morgens um 6.30 Uhr, verlässt der Schwerverbrecher Thomas Drach das Gefängnis Santa Fu in Hamburg. Er ist frei.
Drach lässt sich von seinem Anwalt nach Niedersachsen fahren, wechselt den Wagen, ein Glatzkopf bringt ihn nach Holland. In Deutschland müsste er elektronische Fußfesseln tragen. Wohin will er? Acht Millionen aus der Beute müssten noch versteckt sein, glauben Experten. Zielfahnder, Privat-Ermittler (im Auftrag von Reemtsma?) und gierige Kriminelle sind Drach auf der Spur.

Drach nach der Freilassung in Hamburg im Auto seines Anwalts: Nach wenigen Stunden ist er im Ausland

Mit diesem Foto wurde 1996 nach ihm gefahndet: Thomas Drach

Lou Reed († 71)

„Er war ein Prinz"

Der Poet und Rocksänger Lou Reed ist am 27. Oktober in Springs auf Long Island gestorben. Todesursache war, so sein Arzt Charles Miller, seine langjährige Lebererkrankung. Reed hatte die legendäre Band „The Velvet Underground" mitgegründet. Weltberühmt wurde er mit „Transformer" und „Walk on the Wild Side". Seine Witwe, die Musikerin Laurie Anderson: „Lou war ein Prinz und ein Kämpfer. Ich weiß, dass seine Songs über den Schmerz und die Schönheit der Welt viele Menschen mit Freude erfüllen."

Gedenktafel für Jonny K.

„An diesem Ort starb in der Nacht zum 14. Oktober 2012 der 20-jährige Jonny K. Er wurde angegriffen und zu Tode geprügelt, als er sich für andere Bedrängte einsetzte und helfen wollte." Das steht auf einer Gedenktafel, die genau ein Jahr danach am Berliner Alexanderplatz angebracht wird. Die sechs Schläger wurden zwar zu mehrjährigen Haftstrafen verurteilt. Bis auf den Haupttäter sind aber alle mit Auflagen auf freiem Fuß. Aus Solidarität mit dem Opfer werden 10 000 T-Shirts mit dem Aufdruck „I am Jonny" verteilt. Auch Günther Jauch trägt eins.

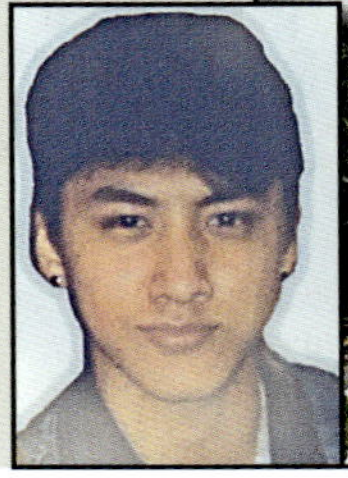

Hier am Berliner Alex starb Jonny K. (kl. Foto). Seine Schwester Tina und Bürgermeister Wowereit an der Gedenkstelle

UM HIMMELS WILLEN
Die Luxus-Liste des Protz-Bischofs!
Bild
Socken-Zoff um Götze
Hunziker nennt ihr Baby Sole

Freitag, 11. Oktober

Bild
DEUTSCHLAND - IRLAND 3:0
BRASILIEN, WIR KOMMEN!
Neue Vorwürfe gegen Protz-Bischof
TV-Reporterin Bolt Bundesliga-Torhüter
Ausgerechnet auf der Hochzeitsreise
Mann vergisst seine Frau an Tankstelle!

Samstag, 12. Oktober

Parkinson
Der große Udo Lattek im Rollstuhl
Erstmal zu Penny
Bild
Die WM-Elf der BILD-Leser
Protz-Bischof im Billig-Flieger zum Papst!

Montag, 14. Oktober

Huntelaar wieder kaputt
Angst vor Bushido-Clan
Polizei-Schutz bei DSDS!
Bild
Papst lässt Protz-Bischof abblitzen
4 Tage nach Geburt wieder im TV-Studio

Dienstag, 15. Oktober

★★★ CHANEL SHOW ★★★ CHANEL SHOW

König Karl treibt's bunt

Ein Farbfeuerwerk, das die Netzhaut reizt! Karl Lagerfeld zeigt seine „Chanel"-Kollektion für das Frühjahr 2014 – und treibt es richtig bunt. Der König selbst? Bleibt Schwarz und Weiß treu (Foto links). Lagerfeld entwirft bis zu 20 Kollektionen pro Jahr – wie er es schafft, so lange kreativ zu bleiben? „Wenn man anständig gesund lebt, dann geht das."

Kunterbunt und schrill: Cara Delevingne, derzeit heißestes Model der Welt, grüßt mit Rocker-Geste und Zunge. Auch bei den Model-Kolleginnen (oben) hat der Meister an Farbe nicht gespart

Schön bunt sind auch unsere Sportler

Bis Februar ist ja noch etwas Zeit, aber die Modefrage ist schon jetzt geklärt: Die deutschen Olympioniken sind bei den Winterspielen im russischen Sotschi mindestens so bunt wie Lagerfelds Models. Das Outfit erinnert an die Regenbogenfarben der Schwulenbewegung: „Ein raffinierter Protest gegen das neue russische Gesetz gegen Homosexuelle", reagierte ein Modefotograf.

336 Flüchtlinge ertrinken vor der Hoffnungs-Insel

Mit dem Rettungsboot werden Überlebende zur Insel gebracht

Die Bilder aus Lampedusa zerreißen uns das Herz. Männer, Frauen, Kinder – aufgebahrt an jener Küste, die ihre Hoffnung war.

Am 3. Oktober ertrinken vor der kleinen italienischen Insel, auf dem südlichsten Zipfel Europas, 336 Menschen. Bei einem Schiffsbrand war ihr Flüchtlingsboot gekentert.

Laut Flüchtlingshilfswerk der Vereinten Nationen (UNHCR) kamen allein in den ersten neun Monaten dieses Jahres mehr als 30 000 Hilfesuchende in Italien an.

Auf dem Todesschiff hockten dicht an dicht 500 Flüchtlinge aus Eritrea und Somalia. Alle hatten viel Geld an Schlepperbanden bezahlen müssen. „Jeder zahlt mindestens 1500 Euro. Meist legen alle Familienmitglieder zusammen, damit einer flüchten kann", weiß Rouven Brunnert vom UNHCR.

Auch nach dieser Tragödie bleibt Lampedusa, bleibt Europa weiter das Ziel von Zigtausenden Afrikanern.

Sie haben überlebt: Kinder im Auffanglager auf Lampedusa

Helfer haben Tote in grünen Leichensäcken nebeneinander gelegt. Unter den Opfern sind viele Kinder

Der Traum von einem besseren Leben in Europa endete tödlich: Särge, geschmückt mit Blumensträußen, werden im Hafen von Lampedusa verladen. Im Sarg 184 liegt der Bruder von Johannes – er wollte nach Köln

Johannes zeigt ein Bild seines Bruders – mit dem Handy fotografiert er den Sarg

Johannes' Bruder liegt in Sarg 184

Dieser Mann auf dem Foto links konnte vor vier Jahren aus Eritrea flüchten, er schaffte es bis nach Köln, spricht schon gut Deutsch. Johannes heißt er. Nun hatte auch sein Bruder genug Geld für die Schlepperbande gespart und bei der Familie gesammelt, wollte nachkommen. Als Johannes in Köln die Nachricht von der Katastrophe hört, nimmt er das nächste Flugzeug, hofft – doch er kann nur noch die Leiche seines Bruders identifizieren und den Sarg 184 küssen. Der wird von der Marine nach Sizilien gebracht.

Abschied vom Bruder: Johannes, von Weinkrämpfen geschüttelt

BORIS „Ich drücke mich vor keinem Wettstreit"

Mittwoch, 16. Oktober

Donnerstag, 17. Oktober

Becker gegen Pocher: Ein Klatschen-Duell

Die Spielshow bei RTL heißt „Alle auf den Kleinen", aber hier geht's wohl eher gegen den Großen. Boris Becker kämpft gegen Oliver Pocher über 12 merkwürdige Runden – größtes Spektakel: Mit zwei Fliegenklatschen am Kopf spielen sie mit einem Tischtennisball „Klatschen-Fußball". Boris wird von seiner Frau Lilly unterstützt, doch Pocher siegt 7:5. Viele Tennis-Fans fragen anschließend: Warum tut sich Boris das an?

Becker mit Fliegenklatschen-Mütze, Pocher mit Tröte. „Optisch hat heute keiner gewonnen", sagt Pocher

LIEBES-AUS 1
Anna serviert Enrique ab

Zwölf Jahre waren sie ein Traumpaar: Ex-Tennisstar **Anna Kournikova** und Schmuse-Sänger **Enrique Iglesias.** Jetzt macht Anna Schluss. „Sie hatte die Schnauze voll, zu warten, ob er sie nun heiraten will oder nicht", sagte eine Freundin der „New York Post".

LIEBES-AUS 2
Til & Svenja trennen sich

Immerhin drei Jahre waren sie zusammen, doch nun gehen Film-Alleskönner und „Tatort"-Kommissar **Til Schweiger** und das Top-Model **Svenja Holtmann** getrennte Wege. Til zu BILD: „Svenja ist nach wie vor ein ganz besonderer Mensch für mich."

★★★ DEUTSCHER FERNSEHPREIS ★★★

„Den besten Schauspieler? So etwas gibt es doch gar nicht!"

Ausgezeichnet: Susanne Wolff als beste Schauspielerin im ARD-Drama „Mobbing"

Ausgezeichnet, aber auch kritisiert: Mirja du Mont für die Unterhaltungs-Doku „Auf der Flucht - Das Experiment" (ZDF neo)

Ausgezeichnet: Matthias Brandt war gleich für vier (!) ARD-Filme nominiert

Gekü[...] wurde auc[...] Veren[...] Pooth un[...] ihr Man[...] Franjo

... Jenny Elvers und ihr Neuer, Steffen von der Beeck ...

... und, in allen Ehren, Anna Loos mit Suzanne von Borsody

15. Verleihung des Deutschen Fernsehpreises! Tusch? Na ja, es gab viel Kritik. An der öden Moderation (Cindy aus Marzahn und Oliver Pocher), an Sat.1 (sendete die Gala erst einen Tag danach um 22.15 Uhr) – aber nicht an den Preisträgern. Der ausgezeichnete Matthias Brandt hatte allerdings einen Einwand: „Ich bekomme den Preis für etwas, was es nicht gibt: den BESTEN Schauspieler."

Boris gegen Pocher
Schlacht im TV!
Geheim-Klausel im Vertrag
Bild

Freitag, 18. Oktober

Joop in die Heidi-Klum-Show
Til Schweiger Liebes-Aus!
TOR-SKANDAL IN DER BUNDESLIGA!
Bild

Samstag, 19. Oktober

Insgesamt 1 Mio. Euro gewinnen!
Erstmal zu Penny
Vertrauliche Gesprächs-Protokolle im Netz!
Internet-Skandal bei SPD-Parteitag
Trennung
Bild

Montag, 21. Oktober

SABIA & RAFAEL
Ja, wir bekommen ein Baby!
Drach ist frei!
Bild

Dienstag, 22. Oktober

FILMFESTIVAL

Zürich ehrt Arthur Cohn

„Yes, we Cohn!" jubelt die Schweizer Zeitung „Blick". Beim „Zurich Film Festival" wird die Legende **Arthur Cohn** (6 Oscars) geehrt, gewürdigt, gefeiert – 500 VIPs sind dabei. Auch zwei deutsche Altkanzler: Helmut Kohl und Gerhard Schröder. Sie sehen den Film „Central Station". Kohl: „Er hat, typisch für Cohn, das Herz berührt." Schröder: „Ich bin ein großer Bewunderer von Arthur Cohn!"

Hollywood-Legende Arthur Cohn mit Nadja Schildknecht (l.), Chefin des „Zurich Film Festivals", und Dr. Gabriele Inaara Begum Aga Khan

GEORGES GROSSER TAG: FOTO MIT MAMA – UND OMA

Getauft mit Jordan-Wasser!

Drei Monate nach der Geburt wird Prinz George getauft – im neuen Kleid.

Es ist eine Kopie des 172 Jahre alten Taufkleides von Königin Victoria, das seitdem alle Thronfolger trugen, aber es war mürbe geworden.

Justin Welby, der Erzbischof von Canterbury, vollzieht die Zeremonie mit Jordan-Wasser (eine tiefe Symbolik: So wurde auch Jesus vor 2013 Jahren getauft).

Danach das Sensationsfoto mit Oma, pardon, der Queen: die britische Königin mit drei Thronfolgern! So etwas gab es zuletzt 1894: Queen Victoria bei der Taufe von Urenkel Edward VIII. mit Sohn Edward VII. und Enkel George V.

Ein Junge im Taufkleid – das ist Tradition bei den Royals. George hat ein neues bekommen, Papa William trug noch das alte von 1841

Königin Elizabeth mit ihren drei Thronfolgern: Sohn Charles, Enkel William und Urenkel George

Germany's oldest Topmodel! Und eine uralte Heidi Klum

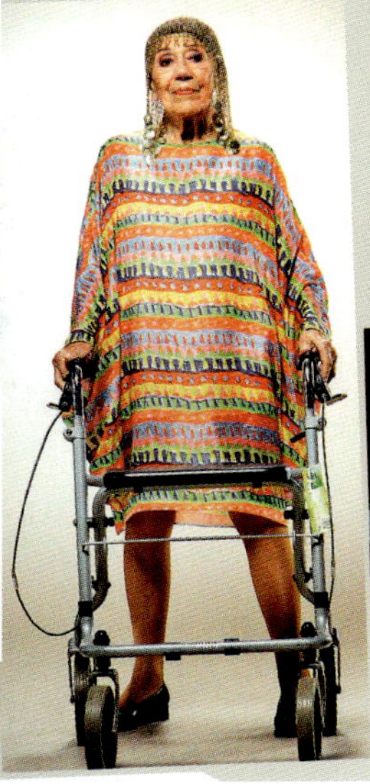

Verbeugen kann man sich vor beiden Frauen.

Links sehen wir Ursula Splett, 93 Jahre alt ist sie im Oktober – Deutschlands ältestes Model. Bei einer Aktion der Kunsthochschule Burg Giebichenstein (Sachsen-Anhalt) präsentiert sie eine Strickwarenkollektion. Unten sehen wir Topmodel Heidi Klum, die sich in Hollywood zum Halloween sechs Stunden lang zur Greisin umschminken ließ. Gelungen!

Ursula Splett (l.): ein erstklassiger Auftritt. Heidi Klum: eine erstklassige Maske

Lady Gaga bei BILD

„Zu Gast bei BILD" – das ist ein Markenzeichen. Präsidenten, Kanzler, Wirtschaftsbosse, Schauspieler, Hollywood-Stars – die Redaktion fühlte sich schon durch viele Besuche geehrt. Dieser hier ist anders als alle davor. Lady Gaga schwebt durch die Redaktion… Lesen Sie rechts auf der Seite, wie die BILD-Reporterin den größten Pop-Star dieser Jahre (90 Millionen verkaufte Alben) erlebte.

★★★

Ein großer Künstler braucht einen großen Abgang. Als Lady Gaga das Springer-Hochhaus verlässt, sieht sie ein Stück der Berliner Mauer, das hier an den Irrsinn der deutschen Geschichte erinnert. Sie lässt sich hinaufheben, breitet die Arme aus. Minutenlang verharrt sie so. Dann entschwindet sie. Ihre letzten Worte: „Ich habe Geschichte gespürt."

Im Tüllkleid von „John Galliano" vorm Axel-Springer-Hochhaus in Berlin: Lady Gaga barfuß auf einem Original-Mauerstück

Am digitalen Fototisch: Lady Gaga guckt Lady-Gaga-Fotos für die letzte Seite

Ein Geschenk vom Chefredakteur: Kai Diekmann blättert mit ihr in einem Buch über die Berliner Mauer

Nach dem Interview: Die Musik-Legende posiert auf dem Ledersofa

Am Abend vor dem Besuch bei BILD. Lady Gaga tanzt mit Fans im Berliner Club „Berghain". „Das Foto mag ich sehr", sagt sie, als sie es bei BILD auf dem Fototisch entdeckt

SISSI BENNER
BILD-Reporterin

Gaga? Ach, die Lady ist himmlisch!

Schweigen! Für einen kurzen Moment herrscht im überfüllten BILD-Produktionsraum zum ersten Mal absolute Stille. Grund: Lady Gaga betritt den Raum. Oder besser: Sie schwebt ein – und das halb nackt!

Ihr BILD-Besuch – so durchgeplant wie ein Staatsbesuch. Das Management schickte stapelweise Mails mit Forderungen, auf was wir achten müssen, wenn die Lady eine Audienz bei uns hält.

Auszüge: Lady Gaga darf nicht bedrängt werden, niemand darf hinter ihr stehen. Das Licht für das BILD-TV-Interview muss weich sein. Weicher als weich – so weich, wie es weich nur geht. Während des Interviews braucht sie einen Bildschirm, auf dem sie sich selbst sehen kann. „Red Bull" muss bereitstehen. Zuckerfrei. Und: Die Lady trinkt nur mit Strohhalm.

Um 14 Uhr soll sie kommen. Um 14.45 Uhr fährt sie vor. Unter einem Hauch von Tüll trägt sie nur einen hautfarbenen String. Zweige und Blätter stecken in der Perücke. Sie ist barfuß.

BILD-Chefredakteur Kai Diekmann flüstert erstaunt: „Die ist ja nackt." Ich winke ab, sage: „Ach, ist sie öfter."

Bereits zwei Tage und eine Nacht lang begleitete ich Gaga auf ihrem Berlin-Besuch. Noch nie war ich einem Superstar so super nah. Journalistische Distanz? Gaga ist der, der denkt, dass das bei der Lady möglich ist! Wegen ihrer häufig sehr knappen – oder auch ganz fehlenden Outfits – habe ich insgesamt 20-mal ihren blanken Po gesehen, eine Stunde lang ihre Brüste und zehn Mal umarmte sie mich. Die Lady ist gaga und absolut nahbar.

Sie inszeniert sich nicht – sie IST die Inszenierung!

Beim BILD-Besuch möchte Gaga übrigens Venus, die Göttin der Liebe, darstellen. „Nichts ist wichtiger, als Liebe zu schenken und zu bekommen", erklärt sie mir. Kurz danach tapst sie auf den kalten Steinen vorm Axel-Springer-Haus zum Original-Mauerstück. Sie steigt nach oben, streckt die Arme in die Luft und meditiert minutenlang. Gaga? Ach, einfach himmlisch!

Champions League 2:1 bei Arsenal Dortmund jubelt! 0:3 gegen Chelsea Schalke jammert!

Schon 465 000 brauchen Hilfe vom Staat

Immer mehr Rentner arm!

Horror-Crash So verletzt ist der DSDS-Star wirklich

Der neue Asterix exklusiv in BILD

Die neuen iPads von Apple

Mittwoch, 23. Oktober

Merkels Handy abgehört?

Boris gegen Pocher

So irre wird das TV-Duell

Robben im Elfer-Streik!

Großer Tag für einen kleinen Prinzen

Donnerstag, 24. Oktober

ARD-Sender zeigen schärfste Doku des Jahres

SEX-Unterricht im TV!

Warum tut Boris sich das an?

ABHÖRSKANDAL Merkel empört über US-Spionage

Darum streikte Robben beim Elfmeter!

Freitag, 25. Oktober

So GAGA war BILD noch nie!

WIR SIND ALLE BORIS

BILD klaut Österreich den Großglockner

So verrückt wird unser neues WM-Trikot!

Samstag, 26. Oktober

Ein Witz? Nein, ein Skandal!

Das Phantom-Tor von Kießling

Kießlings (Nr. 11) Kopfball geht am Pfosten vorbei, flutscht durch ein Loch ins Tor. Schöne Geste: 1899 Hoffenheim überliess das Netz zur Versteigerung „Ein Herz für Kinder", der Unternehmer Jürgen B. Harder spendete dafür 100 000 Euro

Im Oktober haben Sportfans etwas Entscheidendes gelernt: Ein Tor ist ein Tor, auch wenn es kein Tor ist! Jedenfalls in Deutschland, in der so hochgerühmten Bundesliga.

Der Fall: Am 18. Oktober köpft Leverkusens Stefan Kießling einen Ball ans Außennetz des Hoffenheimer Tores, im Netz ist ein Loch, da flutscht der Ball durch – der Schiedsrichter entscheidet: Treffer! Eine Fehlentscheidung.

Hoffenheim verliert 1:2 – und legt Protest ein.

Am 28. Oktober dann das Urteil des DFB-Sportgerichts: Einspruch abgelehnt, das Spiel wird nicht wiederholt!

Richter Hans E. Lorenz: „Die Tatsachenentscheidung war zwar falsch, sie ist aber unumstößlich." Er selbst ist nicht glücklich mit seinem Urteil: „Als Richter wende ich Gesetze an. Als Fußballfreund werden mich meine Kinder heute Abend beschimpfen." Ein Witz-Urteil, ganz legal – das ist ein Skandal, schimpfen Fans.

BILD meint: „Wenn das (Fehl-)Urteil etwas Gutes hat, dann dies: Die Funktionäre in Deutschland sind jetzt endlich gezwungen, die elektronische Torlinien-Technologie einzuführen."

In England gibt es sie schon, bei der WM in Brasilien wird sie eingesetzt, nur die Bundesliga zögert noch.

„Ich hab's nicht gesehen. Eine Sch...Situation für mich": Stefan Kießling

„Ich hab für jeden Verständnis, der anderer Meinung ist": Richter Lorenz

VETTEL IST ZUM VIERTEN MAL WELTMEISTER

Danke, Heidi!

Der Meister vor seinem Formel-1-Geschoss: Der Wagen wiegt 642 Kilo, ist 750 PS stark und in 2,5 Sekunden auf Tempo 100

Er hat sein Auto geküsst, es gestreichelt, er hat auf ihm getanzt. Am 27. Oktober geht Sebastian Vettel vor ihm auf die Knie.

Die Szene spielt zwar im indischen Delhi, doch Vettel dankt seinem Rennwagen mit einem chinesischen Kotau: gebührender Abstand, unterwürfig, die Stirn hat den Boden mehrmals zu berühren. Danke, Heidi!

Heidi? Rennfahrer geben ihren Autos gerne Namen. Und Vettel hat seinen „Hungry Heidi" getauft. Hungrige Heidi. „Meine Autos kriegen immer Frauennamen."

In Indien ist Vettel vorzeitig Weltmeister geworden, zum vierten Mal in Folge. Er, sein Auto, sein „Red-Bull"-Team sind, so scheint es, unschlagbar. Vettel ist auf dem Weg, alle Rekorde zu brechen. Die Siegesfeier in Delhi verlässt er nach zwei Stunden, er fliegt nach Haus, in die Schweiz, zu seiner Freundin Hanna.

So leicht kann jeder Ihr Handy abhören!

#Lauschangriff

Und so schützen Sie sich

Erstmal zu Penny

DSDS-Star Lopes flieht nach Brasilien

DANKE, HEIDI!

Montag, 28. Oktober

ARD-Lotterie schiebt Monica Lierhaus ab!

Was wird jetzt aus ihr?

Witz-Urteil vom DFB

SEPA

ADAC warnt vor Tacho-Tricks

Dienstag, 29. Oktober

Rockys Frau packt aus!

Heute wieder 5000 Euro gewinnen

7 Jahre unschuldig im Knast!

Weil seine Tochter eine Vergewaltigung erfunden hatte

Mittwoch, 30. Oktober

4 neue Kandidaten fürs Dschungel-Camp

Stefan Kießling über Mobbing bei facebook

Irrer Streit um SPD-Politiker Karl Lauterbach

Mein Ex-Mann darf nicht Minister werden!

Donnerstag, 31. Oktober

REKORD

Klitschko kassiert 13 Mio.

Da hat er so richtig Kasse gemacht: Boxweltmeister **Wladimir Klitschko** tritt in Moskau gegen den etwas pummeligen Russen Alexander Powetkan an, kassiert die Rekordbörse von 13 Millionen Euro und gewinnt nach langweiligen zwölf Runden nach Punkten. BILD hat nachgerechnet: 173-mal hat Klitschko den Russen getroffen – das macht 75 144 Euro pro Schlag.

Feiert den 61. Sieg in seinem 64. Kampf: Wladimir Klitschko

TESTFAHRERIN DE VILLOTA IST TOT

Die Formel-1-Piloten um Weltmeister Vettel versammelten sich zu einer Schweigeminute: **Maria de Villota,** Testfahrerin vom Rennstall Marussia, ist in einem Hotel in Sevilla gestorben. Vor 15 Monaten raste sie bei einer Testfahrt in die Laderampe eines Lkws, erlitt Kopfverletzungen, verlor ein Auge. Sie erholte sich, heiratete im Juli, schrieb ein Buch. Titel: „Das Leben ist ein Geschenk". Marias Leiche wird in Sevilla obduziert: Sie starb an Kreislaufversagen nach einer Hirnblutung – Folgen der Verletzungen beim Unfall.

Die rote Augenklappe war ihr Markenzeichen: Maria de Villota

DEUTSCHLAND – IRLAND 3:0

BRASILIEN, WIR KOMMEN!

Eigentlich hat niemand daran gezweifelt: Die deutschen Nationalkicker siegen am 11. Oktober in Köln 3:0 gegen die Iren, damit ist das Ticket zur WM 2014 gebucht. Brasilien, wir kommen! Die Tore: Khedira, Schürrle, Özil. Bundestrainer Jogi Löw: „Von neun Spielen haben wir acht gewonnen. Und das neunte hätten wir auch gewinnen müssen..." Das 4:4 gegen Schweden nach 4:0-Führung spukt noch in den Köpfen. Drei Tage später wird das Rückspiel (für die WM-Quali unwichtig) dann auch 5:3 gewonnen. Schürrle trifft dreimal!

Der Lange räumt ab: Abwehrrecke Per Mertesacker (1,98 m) gewinnt das Kopfball-Duell gegen Doyle

Ein Autogramm für die Zukunft

Jogi Löw (Foto) verlängert nach der erfolgreichen WM-Quali seinen Vertrag (geschätzter Jahresverdienst: 3,3 Mio.) – inklusive Ausstiegsklausel und Abfindung, falls die Deutschen in der Vorrunde scheitern. Und wenn nicht? Dann bleibt Jogi mindestens bis 2016. Nach Sepp Herberger und Helmut Schön (je 14 Jahre) wäre er dann der am längsten amtierende Bundestrainer (zehn Jahre).

Wir werden das Vertrauen wieder herstellen

JOHN B. EMERSON
US-Botschafter in Deutschland, Berlin

Wie jedes Jahr war auch 2013 ein Jahr des Wandels: Eine Reise endet, eine neue beginnt.

Anfang dieses Jahres folgte auf die erste Regierung von US-Präsident Barack Obama die zweite: Hochrangige Beamte aus allen Bereichen der Regierung räumten ihren Schreibtisch und machten Platz für die neu ernannten Staatsdiener, die sich nun um die Angelegenheiten der Bürgerinnen und Bürger kümmern würden. Einige verließen die Regierung, um private Interessen zu verfolgen – oder einfach, um nach einer anstrengenden Aufgabe einmal Luft zu holen – wie beispielsweise die Außenministerin, Dr. Hillary Rodham Clinton. Andere wechselten in neue Positionen innerhalb der Regierung und übernahmen andere Verantwortungsbereiche und Herausforderungen, wie Botschafterin Toria Nuland, die Sprecherin des Außenamts war und nun als Abteilungsleiterin für Europa zuständig ist, oder ihr neuer Chef, John Kerry, der den Senat verließ, um das Außenministerium zu leiten. Viele andere haben sich in die stolze Tradition des Staatsdienstes eingereiht – oder haben sie, wie in meinem Fall, wieder aufgenommen.

Hier in Deutschland haben Sie einem amerikanischen Botschafter Lebewohl gesagt und einen neuen herzlich willkommen geheißen. Seit unserer Ankunft im August wird meiner Familie und mir Freundlichkeit und Herzlichkeit entgegengebracht: von hochrangigen Regierungsvertretern, führenden Vertretern aus Wirtschaft und Medien ebenso wie von den deutschen Bürgerinnen und Bürgern.

Inzwischen hat Deutschland selbst einen demokratischen Wandel hinter sich: die Bundestagswahlen im September und die komplexen Koalitionsverhandlungen, die sich bis in die Weihnachtszeit hinzogen. Als Amerikaner haben wir diesen Prozess mit einer Mischung aus Respekt und Verständnis verfolgt, denn er unterscheidet sich erheblich von unserem politischen System. In den Vereinigten Staaten gibt es bei der Bildung einer Regierung keine großen Verhandlungen über langfristige Ziele; jede einzelne Gesetzesvorlage bietet erneut die Gelegenheit zu politischem Geschacher. Das ist nicht immer schön, hat in den letzten Jahrhunderten aber gut funktioniert.

Veränderungen sind immer kompliziert, manchmal mehr, manchmal weniger. Bei den Aufgaben eines Botschafters geht es immer um Beziehungen, darum, neue Freundschaften zu schließen und Vertrauen herzustellen. Mein Start hier wurde durch die mutmaßlichen US-Nachrichtendienstaktivitäten in Deutschland sehr erschwert, insbesondere durch die Medienberichte im Oktober, nach denen angeblich sogar das Handy der Bundeskanzlerin abgehört wurde.

Gleich in der ersten Frage, die mir bei den Anhörungen in Washington zur Bestätigung meiner Ernennung gestellt wurde, ging es um die NSA-Aktivitäten, von denen man damals gerade zu hören begann. Als ich in Berlin aus dem Flugzeug stieg, erklärte ich es zur Priorität, das Vertrauen der Deutschen wiederzugewinnen.

Vor diesem Hintergrund kann ich die Missstimmung, die die jüngsten Veröffentlichungen bezüglich der NSA hervorrufen, voll und ganz verstehen. Ich habe nach Washington berichtet, welche weitreichenden und starken Reaktionen dies hier in Deutschland ausgelöst hat, und diese Bedenken werden – auf höchster Regierungsebene – sehr ernst genommen.

Präsident Obama hat eine Überprüfung der Art und Weise angeordnet, wie die Vereinigten Staaten nachrichtendienstliche Erkenntnisse gewinnen. Damit will er gewährleisten, dass bei den Maßnahmen zum Schutz unserer Bürger und Verbündeten ein ausgewogenes Verhältnis zwischen Privatsphäre und Sicherheit gewahrt wird.

Wir sprechen – ebenfalls auf höchster Ebene – mit unseren deutschen Partnern darüber, wie wir unsere nachrichtendienstlichen Erkenntnisse besser koordinieren und gleichzeitig die Datenschutzbedenken aller Menschen berücksichtigen können. Bei diesen Gesprächen geht es auch darum, die Abstimmung so zu gestalten, dass sie unserem engen Bündnis und unserer Freundschaft gerecht wird.

Angesichts dieser Situation wird oft die Frage gestellt, ob wir das Vertrauen von einst zurückgewinnen können. Ich bin der Meinung, dass wir das können und auch werden. In allen Beziehungen, unabhängig davon, wie gefestigt sie sind oder wie lange sie schon bestehen, gibt es schwierige Zeiten, und wir machen ganz gewiss gerade eine solche Zeit durch.

Auch die deutsch-amerikanischen Beziehungen befinden sich gerade im Wandel. Aber das muss nichts Schlechtes bedeuten. Es ist meine große Hoffnung, dass unsere Beziehungen letztendlich gestärkt und gereift daraus hervorgehen und der vielversprechenden Zukunft unserer Freundschaft und Partnerschaft damit besser gerecht werden können. Wie Bundeskanzlerin Merkel selbst schon deutlich gemacht hat, müssen wir uns weiterhin auf unsere entscheidenden gemeinsamen Ziele konzentrieren.

Als Präsident Obama an einem heißen Tag im Juni dieses Jahres auf dem Pariser Platz eine Rede hielt, ließ er kurz die komplexe Geschichte Deutschlands und Berlins Revue passieren, bevor er seine Zuhörer aufforderte: „Auch wir müssen Geschichte schreiben."

Ich freue mich darauf, in den kommenden Jahren mit meinen deutschen Freunden und Kollegen zusammenzuarbeiten und dazu beizutragen, diese neue deutsch-amerikanische Geschichte zu schreiben.

Das Dach der US-Botschaft am Pariser Platz in Berlin. In der Rotunde hat der Botschafter ein Büro, in dem fensterlosen Komplex soll auch Nachrichtentechnik untergebracht sein – wie auf allen Dächern aller Botschaften überall in der Welt

Monster-Taifun „Haiyan" fordert Tausende Tote

Nie zuvor ist ein Tropensturm mit solcher Wucht auf Land gerast. Monster-Taifun „Haiyan" wütet im November mit bis zu 380 km/h auf den Philippinen, reißt mehrere Tausend Menschen in den Tod.

Millionen sind obdachlos, hungern, drohen zu verdursten. Große Schiffe werden wie Spielzeug aus den Häfen in Ortschaften getrieben. Tacloban, die Hauptstadt der Provinz Leyte, ist eine einzige Trümmerlandschaft. Aber hier gibt es wenigstens einen kleinen Flughafen, Hilfsflugzeuge können landen. Andere Orte sind tagelang unerreichbar.

Nächste Seite: Millionen brauchen Hilfe.

FIRST

Elf Millionen Menschen brauchen unsere Hilfe

Der Wirbelsturm fegt heran, Boote werden an Land gerissen, ein Wagemutiger im roten Hemd sieht Wassermassen auf sich zukommen

Pastor Maertin Cubi vor seiner verwüsteten Kathedrale in Palo. „Gott wollte unseren Glauben testen", sagt er. Dann kam Hilfe: 24 deutsche Ärzte, Sanitäter und Krankenpfleger

Der Hunger und der Durst der Überlebenden der Taifun-Katastrophe ist so groß wie das Chaos.

Fast eine Woche dauert es, bis die Menschen in dem Küstenort Tanawan Hilfe bekommen. Auch vor dem notdürftig reparierten Flughafen von Tacloban bilden sich lange Schlangen, sobald wieder eine Maschine mit Hilfsgütern landet.

Die Vereinten Nationen schätzen die Zahl der Hilfsbedürftigen auf elf Millionen. Und wie viele Todesopfer „Haiyan" gefordert hat, wird auch bis zum Ende des Jahres niemand exakt sagen können. Vier Wochen, nachdem der Monster-Taifun über die philippinischen Inseln gerast ist, gibt es offizielle Zahlen: 5719 Tote, 1779 Vermisste, 26 000 Verletzte, 1,2 Millionen Häuser zerstört. Die inoffiziellen Zahlen sind alle höher.

Klar ist: Die Menschen brauchen weiter dringend die Hilfe der Welt.

Sie warten auf Wasser und auf Nahrungsmittel. Vielen hilft jetzt nur noch der Glaube

Der Küstenort Tanawan – endlich hat es ein erster Hilfskonvoi über zerstörte Straßen bis hierher geschafft: Menschen stehen Schlange nach Trinkwasser und Nahrungsmitteln

Ein Junge in Tacloban: Er ist verletzt, irrt durch die Trümmer

Kinderlachen inmitten des Elends

Wenn das Zuhause zerstört ist, was nimmt man mit aus den Trümmern? Vielen hilft der Glaube – 83 Prozent der Menschen hier sind Christen

Am Flughafen Tacloban: Militär sorgt für Ruhe, Tausende wollen die Insel verlassen

Dutzende Einwohner, die alles verloren haben, sitzen in einer Transportmaschine. Sie werden nach Manila geflogen, in eine ungewisse Zukunft

STEFANO LAURA
BILD-Fotograf

In all der Not: Die Kinder sind die Hoffnung

„Welcome to Tacloban", sagte die Stewardess der Philippine Airlines durch den Bordlautsprecher, als unsere Maschine aufsetzt. Ihre Stimme klingt belegt. Durch die kleinen Fenster der Maschine sehe ich, warum: Vom Flughafen Tacloban ist nichts mehr übrig. Von der Stadt kaum mehr. Schutt, Holz und Müll überall.

Wir wussten, was uns erwartet. Wir kannten die Bilder aus dem TV. Das Elend, die Verwüstung dann aber mit eigenen Augen zu sehen – das ist noch mal etwas anderes.

Es steht kein Haus mehr, kein Geschäft. Inmitten des Schutts sehe ich kleine Kinder spielen, alte Menschen sitzen am Wegesrand. Immer wieder sehen wir schwarze Säcke neben der Straße. Darin die Toten von Tacloban, die noch niemand eingesammelt hat. Der Geruch von Verwesung liegt beißend in der Luft

Wir treffen eine Frau, die mit aller Kraft versucht, einen Leichensack in den Kofferraum ihres Wagens zu laden. Weinend berichtet sie uns, dass sie aus Manila hergekommen ist, um ihre Tante zu suchen. Nun hat sie sie gefunden. In einem Leichensack am Straßenrand. Ich frage mich: Was muss ein Mensch fühlen, der seine tote Tante in einem Sack in den Kofferraum zieht, damit sie in Würde die letzte Ruhe finden kann?

Egal, wo wir in den nächsten Tagen sind: Überall sehen wir Kinder. Sie spielen im Schutt, haben Spielzeug aus Schrott gebastelt, turnen auf einem Jetski, den der Taifun mitten in die Stadt gespült hat. Wenn ich die Kamera hochnehme, lachen sie und beginnen zu posieren, vergessen alles um sich herum, und für einen Moment empfinde ich so etwas wie Glück.

Diese Kinder haben nur, was sie am Körper tragen, und doch kommt ihr Lachen aus tiefstem Herzen. Es sind diese Momente, die mir Hoffnung geben für die Menschen, die Zukunft von Tacloban.

Bild
FÜR ARD-DOKU
Schniedel-Casting auf Facebook!
BOATENG Die Wahrheit über mein Knie
Pam ganz Anderson
Jetzt doch Pkw-Maut?

Freitag, 1. November

tatort
Jetzt spricht das neue Team
NEUE SERIE IN BILD
Was macht eigentlich...
NSA Was im Snowden-Brief an die Deutschen steht
6:1 gegen VfB Dortmund rauscht an die Spitze!
Michael Groß
Sabrina Setlur
Friedrich Nowottny
Bild

Samstag, 2. November

Kunst für 1 Milliarde Euro
Nazi-Schatz in Müll-Wohnung entdeckt!
So geht Super-SEX!
Erstmal zu Penny
Guardiola knöpft sich Schweini vor
Talk-Thema Tatort
Bild

Montag, 4. November

Der Hoeneß-Jäger!
5 MIO. FÜR SYLVIE
Ersteigern Sie ein Traumhaus
Bild

Dienstag, 5. November

ER MAG BIENEN
Neuer Chef bei der IG-Metall

Detlef Wetzel (Foto) ist seit Ende November Chef der IG Metall, der größten Gewerkschaft der Welt (2,26 Millionen Mitglieder). Und er ist Hobby-Imker, besitzt sieben Bienenvölker (insgesamt 350 000 Bienen). Ein Mann für Massenorganisationen …

ER HAT RECHT
Steinmeier behält Doktortitel

Er hat nicht geschummelt: **Frank-Walter Steinmeier** (Foto) sind bei seiner Doktor-arbeit vor 20 Jahren zwar Zitierfehler unterlaufen, es ist aber keine Täuschungsabsicht zu erkennen. Das entschied die Uni Gießen. Steinmeier hat sich gegen Plagiatsvorwürfe gewehrt und nun recht bekommen.

ER IST ZORNIG
BER-Chef: Wir sind die Dödel

Hartmut Mehdorn, (Foto) der neue Chef des Hauptstadtflughafens Berlin-Brandenburg (BER), kommt nicht so voran, wie er will: Der November bringt wieder eine Kostenexplosion (angeblich 1,1 Milliarden mehr auf 5,7 Mrd.), Aufsichtsratschef Platzeck ist wegen Gesundheitsproblemen zurückgetreten – „wir sind hier die Dödel vom Dienst", klagt der Manager. Einen Eröffnungstermin kann er nicht nennen.

Großer Tisch für Große Koalition

Sind jetzt alle Sieger?

New York hat auch gewählt: einen riesigen Demokraten

Das „riesig" in der Überschrift bezieht sich tatsächlich auf die Körpergröße: Bill de Blasio, der neue Bürgermeister New Yorks, ist 2 Meter groß (und wiegt 140 Kilo).

Aber das politische Angebot des Demokraten ist auch bemerkenswert: mehr Kindergartenplätze, mehr sozialer Wohnraum, höhere Steuern auf höhere Einkommen. Die New Yorker wählten ihn mit sensationellen 73,3 Prozent. De Blasio hat deutsche Wurzeln, seine Frau war bekennende Lesbe, sein Sohn trägt eine Afrofrisur – eine ungewöhnliche Familie.

Bill de Blasio mit seiner Frau Chirlane, Sohn Dante und Tochter Chiara. Mit seinem Erdrutsch-Sieg ist er Nachfolger des Milliardärs Michael Bloomberg

Mittwoch, 6. November

Donnerstag, 7. November

Freitag, 8. November

Samstag, 9. November

Man muss schon genau hinschauen, um zu erkennen, wer wo sitzt. Links die Union mit Angela Merkel in der Mitte, rechts die SPD mit ihrem Chef Sigmar Gabriel. Dazwischen der XXL-Tisch: 14 Meter breit, 19 Meter lang

Ende September wählte das Volk sein neues Parlament, danach mussten die Parteien ran: Wer regiert mit wem? Können die Schwarzen mit den Grünen?

Oder Ist die GroKo, die Große Koalition, das Beste fürs Land? Sondierungsgespräche werden geführt, dann packen's CDU/CSU und SPD ernsthaft an – und gleich im XXL-Maßstab: 75 Männer und Frauen werden ins Rennen geschickt. Der Verhandlungstisch in der Landesvertretung der CSU in Berlin ist 14 mal 19 Meter groß. Mehr als zwei Monate nach der Wahl dann die letzte Nachtschicht, zum Schluss entscheiden die drei Parteichefs Merkel, Gabriel und Seehofer: Um 4.28 Uhr am 27. November steht der Koalitionsvertrag. Alle geben sich wie Sieger. Aber jetzt fragt die SPD-Führung noch ihre 475 000 Mitglieder. Das Wahlvolk darf weiter warten, bis Mitte Dezember.

MUSS DIESER PROZESS WIRKLICH SEIN?

Ex-Bundespräsident Wulff vor Gericht

Seit dem 14. November sitzt zum ersten Mal in der Geschichte Deutschlands ein ehemaliger Bundespräsident auf der Anklagebank eines Gerichts. Der Vorwurf: Vorteilsnahme.

Der Film-Finanzier David Groenewold soll beim Oktoberfest 2008 die Hotelkosten und Bewirtung (719,40 Euro) für Christian Wulff (damals noch Ministerpräsident Niedersachsens) bezahlt haben. 22 Prozesstage bis zum 2. April 2014 sind dafür angesetzt. Und als Strafmaß drohen zwei Jahre Gefängnis oder eine Geldstrafe. Ist das verhältnismäßig? Muss dieser Prozess sein?

Wulff nennt die Vorwürfe am ersten Tag „ehrabschneidend". Und sagt weiter: „24 Beamte haben 14 Monate lang jeden Winkel meines Lebens ausgeforscht. Allein die Hauptakten bestehen aus 30 000 Seiten. Die Schäden, die meine Familie und ich erlebt haben, werden bleiben, wahrscheinlich ein Leben lang."

Wulff kämpft um seine Ehre, sogar mit Ironie. Den Vorwurf, er habe sich zu „einer Oktoberfest-Sause" einladen lassen, kontert er so: „Manchmal habe ich an der Bar ein Glas Milch bestellt."

Wulff und der Mitangeklagte David Groenewold. Links: An jedem Prozesstag begrüßt Wulff den Justizwachtmeister Günter Burmeister mit Handschlag

Bild
10 000 Tote
Erstmal zu Penny
Horror-Sturm
München sagt nein zu Olympia
Darum ist Schimmi (75) so fit
Mini-Zinsen schrumpfen unsere Renten
Boateng kämpft um seinen Sohn
+++ Taifun mit 380 km/h wütet auf den Philippinen +++ Menschen fliegen

Montag, 11. November

Bild
Arbeitsloser verklagt Jobcenter!
Weil er RTL gucken will
Angst vor Rausschmiss bei GZSZ!
Bayern-Star Breno
Mein Knast-Horror
Fit wie Schimmi
Jahrhundert-Taifun auf den Philippinen
HELFEN SIE DEN OPFERN!

Dienstag, 12. November

2 Millionen Kinder nach Mega-Taifun vom Tod bedroht
HELFT UNS!
Bild
Die irrsten Forderungen der Hartz-IV-Empfänger

Mittwoch, 13. November

Bild
22 Verhandlungstage
45 Zeugen
und das nur wegen 719 Euro
Ist der Wulff-Prozess wirklich nötig?
REWE

Donnerstag, 14. November

Drei **KUNST-SENSATIONEN** verblüffen im November die ganze Welt. Und immer geht es um **MILLIONEN**

Fünf Kunstwerke aus Gurlitts Wohnung. Dieses heißt „Mann und Frau am Fenster", ist von Wilhelm Lachnit (1899 – 1962)

1. Der merkwürdige Herr Gurlitt und sein „Nazi-Schatz"

Schirm in der rechten Hand, den Hartschalenkoffer in der linken, ein Hosenbein ist hochgerutscht – der merkwürdige ältere Herr, der hier auf Reisen geht, ist Cornelius Gurlitt. Der Mann, der Mittelpunkt eines unglaublichen Kunstkrimis ist. Aus seiner Wohnung in München hat die Staatsanwaltschaft mehr als 1200 Gemälde und Zeichnungen geholt. Originale von Picasso, Chagall, Matisse, Marc, Beckmann. Von Dürer, Renoir, Spitzweg. Gesamtwert? Unschätzbar, manche sprechen von einem Milliardenschatz. Und von einem „Nazi-Schatz". Denn 390 der Werke sollen aus Beschlagnahmeaktionen „Entartete Kunst" stammen, 590 sind angeblich Raubkunst. Gurlitt hat die Bilder von seinem Vater, der war Kunsthändler in Dresden und behauptete nach dem Krieg, die Kunstwerke seien verbrannt…

Otto Dix (1891 – 1969): Selbstporträt. Bisher unbekannt. Entstanden um 1922

Henri Matisse (1869 – 1954): „Sitzende Frau"

Für 860 000 Euro von Gurlitt verkauft: das Bild „Löwenbändiger" von Max Beckmann

Christoph Voll (1897 – 1939): „Sprengmeister Hantsch". Entstanden 1922

„Ich habe doc[h] nur mit meinen Bildern leben wollen", sagt Cornelius Gurlitt. Als die Kunstwerke beschlagnahm[t] wurden, hockte er in seinem verdunkelten Schlafzimmer

Freitag, 15. November

Samstag, 16. November

Montag, 18. November

Dienstag, 19. November

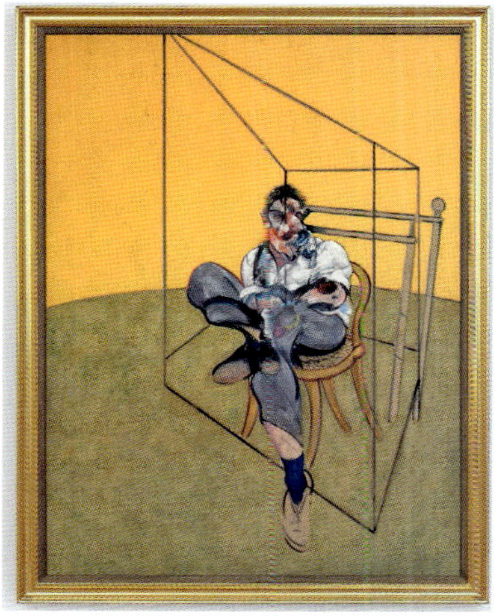

Jedes der drei Bilder ist zwei Meter hoch und fast eineinhalb Meter breit. Freuds Gesicht ist übermalt, er sitzt in einer geometrischen Konstruktion

2. Die **teuersten** Gemälde der Welt

Die Kunstwelt hat einen neuen Auktions-Rekord: Das Triptychon des irischen Malers Francis Bacon (1909–1992) erzielt bei Christie's in New York 106 Millionen Euro. Das Werk heißt „Three Studies of Lucian Freud", die drei Bilder zeigen den Berliner Lucian Freud, einen Enkel des Psychoanalytikers Sigmund Freud. Bisher war Edvard Munchs „Der Schrei" mit 90 Millionen Euro Rekordhalter. Wer die drei Bilder ersteigert hat, ist nicht bekannt. Die „Daily Mail" tippt auf den russischen Milliardär Roman Abramowitsch, den Inhaber des Fußball-Clubs „Chelsea".

3. Das ist der **teuerste** Pudel der Welt

Noch ein Rekord bei Christie's: Jeff Koons' Drei-Meter-Pudel „Balloon Dog" wird für 43,6 Millionen Euro ersteigert – das teuerste Werk eines noch lebenden Künstlers.

Jeff Koons

Er löst damit den deutschen Maler Gerhard Richter ab, dessen „Domplatz, Mailand" mit 27,6 Mio. den Rekord hielt. Koons gilt als Meister des Kitsch. Er verewigte Michael Jackson mit Affen als Porzellan-Skulptur, präsentierte sich auf Gemälden beim Sex und gestaltete Lady Gagas neues CD-Cover mit. Sein erstes Gemälde verkaufte er mit elf Jahren. Geld machte er auch an der Wall Street: Dort war er sechs Jahre als Warenbörsen-Broker tätig.

Der Rekord-Hund: drei Meter groß, aus spiegelndem Stahl

OPFER NR. 138
Berlin: Noch ein Mauertoter

Der Forschungsverbund „SED-Staat" der FU Berlin ermittelte, dass an der Berliner Mauer zwischen 1961 (Bau) und 1989 (Öffnung) 138 Menschen starben, und nicht 137, wie bisher angenommem. Im November 1979 war **Hans-Joachim Zock** (Foto) bei einem Fluchtversuch in der Spree ertrunken. Der 30-Jährige hinterließ schriftlich, dass ihn Stasiverhöre zermürbt hätten und dass er es in der DDR nicht mehr aushalte. In einem Plastikbeutel hatte er Ausweise und Fotos von seinem einjährigen Sohn.

SUPERSTART
Twitter an der Börse

Was für ein spektakulärer Start! Draußen verhüllt ein gigantischer blauer Vogel, das Logo des Neulings, die Fassade der New Yorker Börse, drinnen wird gestaunt: Der Kurznachrichtendienst Twitter (deutsch: Gezwitscher) geht am 7. November an den Start – und die Aktie schnellt am ersten Tag von 26 Dollar (Ausgabekurs) auf 44,90. Ein Plus von 73 %!

Twitter (wie SMS, nur 140 Zeichen) wurde 2007 gegründet, hat mehr als 230 Millionen Nutzer, aber bisher noch nie Gewinn gemacht! Warum die Aktie trotzdem so einen fulminanten Start hinlegte? Die Anleger gehen eine Wette auf die Zukunft ein, sie erwarten Gewinne.

Twitter-Chef Dick Costolo: „Wir sind alle sehr stolz." Er selbst verdient an diesem Tag auf dem Papier 253 Millionen Dollar. Twitter-Gründer Evan Williams, der rund zwölf Prozent der Anteile hält, sogar 2,6 Milliarden Dollar.

Zum bunt bemalten Sarg passt kein schwermütiger Trauermarsch – das hatte Hildebrandt verfügt: Die Express Brass Band spielt beschwingte Musik

Dieter Hildebrandt († 86)
Deutschlands fröhlichster Sarg

Rote Rosen schmücken den schlichten Kiefernsarg. Auf bunten Bildern leuchten Sonnenblumen, Wolken, ein „TSV 1860"-Schriftzug. Und ein Zitat von Erich Kästner: „Nie dürft ihr so tief sinken, von dem Kakao, durch den man euch zieht, auch noch zu trinken."

Als Familie und Freunde von dem großartigen Kabarettisten Dieter Hildebrandt Abschied nehmen, wird geweint – und gelacht. Die Bilder auf dem Sarg sind ein letzter Gruß seiner vier Enkel Franziska, Moritz, Luisa und Philip. Hildebrandt hatte sich eine heitere Feier gewünscht – nach seinem Lebensmotto „Lachen hilft".

Und kritisch sein auch. Münchens Oberbürgermeister Christian Ude sagte: „Dieter wird den himmlischen Engelscharen sagen, dass es keine Haltung ist, immer Ja, Halleluja und Amen zu sagen."

In der „Münchner Lach- und Schieß-gesellschaft" und im „Scheibenwischer" hielt er den Mächtigen den Spiegel vor: Dieter Hildebrandt erlag am 20. November einem Krebsleiden

„Man stirbt nicht im November – da sind die Blumen so teuer", sagte er

Manfred Rommel († 84). Sein Vater Erwin war General („Wüstenfuchs"), wurde von Hitler zum Selbstmord gezwungen

22 Jahre war er Oberbürgermeister von Stuttgart, prägte die Stadt (und das Land) mit seiner liberalen Grundhaltung.

Am 7. November stirbt Manfred Rommel (CDU) mit 84. Sein Nach-Nach-Folger als OB, Fritz Kuhn (Grüne), erinnert in seiner Trauerrede an einen Rommel-Spruch: „Den Löffel abgeben muss jeder, nur nicht im November – da sind die Blumen so teuer." Rommel litt seit den 90er-Jahren an der Parkinson-krankheit.

„Den Nobelpreis geben sie mir noch, bevor ich abkratze", sagte sie

Doris Lessing († 94). Ihre Erkenntnis, darüber schrieb sie: „Männer können zwischen Liebe und Sexualität trennen, Frauen nicht"

Doris Lessing war eine starke Frau. In Süd-Rhodesien (heute Simbabwe) aufgewachsen, kämpft sie gegen Rassismus, für Frauenrechte, gegen Kriege, schreibt 50 Bücher.

Als sie 2007 den Literaturnobelpreis bekommt, sagt sie: „An Tote wird er nicht verliehen. Also geben sie mir ihn, bevor ich abkratze."

Sie lebt noch sechs Jahre in London mit ihrem kranken Sohn. Kurz nach seinem Tod stirbt auch sie, am 15. November.

Peter Graf († 75)

Ein Leben für Steffi. Und mit Skandalen

Tochter und Vater, ein erfolgreiches Doppel: Steffi verdient die Millionen, Peter Graf ist Manager, Organisator, Trainer

Er war der berühmteste Tennis-Vater der Welt.

Als seine Tochter drei Jahre alt ist, beginnt er, sie zu trainieren. Als er erkennt, dass sie talentierter ist als andere Mädchen, verkauft er nicht mehr Autos und Versicherungen, sondern macht die Karriere seiner Tochter zu seinem Beruf.

Sie wird die Nummer eins der Welt. Keine Frage: Ohne den Ehrgeiz des Vaters hätte es die Tennis-Legende Steffi Graf nicht gegeben. Ende November ist Peter Graf mit 75 Jahren gestorben, an Bauchspeicheldrüsenkrebs.

Peter Graf war selbst zu einer Legende geworden. Er betreute seine Tochter mit großer Liebe, er organisierte ihr Leben von Erfolg zu Erfolg. Und von Million zu Million.

Er kassierte „schwarze" Antrittsgelder von Turnierveranstaltern, geriet wegen der Sex-Affäre mit einem Nacktmodell in die Schlagzeilen – und musste für mehr als zwei Jahre ins Gefängnis. Er hatte Steuern hinterzogen, über 15 Millionen Mark. Steffis Eltern ließen sich scheiden, Peter Graf heiratete wieder und verabschiedete sich aus den Schlagzeilen.

Steffi mit ihren Eltern Peter und Heidi. Nach seinem Gefängnisaufenthalt ließen sie sich scheiden

In allen Altersklassen ist sie die Beste, 1982 meldet Peter Graf seine Steffi als Profispielerin an. Da ist sie 13

1999 heiratet er ein zweites Mal, mit Britta beginnt ein neues Leben

Bussi fürs Bambi: Schauspieler Tom Schilling

Ein neues Tattoo: Moderatorin Miriam Pielhau

Carsten Maschmeyer und seine Veronica Ferres

Federhaft schön: Schauspielerin Josefine Preuß

ChrisTine Urspruch („Tatort" Münster) mit Ehema Tobias

BAMBI-VERLEIHUNG NR. 65

Superstars feiern das goldene Kitz

Willkommen zum Bambi! Welcome to the Bambi! Robbie Williams und Miley Cyrus sind zur 65. Verleihung nach Berlin gekommen. Teenager schreien wie Schlümpfe, strecken Miley die Zunge raus (ihre Lieblingsgeste). Doch die Pop-Prinzessin ist ganz brav. Robbie macht den Star-Gastgeber, begrüßt seine Co-Moderatorin Helene Fischer mit „Fräulein, ich liebe Dich" – da fliegen ihm die Herzen zu.

Zauberhaft: Model Lena Gercke

Widmete den ersten Song seiner Tochter „Teddy": Robbie Williams

Heiner Lauterbach mit seiner Victoria

Küsschen vom K Karl Lagerfeld Victoria Beck

Bambi fürs Lebenswerk: Udo Jürgens, gerührt

Gastgeber: Verleger Hubert Burda

Millenium-Bambi für „Microsoft"-Gründer Bill Gates

In Berlin ganz zugeknöpft: Popstar Miley Cyrus

Glänzend: Helene Fischer eröffnet die große Bambi-Gala

Nach sec Monaten Baby-Loc mit neue Frisur: Franzi va Almsick

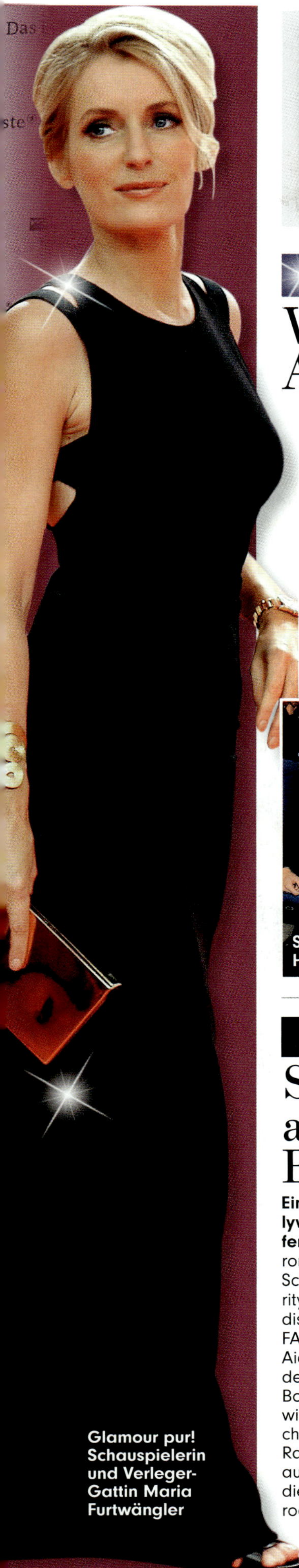

Glamour pur! Schauspielerin und Verleger-Gattin Maria Furtwängler

Mittwoch, 20. November

Donnerstag, 21. November

Freitag, 22. November

41. AMERICAN MUSIC AWARDS

Wer liefert den heißesten Auftritt ab?

Glitzer, Glamour – geil! So sexy schrill waren die „American Music Awards" noch nie. Auf dem roten Teppich geht es schon crazy los: Lady Gaga reitet auf einem menschlichen Pferd ein!

Auf der Bühne dann der Wettstreit: Wer liefert den heißesten Auftritt ab? Geschmackssache. Jennifer Lopez performte im sexy Fransenfummel von „Zuhair Murad", Lady Gaga glitzerte in „Versace". Perfekt beide.

Sexy und frech: Jennifer Lopez

Mister „Sexy Back"! Justin Timberlake

Sexy, aber fast brav: Lady Gaga

So sehen Sieger aus: Zayn Malik, Niall Horan, Liam Payne, Harry Styles und Louis Tomlinson (v. l.) von „One Direction"

„amFAR"-Gala

Sharon Stone strahlt auch in Bollywood

Eine Göttin aus Hollywood zu Besuch im fernen Indien: Sharon Stone eröffnet als Schirmherrin einer Charity-Gala die erste indische Aktion für „amFAR", einer Stiftung für Aids-Forschung. Unter den Gästen nicht nur Bollywood-Superstars wie Abhishek Bachchan und Aishwariya Rai Bachchan. Sondern auch Hilary Swank und die wilde Ke$ha. Die rockt die Bühne und lässt Haut und Goldzahn blitzen!

Schwarz, schön, strahlend: Sharon Stone

Ließ ihren Goldzahn blitzen: die wilde Ke$ha

Topmodel Lisa Haydon (l.), Modedesigner Tarun Tahiliani und Stylistin Anaita Adjania Shroff

Topmodel Alesia Raut, Inderin mit russischen Wurzeln

Ein kleiner Junge rührt den Heiligen Vater

Papst Franziskus fordert die katholische Kirche im November zu Reformen auf – mit drastischen Worten! In seinem ersten apostolischen Lehrschreiben, einer Art Regierungserklärung, heißt es: „Mir ist eine ‚verbeulte' Kirche, die verletzt und beschmutzt ist, lieber als eine Kirche, die aufgrund ihrer Verschlossenheit und ihrer Bequemlichkeit, sich an die eigenen Sicherheiten zu klammern, krank ist." Eine Szene vorm Petersdom (Foto) ein paar Tage vorher rührte die Welt: Ein kleiner Junge lief zum Papst, umarmte ihn, küsste sein Kreuz. Franziskus lächelte und predigte weiter.

Samstag, 23. November

Montag, 25. November

Dienstag, 26. November

Die 64000-Euro-Frage, Jauch ist entsetzt

Waldi, bekennender Weizen-Fan, versagt als Telefonjoker für Lena Gercke

Waldi scheitert bei Jauch

Natürlich weiß Waldemar „Waldi" Hartmann a l l e s über Fußball. Oder?

Bei Günther Jauchs Promi-Special „Wer wird Millionär" wird er als Telefonjoker zugeschaltet. Frage: siehe oben. Waldi: „Deutschland!" Prost Mahlzeit! Deutschland gewann 1974 in München 2:1 gegen Holland. Richtige Antwort: Brasilien (verlor 1950 in Rio gegen Uruguay 1:2).

Gute Fahrt! Die besten Autos des Jahres

Promi-Power und viel PS!

Zum 38. Mal verlieh BILD am SONNTAG zusammen mit AUTO BILD das „Goldene Lenkrad" – 300 Top-VIP's feiern die Oscars der Auto-Branche in Berlin. Die schönsten Wagen vorm Axel-Springer-Haus – eine schöne Frau drinnen am Mikro: Barbara Schöneberger moderiert den Abend. Axel-Springer-Vorstandschef Mathias Döpfner zieht in seinem Grußwort Parallelen zwischen Medienbranche und der Autoindustrie: „Wir bauen Zeitungen ohne Papier und Sie Autos ohne Benzin – vielleicht eines Tages sogar ohne Fahrer..."

▲ **Lächeln fürs Goldene Lenkrad (vorne sitzend v. l.): Martin Winterkorn (VW), Peter Schreyer (Hyundai-Kia), Friede Springer, Norbert Reithofer (BMW), Dieter Zetsche (Mercedes). Hintere Reihe v. l.: Bernd Wieland (AUTO BILD), Giuseppe Vita, Ralph Speth (Jaguar), Rupert Stadler (Audi), Frédéric Banzet (Citroën), Marion Horn (BILD am SONNTAG), Mathias Döpfner**

DAS SIND DIE GEWINNER

1 Klein- und Kompaktwagen: VW Golf (vor Seat Leon und Mazda3)

2 Bei Coupés und Cabrios gewinnt der Jaguar F-Type (Leser-Entscheidung)

3 Das Grüne Lenkrad geht an den BMW i3 (vor VW e-Up und Porsche Panamera S E-Hybrid)

Nr 4: In der Ober- und Luxusklasse siegt die Mercedes S-Klasse (vor Tesla Model S und Bentley Flying Spur)

Nr 5: Die Mittelklasse sichert sich Audi A3 Limousine (vor Skoda Octavia und BMW 3er GT)

Nr 6: Bei den Vans gewinnt der Citroën C4 Picasso (Leser-Entscheidung)

7 Bei den SUV ist der BMW X5 vorn (vor Range Rover und Ford Kuga)

Mittwoch, 27. November

Donnerstag, 28. November

Freitag, 29. November

Samstag, 30. November

Der Khedira-Schock

Die Qualifikation für die WM ist geschafft, nur noch zwei Freundschaftsspiele in diesem Jahr, das erste gegen Italien am 15. November in Mailand – und dann der Schock: Sami Khedira verletzt sich, Kreuzbandriss!

Schon am nächsten Tag wird er operiert. Schafft er es bis zur WM im Juni? Mittelfeldkumpel Toni Kroos: „Wir warten auf ihn." Jogi Löw: „Ich habe einen kleinen Funken Hoffnung."

Übrigens: Das Spiel endete 1:1.

Elf Millionen sehen es im ZDF: Sami Khedira liegt am Boden, mit der einen Hand hält er sein Knie, mit der anderen ruft er den Arzt

Tennis-Göttin Marie Pierce dient jetzt Gott

Mary Pierce bei einem Gottesdienst in Curepipe auf Mauritius. Foto rechts: 2001 bei den Australian Open. Ihr Markenzeichen: der Zopf

Selten hat ein so großer Sportstar sein Leben so radikal umgekrempelt. 17 Jahre lang gehörte Mary Pierce zur Weltspitze im Tennis. Die Französin holte zwei Grand-Slam-Titel, kassierte 7,3 Millionen Euro Preisgelder. Jetzt lebt sie als Missionarin auf Mauritius (vor der afrikanischen Ostküste). Die Tennisgöttin dient jetzt Gott. Sie hat sich der protestantischen Gemeinschaft „Church Team Ministries" angeschlossen, die zur Pfingstbewegung gehört und das Werk des Heiligen Geistes zum Mittelpunkt hat. Pierce: „Ich bin glücklich wie noch nie."

Weidenfellers Debüt – mit 33!

Lange hat er warten müssen, nun ist **Roman Weidenfeller** (von Dortmund) der älteste Torwartneuling der DFB-Geschichte. Mit 33 Jahren steht er gegen England in Wembley im deutschen Tor – und kassiert keinen Treffer! Per Mertesacker trifft per Kopf zum 1:0, das Länderspieljahr endet mit einem Sieg.

Kein Tor kassiert im Wembley-Stadion, Weidenfeller hofft: Nimmt Löw ihn mit zur WM, neben Neuer und Adler?

Taifun „Haiyan“ könnte den Weg nach vorn weisen

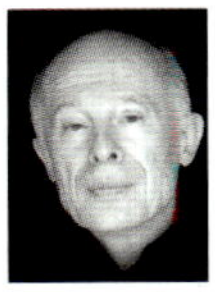

PROFESSOR HANS JOACHIM SCHELLNHUBER
Direktor des Potsdam-Instituts für Klimafolgenforschung

Die Satellitenfotos des ungeheuren Wolkenstrudels. Das von der Flutwelle an Land gespülte Frachtschiff in einem Meer von Trümmern. Die schwarzen Leichensäcke am Straßenrand – viele von uns können diese Bilder nicht vergessen. Der Taifun „Haiyan“ mit seinen Verheerungen auf den Philippinen war wahrscheinlich der stärkste Tropensturm, der seit Beginn der Aufzeichnungen auf Land traf. Brutal hat er uns vor Augen geführt, wie verletzlich die Menschen sind. Wir schicken Satelliten ins All, aber auf der Erde wüten Naturgewalten.

Nun gab es die immer. Was sich aber verändert hat: dass wir Menschen diese Naturgewalten buchstäblich anheizen. Dass dies immer deutlicher sichtbar wird. Und dass wir erkennen, die Zukunft liegt weitgehend in unserer Hand.

Viele Menschen haben nach „Haiyan“ zwei Fragen gestellt: Wie kommt es zu so einem Supersturm? Was können wir dagegen tun?

Ein Tropensturm wie „Haiyan“ braucht enorme Energie. Die holt er sich aus dem Temperatur-Unterschied zwischen dem warmen Meereswasser und einer kühlen Luftschicht einige Kilometer über uns. Bei keinem solchen Sturm lässt sich eindeutig die menschgemachte Klimaveränderung als Ursache feststellen. Zu komplex ist die Natur. Aber Fakt ist: Weil wir zu viel Kohle, Öl, Gas verbrennen, setzen wir massenweise Treibhausgase wie CO_2 frei. Unser Planet heizt sich dadurch auf – und die meiste Wärme geht in die Ozeane. Dorthin, wo ein Taifun sich seine Zerstörungskraft holt.

Messdaten von Bojen zeigen, wie die Meere wärmer werden. Messdaten von Satelliten zeigen, wie sich die besonders schweren Tropenstürme häufen. Gewissheit gibt uns das nicht. Manche Datenreihen sind zu kurz. Aber die Zeichen weisen in eine Richtung.

Klar ist auch, dass die menschgemachte Klimaveränderung die Folgen von Stürmen wie „Haiyan“ verschlimmert. Das Schmelzen der Gletscher etwa trägt zum Anstieg des Meeresspiegels bei. Das aber kann die zerstörerische Flutwelle bei einem Taifun zusätzlich anschwellen lassen. Und die wärmere Luft hält mehr Feuchtigkeit, die beim Tropensturm als Starkregen runterkommt.

Klimaveränderung heißt keineswegs, dass es immer und überall wärmer wird, oder dass Stürme allerorten ständig zunehmen. Von Weltgegend zu Weltgegend, von Jahrzehnt zu Jahrzehnt sind die Folgen unterschiedlich. Klimaveränderung heißt aber, dass die ausgestoßenen Treibhausgase unsere globale Umwelt durcheinanderbringen. Das lässt die Risiken wachsen.

Was kann man tun? Wenige Tage nach „Haiyan“ trafen sich Vertreter der Staaten der Welt in Warschau zum Klimagipfel. Es war der neunzehnte seiner Art, wieder wurde endlos geredet. Yeb Sano, von den Philippinen entsandt, weinte, als er dort sprach. „Stoppt diesen Wahnsinn“, sagte er. Es dürfe keinen dreißigsten oder vierzigsten Klimagipfel geben, bevor der Ausstoß von CO_2 drastisch verringert wird. „Wir schaffen das“, sagte er. Auch damit hat dieser November vielleicht unser Leben verändert.

Wenn man es wirklich will, lässt sich der Klimawandel bremsen. Die deutsche Energiewende könnte es vormachen, trotz all dem Gezänk und Gejammer bei den Lobbyisten. Könnte zeigen, wie eine Industrienation sich frei macht von Kohle, Öl, Gas, und den Einstieg schafft in eine neue industrielle Revolution. Und wie Investitionen heute zu Erträgen morgen führen.

Dieser todtraurige November mit Taifun „Haiyan“ könnte den Weg nach vorne weisen. Wenn wir ihn zu gehen wagen.

Warmes Meerwasser ist verdunstet, der Tropensturm „Haiyan" hat sich mit enormer Energie aufgeladen, dreht sich mit immer größerer Geschwindigkeit um sein Auge (der schwarze Punkt), rast auf die philippinische Küste zu. Ein Wettersatellit sendet dieses faszinierende Bild, das den Schrecken ahnen lässt

NELSON MANDELA († 95) Sein Geist wird ewig leben

O ja, wir schauen auf eine andere Kultur: Nelson Mandela stirbt am 5. Dezember 2013, die ganze Welt ist berührt, in den USA werden die Flaggen auf halbmast gesetzt, die Erdkugel scheint sich aus Respekt langsamer zu drehen – und in Südafrika wird getanzt.

Trauer? Ja, natürlich, aber in der Heimat dieses „Giganten der Geschichte" wird nicht nur geweint, sondern auch lachend für dieses große Leben gedankt. Alle sind sich einig: Nelson Mandela hat die Welt besser gemacht, sein Geist wird ewig leben.

Nächste Seite: Die fröhlichste Trauerfeier aller Zeiten.

NELSON
MANDELA
SA RUGBY
NELSON MANDELA

Er kämpfte gegen die Rassentrennung, ging dafür 27 Jahre ins Gefängnis, führte sein Land in die Demokratie: Nelson Mandela wurde 95 Jahre alt

Mandelas Lebensleistung: Schwarz und Weiß vereint – jetzt in Trauer um ihn

ABSCHIED VON
NELSON MANDELA.
FAST 100 STAATS- UND REGIERUNGS-CHEFS SIND DABEI

Mandela 1966 auf der Gefängnisinsel Robben Island

Die fröhlichste TRAUERFEIER aller Zeiten

e singen, tanzen, lachen, 000 machen im Stadion n Johannesburg die auerfeier für Nelson Manla zur wohl fröhlichsten er Zeiten.
Fast hundert Staats- d Regierungschefs sind , auch Joachim Gauck. e ehren den Mann, der Jahre im Gefängnis saß, nn Präsident wurde, die hwarzen und die Weißen miteinander versöhnte, den Friedensnobelpreis erhielt. Und die Welt sieht, wie Mandelas Geist weiter wirkt: Barack Obama begrüßt im Stadion Kubas Präsidenten Raúl Castro mit Handschlag, **beide lächeln sich an.** Ein historischer Augenblick: Seit 50 Jahren sind sich die USA und Kuba spinnefeind – jetzt reden die Chefs wenigstens mal miteinander…

Obama und die Witwe, Graca Machel. Lachen bei der Trauerfeier? „Mandela wollte es", sagt sie

i Annan (l.), UN-Generalsekretär, l Desmond Tutu, der here Erzbischof

U2-Sänger Bono und Südafrikas Hollywood-Star Charlize Theron

Mandelas frühere Ehefrau Winnie

Südafrikas Präsident Jacob Zuma

nz Charles hört zu den Trauersten …

… ebenso wie TV-Star Oprah Winfrey und Unternehmer Richard Branson

Das Foto vom „Selfie" geht um die Welt: Obama, Dänemarks Helle Thorning Schmidt und Briten-Premier Cameron

Im Dorf Qunu hat Mandela als Kind gespielt, hier wird er beigesetzt

PAUL RONZHEIMER
BILD-Chefreporter

Mein Abschied von Mandela. Er trägt ein Batikhemd

Er schafft mit seinem Abschied das, was er gelebt hatte: alle zu vereinen, Hand in Hand!

Der Tod von Nelson Mandela – Hunderttausende Menschen feiern im Dezember Abschied von „ihrem" Madiba (wie Mandela in Anlehnung an einen verstorbenen Stammesführer genannt wurde). Wir, die BILD-Reporter, sind im FNB-Stadion in Johannesburg dabei.

Es ist kurz nach sechs Uhr morgens. Mit Tausenden Südafrikanern warten wir im Dauerregen darauf, dass das Stadion die Pforten öffnet. Schon hier draußen singen sie, lachen, tanzen, blasen in ihre Vuvuzelas. Stunden später ist die Trauerfeier eine einzige Party für Mandela. Der Himmel weint nicht – in Südafrika gilt der Regen als „Segen der Ahnen".

Die Menschen, die wir treffen, sind voller Emotionen. Aimee, sie ist erst 20, sagt: „Madiba hat uns so viel gegeben, der Kampf gegen den Rassismus muss weitergehen – auch für ihn." Vor uns zeigt ein Mann sein Plakat als Dank und Mahnung zugleich: „Dein Opfer ist das Licht, das uns führt!" US-Präsident Barack Obama findet besonders persönliche Worte: „Er verstand, dass Ideen nicht von Gefängnismauern eingesperrt oder von der Kugel eines Scharfschützen ausgelöscht werden können. Obwohl ich Madibas Vorbild nie gerecht werden kann, will ich ein besserer Mensch sein."

Einen Tag später in Pretoria. Wir stehen am Straßenrand, Mandelas Leichnam wird in einem Van vorbeigefahren. Danach warten wir knapp zwei Stunden vor dem Regierungsgebäude, hier darf die Öffentlichkeit Abschied nehmen. Die Schlange wird jede Minute länger. Keine Kameras, kein Handy erlaubt – strenges Fotoverbot. Winnie Mandela, die frühere Frau dieses wunderbaren Mannes, weint, als sie am Sarg vorbeigeht. Dann der Moment, den wir aus Südafrika für immer in Erinnerung behalten werden: Durch eine Glasscheibe können wir den Leichnam von Mandela sehen. Er trägt eines seiner berühmten Batikhemden, er sieht ganz ruhig aus, friedlich. Fast so, als hätte ihm die Party zu seinen Ehren gefallen…

BILD-ADVENTS-KALENDER Ab sofort jeden Tag 41 000 Euro gewinnen!

Trauer um Peter Graf (76)

Erstmal zu Penny

Bild

KREBS! Steffi Grafs Vater ist tot

Schalke boykottiert ZDF

Montag, 2. Dezember

Dieter Hildebrandt († 86)

Deutschlands fröhlichster Sarg

Bild

Jeder kann Ihr Handy knacken!

Trickserei bei WM-Auslosung?

Dienstag, 3. Dezember

Exklusiv

Klitschko Darum kämpfe ich für mein Land

KARL DALL Meine schrecklichen 4 Tage im Knast

Jenny Elvers Sturz, Klinik!

Bild

Blamage für Schalke

Mittwoch, 4. Dezember

BILD bricht ein großes Tabu

Deutschland zeigt seine Gehalts-Zettel

REWE

Bild

Donnerstag, 5. Dezember

GROSSE KOALITION PERFEKT +++ GROSSE KOALITION PER

Brachte 75,9 Prozent Zustimmung seiner SPD-Basis für die Große Koalition mit: Sigmar Gabriel ist gut gelaunt, ebenso wie Angela Merkel

Die kürzeste VERBINDUNG zwischen zwei Menschen ist – ein LACHEN

Jedem Anfang wohnt ein Zauber inne – auch wenn noch nie so lange gewartet wurde: 86 Tage nach der Wahl, am 17. Dezember, wird Angela Merkel zum dritten Mal als Bundeskanzlerin „gekrönt", das Kabinett ist vereidigt, alle haben feierlich mit der Formel „So wahr mir Gott helfe" auf das Grundgesetz geschworen. Die Arbeit kann beginnen.

SPD-Chef Sigmar Gabriel sitzt neben Angela Merkel auf der Regierungsbank, Vize-Kanzler und Kanzlerin. Die kürzeste Verbindung zwischen zwei Menschen ist ein Lächeln, heißt eine Lebensweisheit. Die beiden lachen sich sogar an – ist also alles gut? Ist die Große Koalition mit 80 Prozent Mehrheit im Parlament das Beste für Deutschland?

Vorsichtshalber erinnert die BILD-Zeitung an „Die Vierte Macht im Staat", an die Medien, und erscheint mit der Schlagzeile: „Liebe Große Koalition, WIR sind jetzt eure APO! Ab heute haut BILD der Regierung munter auf die Finger".

(APO = „Außerparlamentarische Opposition", die ab 1966 die damalige Große Koalition lautstark kritisierte)

DAS **NEUE KABINETT** DER ANGELA MERKEL – MIT BUNDESPRÄSIDENT GAUCK

Jeder hat vom Bundespräsidenten die Ernennungsurkunde erhalten – jetzt die Aufstellung zum „Klassenfoto" (v. l.):

Peter Altmaier (CDU, Kanzleramt), **Gerd Müller** (CSU, Wirtschaftliche Zusammenarbeit und Entwicklung), **Alexander Dobrindt** (CSU, Verkehr und digitale Infrastruktur), **Barbara Hendricks** (SPD, Umwelt, Naturschutz, Bau und Reaktorsicherheit), **Hans-Peter Friedrich** (CSU, Ernährung und Landwirtschaft), **Ursula von der Leyen** (CDU, Verteidigung), **Thomas de Maizière** (CDU, Inneres), **Andrea Nahles** (SPD, Arbeit und Soziales), **Angela Merkel** (CDU, Bundeskanzlerin), **Joachim Gauck** (Bundespräsident), **Sigmar Gabriel** (SPD, Vize-Kanzler, Wirtschaft und Energie), **Frank-Walter Steinmeier** (SPD, Auswärtiges), **Heiko Maas** (SPD, Justiz und Verbraucherschutz), **Hermann Gröhe** (CDU, Gesundheit), **Wolfgang Schäuble** (CDU, Finanzen), **Johanna Wanka** (CDU, Bildung und Forschung), **Manuela Schwesig** (SPD, Familie, Senioren, Frauen und Jugend)

Die Welt trauert um Nelson Mandela
Bild
Der Sturm

Freitag, 6. Dezember

HAMMER-GRUPPE BEI DER WM
Wir gegen Klinsi und Ronaldo
Bild
Sabia & Rafael
Fehlgeburt im 5. Monat

Samstag, 7. Dezember

Danke, ihr Helden der Herzen!
Bild
Erstmal zu Penny

Montag, 9. Dezember

Bild
SEX IM KNAST
In BILD spricht der Wärter, der die Baby-Mörderin schwängerte!

Dienstag, 10. Dezember

T +++ GROSSE KOALITION PERFEKT +++ GROSSE KOALITION

„So wahr mir Gott helfe": Merkel schwört vor Bundestagspräsident Norbert Lammert den Amtseid

Ursula von der Leyen legt los: Blitz-Flug an den Hindukusch

Boots, Jeans, Steppjacke, dicker Schal: Die Verteidigungsministerin ist da! Bundeswehrjacke oder -mütze wie ihre Vorgänger? Nein, danke. Ursula von der Leyen bei ihrer Truppe im Camp Marmal in Mazar-i-Sharif

Ein Schwur und ein Gruß

Angela Merkel schwört auf das Grundgesetz und bei Gott, ihre Mutter Herlind Kasner sitzt auf der Tribüne. 2009 war Vater Horst noch dabei, ihn trug die Kanzlerin 2011 zu Grabe.

Ein Gruß zur Tochter: Merkels Mutter Herlind Kasner winkt von der Besuchertribüne

2005 und 2009 bekam sie die Urkunden von Horst Köhler, jetzt von Joachim Gauck

Ursula von der Leyen hilft Wolfgang Schäuble zur Regierungsbank

Sie ist die wirklich große Sensation der Großen Koalition: Ursula von der Leyen ist Deutschlands erster weiblicher Verteidigungsminister, sorry, erste Verteidigungsministerin!

Und sie geht gleich ans Werk: Fünf Tage nach Amtsantritt und zwei Tage vor Heiligabend landet sie morgens um 7 Uhr auf dem Flughafen des Camp Marmal in Mazar-i-Sharif, dem letzten großen deutschen Feldlager in Afghanistan. 3300 Mann sind hier am Hindukusch immer noch im Einsatz, bis Ende 2014 wird die Truppe abziehen. „Die Neue" stellt sich vor, sitzt mit am Frühstückstisch, dankt „für die großartige Leistung, die hier alle erbringen". Sie bleibt zwei Tage.

Und in Deutschland spekulieren Kommentatoren, ob Ursula von der Leyen 2017 Nachfolgerin Angela Merkels werden könne...

Nach der Vereidigung. Ursula von der Leyen zeigt ihrem Vorgänger Thomas de Maizière ihre Familie auf der Tribüne: Mann, zwei Söhne, fünf Töchter – alle sind gekommen

SPENDEN-GALA „EIN HERZ FÜR KINDER"

EIN HERZ FÜR KINDER

Auf diesen Deutschland

Sie hielt die Laudatio auf 007-Legende Roger Moore, der sich seit Jahrzehnten als Sonderbotschafter für das Kinderhilfswerk UNICEF engagiert: Veronica Ferres

Kam, sang und spielte: Birdy aus England

Ein unvergesslicher Abend voller Mitgefühl und großer Stars. Die „Ein Herz für Kinder"-Gala – Emotionen, Freudentränen und eine gigantische Spendensumme: 16.386.291 Euro kommen zusammen, bis Moderator Johannes B. Kerner in der Live-Sendung des ZDF Danke und Tschüs ruft.

Das Spenden-Konto wird natürlich nicht geschlossen, so werden es schließlich mehr als 17 Millionen.

Und das Konto bleibt offen – für alle Spender, die bis zur nächsten Gala im Dezember 2014 nicht warten wollen:

Kto-Nr. 067 67 67
Deutsche Bank Hamburg
BLZ 200 700 00.

(Ab Februar 2014 muss folgende Nummer auf die Überweisung geschrieben werden: **IBAN DE60 2007 0000 0067 6767).**

Wichtig für alle Spender: Jeder Euro wird für bedürftige Kinder verwendet!

Das Finalfoto der Gala finden Sie ganz am Ende dieses Jahrbuches.

Großartige Moderation: Johannes B. Kerner

Auch die Frisur sitzt: Verona Pooth

Immer auch für Kinder in aller Welt im Einsatz: Maria Furtwängler

Guido Westerwelle, Hollywood-Produzent Arthur Cohn (6 Oscars), Friede Springer

Tina Ruland (l.) und Regina Halmich

Wladimir Klitschko und seine Hayden Panettiere

Jenny Elvers und Steffen von der Beeck

Abend kann stolz sein

Das „Goldene Herz" für Sir Roger Moore! „Ich wünschte, ich könnte die Welt retten wie James Bond", sagt er

Mit einem Berliner Kinderchor: Andrea Berg

Schönes Doppel: Carmen ebel (l.) und Kati Witt

Kaum zu glauben: Im September 2014 wird Musikgenie Udo Jürgens 80 Jahre!

Frisch verbandelt und gemeinsam am Spendentelefon: TV-Mann Oliver Pocher und Tennisstar Sabine Lisicki

Ein Fußballtrikot für Philipp!

Ein Superabend für Philipp: Der 4-Jährige bekommt von seinem Lieblingskicker Cacau ein Stuttgarttrikot. Und im Januar kann er wieder in die Kita – Krebs besiegt!

Ein Rennauto für Valentin!

Bei Oma auf dem Schoß: Valentin (4) hat ein verkürztes Bein, wird in den USA operiert. Er freut sich über einen Rennwagen mit Fernsteuerung.

Michèles Geburtstagswunsch: SPENDET!

Eine Stimme zum Niederknien: „The Voice Kids"-Siegerin Michèle begeistert Millionen am Fernseher. Sie hat Geburtstag, wird 13 – als Kerner ihr gratuliert, schluchzt sie: „Tut mir bitte einen Gefallen und spendet!"

Auf einem Bild: Zwei Vorbilder!

Benediktiner-Schwester Raphaela (r.) berichtet zum vierten Mal von ihrer Arbeit in Tansania, Schwester Damian ist zum ersten Mal bei der Gala, sie hilft Kindern in Kenia. Zwei Vorbilder!

Mittwoch, 11. Dezember

Donnerstag, 12. Dezember

Freitag, 13. Dezember

Samstag, 14. Dezember

BOX-WELTMEISTER LEGT TITEL NIEDER. **POLITIK** IST WICHTIGER

DIE K.O.LUMNE

von VITALI KLITSCHKO*

Direkt aus dem Herzen Kiews: Weltexklusiv berichtet Klitschko täglich in einer BILD-Kolumne vom Maidan

Nacht für Nacht auf dem bitterkalten Maidan in Kiew. Vitali Klitschko und Mitkämpfer für Europa wärmen sich an einer brennenden Tonne

Klitschko kämpft für seine Ukraine

Seit 2010 Präsident der Ukraine: Viktor Janukowitsch. Klitschko fordert ihn heraus

Immer wieder sind es Hauptstadtplätze, von denen der Ruf nach mehr Freiheit in die Welt hinausgeht – und wo die Hoffnung immer wieder stirbt: der Tahrir-Platz in Kairo, der Taksim-Platz in Istanbul und jetzt der Maidan in Kiew.

Wie aus heiterem Himmel sagt der Präsident der Ukraine, Viktor Janukowitsch, die Unterzeichnung eines Assoziierungsvertrages mit der EU ab, stattdessen kettet er sich in Moskau an Wladimir Putin – verbilligte Gaslieferungen, 15-Milliarden-Dollar-Kredit. Helle Empörung zu Hause: Auf dem Maidan demonstrieren Hunderttausende bis über die Jahreswende hinaus für Europa – an der Spitze Box-Weltmeister Vitali Klitschko. Vergeblich? Im Parlament unterliegen Klitschko und die Opposition mit einem Abwahlantrag, einen Rücktritt lehnt Janukowitsch ab.

Box-Weltmeister Wladimir Klitschko (l.) unterstützt seinen Bruder. Vitali am Megafon: „Janukowitsch verkauft unser Land“

Soldaten knüppelten auf Demonstranten ein, Klitschko stellt sich entgegen. Seinen Box-WM-Titel lässt er ruhen

Hier kommt Merkels GroKo!
BILD erklärt die neue Regierung
Erstmal zu Penny

Montag, 16. Dezember

Liebe Große Koalition, WIR sind jetzt eure APO!
Ab heute haut BILD der Regierung munter auf die Finger
Schalke gegen Ronaldo
Bayern gegen Özil

Dienstag, 17. Dezember

Die große GroKo-Show!
Bayern im WM-Finale

Mittwoch, 18. Dezember

Charlotte Baby da!
Regierung trickst mit Renten-Beiträgen
Vater des Killer-Nazi sorgt für Eklat beim NSU-Prozess
Herr Richter, Sie sind ein kleiner Klugscheißer!

Donnerstag, 19. Dezember

FDP Lindner ist der neue Chef

Nach dem Absturz bei der Septemberwahl (4,8 Prozent, nicht mehr im Bundestag) tauschen die Liberalen ihre Führungsmannschaft komplett aus. Nachfolger von **Philipp Rösler** als Parteichef ist **Christian Lindner**, mit 34 Jahren bei der Wahl jüngster Vorsitzender aller Zeiten. An seiner Seite als Stellvertreter: der erfahrene **Wolfgang Kubicki**. Generalsekretärin: **Nicola Beer**.

Christian Lindner

HESSEN Jetzt schwarz-grün

Hessen ist ein politisches Farblabor: 1985 startete hier die erste rot-grüne Regierung (mit Joschka Fischer als Umweltminister), ab Januar 2014 regiert hier die erste schwarz-grüne Regierung in einem Flächenland (Hamburg als Stadtstaat hat's mal versucht). CDU-Ministerpräsident ist **Volker Bouffier**, sein grüner Vize **Tarek al-Wazir** Minister für Wirtschaft und Verkehr.

Bettina Wulff als Zeugin im Prozess gegen ihren Mann

HASS? „Davon kann keine Rede sein"

Seit elf Monaten leben sie getrennt, halten allerdings freundschaftlichen Kontakt, auch wegen des gemeinsamen Sohnes: Bettina und Christian Wulff im Landgericht

Sie lacht, schmiegt sich an seine Wange, haucht einen Kuss...

Als Ex-First-Lady Bettina Wulff am 12. Dezember im Landgericht Hannover auf Noch-Ehemann Christian trifft, zeigt sie demonstrativ, wie gut sie sich verstehen – trotz Trennung.

Sie sagt als Zeugin im Prozess gegen den Ex-Bundespräsidenten aus. Es geht darum, dass der Filmmanager David Groenewold 2008 bei einem Oktoberfestbesuch Teile der Wulff-Rechnung (Hotel-Upgrade, Trinkgeld fürs Kindermädchen, Brotzeit) übernommen hat. Ist das Vorteilsnahme im Amt? Bettina Wulffs Aussage ist eindeutig: Sie seien mit Groenewold befreundet gewesen – das war ein „Geben und Nehmen".

Richter Frank Rosenow fragt auch nach dem „Verhältnis zum Angeklagten". Kein Hass unter Getrennt-Lebenden? Bettina Wulff: „Davon kann keine Rede sein." In einer Zwischenbilanz am 19. Dezember macht Richter Rosenow deutlich, dass er den Prozess abkürzen wird. Eine Verurteilung halten Beobachter für ausgeschlossen. Eine Einstellung allerdings lehnt Wulff ab, er will einen Freispruch.

Vorsitzender Richter im Prozess gegen Wulff: Frank Rosenow

GENSCHERS GROSSER COUP

PUTIN LÄSST ERZFEIND CHODORKOWSKI NACH ZEHN JAHREN FREI

Berlin, Flughafen Schönefeld, 20. Dezember, 15.09 Uhr. Eine Cessna Citation C12+ (Kennung D-IO-BO) setzt sanft auf der Rollbahn auf. **An Bord: Michail Chodorkowski, schärfster Kritiker des russischen Präsidenten und früherer Öl-Milliardär.** Wladimir Putin hat ihn begnadigt. Nach zehn Jahren Straflager.

Vor der Cessna wird Chodorkowski von Hans-Dietrich Genscher begrüßt – er hat die Freilassung erwirkt, es ist sein großer Coup. Monatelang hat der frühere deutsche Außenminister in feinster Geheimdiplomatie mit den Russen verhandelt, zweimal sogar mit Putin persönlich. Chodorkowski dankt ihm von Herzen, lässt sich ins Berliner Hotel „Adlon" fahren, dort kann er später seine Familie in die Arme nehmen. Am Tag danach gibt der Putin-Gegner eine Pressekonferenz – im Mauermuseum am „Checkpoint Charlie", an der kältesten Stelle des Kalten Krieges. Er bleibt über Silvester in Berlin, wird dann zunächst in der Schweiz leben. Politik? Nein, daran und an Macht sei er nicht interessiert.

Frei: die „Pussy Riots" Maria Aljochina (l.), Nadeschda Tolokonnikowa

Das Foto fürs Geschichtsbuch: Michail Chodorkowski wird von Hans-Dietrich Genscher auf dem Berliner Flughafen Schönefeld begrüßt

1414 LESER-REPORTER

Mit dem Start der 1414-App begann ein neues Zeitalter der BILD-Leser-Reporter

HANDYFOTO 10 000 Euro gewann Stefan (36) aus St. Johann (Österreich) mit dem knutschigen Kinderwagenfoto von Tochter Vittoria (2 Monate)

So sehen Sieger-Fotos aus

Seit über 7 Jahren sind Leser von BILD auch Reporter für BILD. Über 1,1 Millionen Fotos haben sie an „1414" geschickt, mehr als 21 000 wurden gedruckt und mit über 3,1 Millionen Euro Honorar belohnt. Im Oktober 2013 begann für Leser-Reporter ein neues Zeitalter: In der 1414-App und auf www.1414.de können sie an Fotowettbewerben („Missionen") teilnehmen und Preisgeld gewinnen. Hier erste Sieger.

TATTOO 300 Euro für Sven (30) aus Friedberg und sein Körperkunstwerk

KATZE 300 Euro erschnurrte sich Teddy (4 Monate) für Frauchen Kristina (21) aus Mowers

HUND 3000 Euro für Annett (28) aus Kamenz, die Jack-Russell-Welpe Lotti beim Kuscheln mit Samojede Baldo fotografierte

SCHWESTERHERZ 300 Euro gewannen Charline (20, l.) und Angelina (13) aus Wiesbaden

MAMMING 333 Euro für dieses Pro-Brustkrebsvorsorge-Foto von Jennifer (25) aus Aalen

BART 200 Euro bekam René (35) aus Würzburg für seine geschäumte Marie

SIXPACK 100 Euro brachte dieser Klick für die durchtrainierte Julie (31) aus Hamburg

PO 1000 Euro für Deborah (26) aus Schrozberg

HALLOWEEN 222 Euro für den Gruselauftritt von Josephine (22) aus Dortmund

MÜTZE 200 Euro kassierte Ismail (24) aus Essen für den Vollbart-Strick

HAARE 200 Euro für die BILDschöne Frisur von Maxi (20) aus Eppingen

YOGA 250 Euro erturnten sich Jessica (20) und Yolanda (18, unten) aus München

KUSS 1000 Euro für Michael (29) aus Köln und Marie (8 Monate)

STAR 250 Euro für Senol (28) aus Offenbach mit Weltstar Miley Cyrus

„Vorwürfe sind nicht belegbar“
Richter will Wulff-Prozess beenden!
Bild
Schlager-König Wendler zieht ins Dschungel-Camp!

Freitag, 20. Dezember

Bild
Russen-Krimi in Berlin!
Putin begnadigt seinen Erzfeind – Nach 10 Jahren Straflager Flug nach Deutschland – Genscher hat alles eingefädelt

Samstag, 21. Dezember

Tatort-Star zieht ins Dschungel-Camp!
Bild
Liebes-Aus!
Erstmal zu Penny
Die neuen Reiseziele 2014

Montag, 23. Dezember

Jenny Elvers schwanger
Justin Bieber sucht eine Freundin
Bild
Heute nur gute Nachrichten

Dienstag, 24. Dezember

Wurde 84 Jahre alt: Ronnie Biggs

Posträuber Biggs stirbt im Heim

Ein irres Leben als Verbrecher und Lebemann: Ronald Biggs überfällt 1963 mit seiner Bande in England einen Postzug, Beute (heutiger Wert) 54 Mio. Euro. Er wird geschnappt, kann fliehen, zeugt in Brasilien einen Sohn, wird deswegen nicht ausgeliefert – und weltberühmt. Er gibt Interviews, schreibt Bücher, singt mit den „Sex Pistols“, sein Leben wird verfilmt. Schwer krank kommt er nach London zurück, stirbt am 18. Dezember in einem Pflegeheim.

Peter O'Toole († 81)

Das waren Hollywoods blaueste Augen

Er wächst in ärmlichen Verhältnissen auf, kommt erst mit elf in die Schule, sieht mit 18 ein Stück von Shakespeare – da ist es um Peter O`Toole geschehen: Er wird Schauspieler. Mit 23 steht er als „Hamlet“ auf der Bühne, wird für den Film entdeckt, spielt 90 Rollen – „Lawrence von Arabien“ macht ihn weltberühmt. Acht Mal nominiert man ihn für den Oscar, 2007 erhält er den Ehren-Oscar, den er – etwas beleidigt – zunächst ablehnt. Seinen Kindern zuliebe nimmt er ihn an. Jetzt haben sich „Hollywoods blaueste Augen“ für immer geschlossen, O`Toole stirbt in London mit 81 Jahren.

Legendär: O'Toole 1962 als Lawrence von Arabien. Sein Schauspielerfreund Noël Coward lästerte: „Wärst du noch hübscher gewesen, der Film hätte ‚Florence von Arabien‘ geheißen“

Mit Romy Schneider 1965 in „What's new Pussycat“

2003 im Sandalen-Film „Augustus – Mein Vater, der Kaiser“

Weltweit geliebt: Paul Walker. Fans kennen dieses Zitat von ihm: „Wenn mich eines Tages die Geschwindigkeit umbringt, dann weint nicht, denn ich habe gelächelt“

Paul Walker († 40) Action-Star verbrennt im Porsche

Schnelle Autos waren sein Leben. Und sein Tod.

Der Schauspieler Paul Walker wird 2001 zum Superstar durch „The Fast and the Furious“ – ein Film um illegale Straßenrennen. Kino-Kult, mehr als 160 Millionen Dollar Einnahmen, fünf Fortsetzungen folgen.

Jetzt sein Tod. Walker sitzt in einem Porsche Carrera GT (612 PS, 330 km/h Spitze). Am Steuer: der Rennfahrer Roger Rodas. Sie kommen von einer Autoshow, die eine von Walker gegründete Hilfsorganisation für die Opfer des Taifuns „Haiyan“ veranstaltet hat. Rodas rast, der Wagen knallt erst gegen einen Mast, dann gegen einen Baum, geht in Flammen auf. Beide Männer verbrennen.

Das Porschewrack in Valencia (Kalifornien): Walker und Rodas hatten keine Chance

„Ich habe immer nach dem Prinzip gelebt, dass das Schicksa

DAS

Michael Schumacher: „Ich bin kein Geschwindigkeits-Junkie. Ich mag nur die Geschwindigkeit"

estimmen wird, wo und wann etwas passiert" *(Michael Schumacher)*

SCHUMI-DRAMA

Hier ist es passiert. Der Helikopter bringt Schumacher in die Klinik

Felsen im Tiefschnee zwischen den beiden Pisten. Schumacher wollte offensichtlich von der einen zur anderen wechseln

Michael Schumacher, der Formel-1-Weltmeister: Ein Leben in Höchst-Geschwindigkeit, immer am Limit? Die Nachricht von der Ski-Katastrophe scheint das zu bestätigen. Doch dann wird klar: Er ist nicht gerast, er hatte sogar gestoppt, einem Mädchen geholfen – und dann unglaubliches Pech

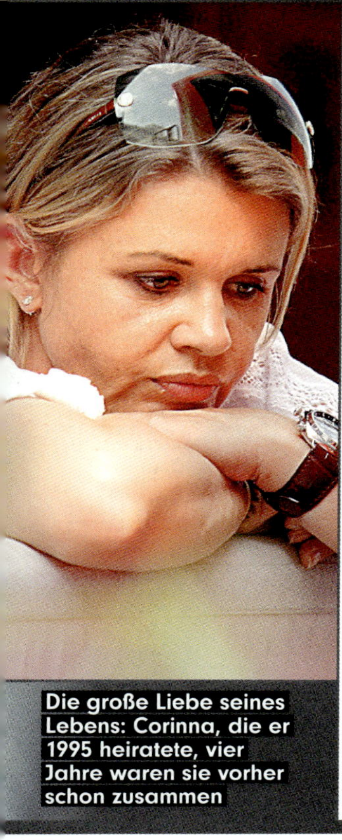
Die große Liebe seines Lebens: Corinna, die er 1995 heiratete, vier Jahre waren sie vorher schon zusammen

Es sind diese Tage zwischen Weihnachten und Neujahr, die Michael Schumacher besonders genießt.

Ski-Urlaub mit der Familie in den französischen Alpen! Stolz zu erleben, wie Sohn Mick mit seinen 14 Jahren auf den Brettern schon (fast) besser als der Vater unterwegs ist. Zwei Tage vor Silvester, am letzten Sonntag des Jahres 2013, sind die beiden wieder auf Männertour, in der Nähe des noblen Wintersportortes Méribel, in dem die Schumachers ein Chalet besitzen. Freunde begleiten Vater und Sohn.

Am 2783 Meter hohen Saulire dann die Katastrophe. Es ist kurz vor 11 Uhr. Michael Schumacher hilft der Tochter eines Freundes, die gestürzt ist, fährt danach in den Tiefschnee zwischen der blauen, eher leichten Piste „Chamois" und der roten (mittelschweren) „Biche". Er schrammt über einen schneebedeckten Felsen, verliert die Kontrolle, knallt mit der rechten Seite seines Kopfes gegen einen scharfen Felsen. Es war Pech, fürchterliches Pech. Die Freunde sind sofort bei ihm, Schumis Helm ist aufgerissen, Blut tritt aus der Schläfe.

Schon vier Minuten später sind Helfer und Sanitäter zur Stelle, Schumacher ist ansprechbar, aber verwirrt. Ein Hubschrauber hebt mit ihm um 11.30 Uhr ab, muss aber zwischenlanden – der Patient ist kollabiert. Ein Schlauch zur künstlichen Beatmung wird angelegt, dann geht der Flug weiter ins Krankenhaus nach Albertville-Moûtiers. Von dort wird er ins Traumazentrum der Uni-Klinik von Grenoble geflogen, wo er um 12.40 Uhr eintrifft. Bei einer MRT-Untersuchung erkennen die Ärzte Blutungen auf beiden Gehirnseiten, Schumacher wird notoperiert, in ein künstliches Koma versetzt, auf die Intensivstation verlegt. Aus Paris fliegt der Gehirnchirurg Gérard Saillant ein.

Schumachers Ehefrau Corinna, Sohn Mick, die 16-jährige Tochter Gina-Maria sind bei ihm. Auch Vater Rolf und sein Bruder Ralf. Jean Todt, der Präsident des Weltautomobilverbandes FIA, und der Formel-1-Stratege Ross Brawn eilen kurz nach Mitternacht in die Klinik. Schumacher, Todt, Brawn – diese drei beherrschten jahrelang den Rennsport: Als Fahrer, Teamchef, „Superhirn". Gemeinsam holten sie Titel um Titel, gemeinsam wurden sie Multimillionäre – eine Männerfreundschaft über die Generationsgrenze hinweg. Todt ist 67, Brawn 59, Schumi 44 – der 3. Januar ist rot angekreuzt, sein 45. Geburtstag.

Der Tag nach dem Sturz. 11 Uhr, die Ärzte informieren die Weltpresse, sie sind bedrückt. ➜

Vier vom Ärzteteam: die Neurochirurgen Chabardes (l.) und Gay (r.), der Anästhesiechef Payen (am Mikro) und der stellvertretende Klinikchef Penaud

Freitag, 27. Dezember

Samstag, 28. Dezember

Montag, 30. Dezember

Dienstag, 31. Dezember

DAS SCHUMI-DRAMA

„Schumacher hat ein schweres Schädel-Hirn-Trauma erlitten. Sein Zustand ist außerordentlich ernst", sagt der Chef der Anästhesie, Jean-François Payen. Und: „Aus Respekt gegenüber der Familie werden wir keine anatomischen Einzelheiten nennen." Professor Saillant, ein Freund der Familie, fügt hinzu: „Wir sind beunruhigt." Es heißt, in den ersten 48 Stunden nach dem Unfall entscheidet sich sehr häufig das Schicksal eines Traumapatienten: Leben oder Tod.

48 Stunden nachdem Schumacher auf den Felsen schlug, es ist Dienstag, der 31. Dezember, Silvester, 11 Uhr: Die Ärzte geben eine zweite Pressekonferenz. Sie haben noch einmal operiert, ein Ödem konnte entfernt werden, der Schädelinnendruck etwas abgesenkt. Aber das Scanner-Bild zeigt auch weitere „diffuse Blutungen" in Bereichen, die operativ nicht erreichbar sind. Das Urteil der Ärzte: „Schumachers Zustand ist stabilisiert. Wir denken nur von Stunde zu Stunde. Das Wort Optimismus können wir noch nicht verwenden."

★★★

Michael Schumacher wurde sieben Mal Formel-1-Weltmeister – das ist unerreicht. Schumis Name steht für Geschwindigkeit, aber auch für Risiko. Nicht nur im Rennwagen, sondern auch auf dem Motorrad, am Fallschirm – und auf Skiern. Ein Leben am Limit, aber kontrolliert, meistens.

★★★

1. Januar 2014, abends. Die redaktionelle Arbeit an der BILD-Jahres-Chronik 2013 wird beendet, das Buch geht in Druck. Die letzte Nachricht aus der Uni-Klinik Grenoble war wieder mittags gekommen, 72 Stunden nach dem Sturz: Michael Schumachers Zustand ist unverändert, aber stabil. Prognosen sind nicht möglich.

Immer mit Helm: Der begeisterte Skifahrer Michael Schumacher

„Wenn man sich in seinen Grenzen bewegt, ist alles vertretbar"

Schumi – ein Meister aller Geschwindigkeiten. Ob zu Lande, zu Wasser oder in der Luft. Aber immer auch ein Mann der Kontrolle. Seine Worte: „Ich glaube, man muss sich in seinen Grenzen bewegen. Und solange man das tut, ist es vertretbar, egal, was man tut."

Sein Geschwindigkeitsrekord: Schumi in einem Jet der Bundeswehr

Im freien Fall: Schumi beim Tandemsprung

Beim „Reining" – einer Form des Westernreitens

Der Sicherungsgurt sitzt: In einer Felswand nach oben

Keine Affären, keine Skandale: Corinna und Michael, ein Traumpaar

Zu großes Risiko? 2009 stürzt er mit dem Motorrad: Kopfverletzung, Halswirbelbruch

Beim Urlaub im letzten September: auf dem Jetski vor Griechenland, natürlich Höchsttempo

Das sind unsere WM-Gegner in Brasilien

Unser erster Gegner: Superstar Cristiano Ronaldo mit seinen Portugiesen

Dreimal wurde Deutschland schon Weltmeister (1954, 1974, 1990) – am 16. Juni (18 Uhr deutscher Zeit) beginnt gegen Portugal die Jagd auf Titel Nr. 4. Zweiter Gruppengegner: Ghana am 21. Juni (21 Uhr). Schließlich die USA mit Trainer Jürgen Klinsmann am 26. Juni (18 Uhr). Das Finale wird am Sonntag, dem 13. Juli, um 21 Uhr im berühmten Maracana-Stadion in Rio angepfiffen.

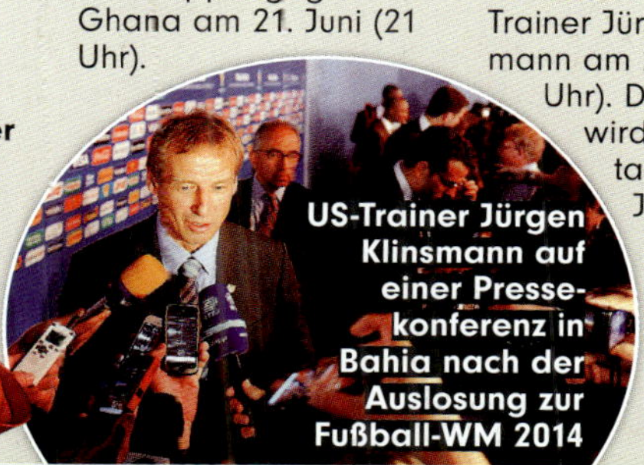

US-Trainer Jürgen Klinsmann auf einer Pressekonferenz in Bahia nach der Auslosung zur Fußball-WM 2014

Ghanas Mann von Schalke: Kevin-Prince Boateng

GRUPPE A	GRUPPE B	GRUPPE C	GRUPPE D	GRUPPE E	GRUPPE F	GRUPPE G	GRUPPE H
Brasilien	Spanien	Kolumbien	Uruguay	Schweiz	Argentinien	Deutschland	Belgien
Kroatien	Niederlande	Griechenland	Costa Rica	Ecuador	Bosnien-Herz.	Portugal	Algerien
Mexiko	Chile	Elfenbeinküste	England	Frankreich	Iran	Ghana	Russland
Kamerun	Australien	Japan	Italien	Honduras	Nigeria	USA	Südkorea

BORIS IS BACK! Er ist jetzt Head-Coach vom „Joker"

Die Nachricht schlägt in der Sportwelt ein wie eine Bombe: Boris Becker spielt wieder mit auf der ganz großen Tennisbühne.

Am 18. Dezember verkündet der Weltranglisten-Zweite Nowak Djokovic (Spitzname: „Joker"): Boris ist mein neuer Head-Coach!

Schon eine Woche später sitzt Boris in Nowaks Beteuerbox beim Turnier in Abu Dhabi – der „Joker" siegt (Rafael Nadal, die Nr. 1 der Welt, wird nur Dritter). Am 13. Januar beginnt der Ernst des Lebens: Australian Open in Melbourne, das Grand-Slam-Turnier, das sie beide schon gewonnen haben. Der Vertrag ist für ein ganzes Jahr geschlossen.

Boris zu BILD: „Ein Fulltime-Job, der mich häufig von meiner Familie trennt. Ohne die Unterstützung meiner Frau Lilly hätte ich nicht zugesagt."

Neues Team am Tennis-Himmel: Nowak Djokovic und Boris Becker in Abu Dhabi

Felix Sturm ist Weltmeister

Der erste deutsche Boxer, der viermal Weltmeister wurde: Mittelgewichtler **Felix Sturm** (Foto) besiegt am 7. Dezember in Stuttgart den Briten Darren Barker in der zweiten Runde durch K.o., kassiert 500 000 Euro.

Bayern holt das „Quintie"

Bayern München gewinnt am 21. Dezember in Marrakesch gegen Raja Casablanca mit 2:0 die Klub-Weltmeisterschaft. Fünf Titel in einem Jahr – Vorstandschef Rummenigge erfindet (nach Triple plus Uefa-Supercup) den Sammelnamen „Quintie". Selbst Sportchef Sammer trinkt auf der Party einen Schnaps...

Vettel und seine Hanna lüften ein Geheimnis

Seit Schulzeiten ein Paar: Sebastian Vettel, Hanna

Ihr Privatleben ist für die Öffentlichkeit eigentlich tabu, doch Mitte Dezember lüften Sebastian Vettel und seine Freundin Hanna ein Geheimnis: Sie bekommen ein Baby! Der vierfache Formel-1-Weltmeister zu BILD: „Wir freuen uns natürlich sehr." Schon Anfang des Jahres soll es so weit sein – vor den ersten Testfahrten im neuen Rennwagen.

Der Bundestrainer und das Traum-Resort: Und so soll es aussehen, das „Campo Bahia"

Neu, exklusiv, paradiesisch: Hier sollen unsere Kicker WM-fit werden

Das JOGI-CAMP

Wer Weltmeister werden will, muss manchmal überraschende Wege gehen...

Viele WM-Teams ziehen in die Großhotels von Rio oder São Paulo. Bundestrainer Joachim Löw hat sich für ein Quartier in Brasilien entschieden, das es noch gar nicht gibt. Der Münchner Unternehmer Christian Hirmer stampft am Strand von Santo André (1000 Einwohner) im Bundesstaat Bahia ein Luxus-Resort aus dem Sand. Immerhin: Die deutsche Fahne weht schon über dem künftigen Jogi-Camp.

Nationalelf-Manager Oliver Bierhoff widersprach der voreiligen Kritik am Standort: „Das Quartier wird ja nicht extra für uns gebaut. Es war ein glücklicher Zufall, dass ich mit dem Bauherrn in Kontakt gekommen bin." Jetzt muss das Camp nur noch rechtzeitig fertig werden.

▲ 80 Bauarbeiter wollen bis Juni fertig werden: „Ja, wir schaffen das!"

◄ Nördlich vom Camp liegen die Gruppenspielorte, südlich in Rio steigt das Endspiel

... und darum freuen wir uns auf 2014

BÉLA ANDA
Mitglied der BILD-Chefredaktion

Das Jahr 2014 wird ein Jahr der Superlative.

In Brasilien feiern wir das größte Fußballfest der Welt. In Indien gibt es die größte Wahl der Welt. Und in Asien werden die meisten Millionäre der Welt leben.

Doch der Reihe nach:

Das Jahr beginnt mit der Übernahme der EU-Ratspräsidentschaft durch die Griechen. Ausgerechnet das Land, dessen Finanzgebaren die gesamte EU an den Rand der Implosion gebracht hat, ist jetzt für ein halbes Jahr Hüter über Europa. Im Juli folgt Italien und das ist – von der finanziellen Lage her – auch nicht viel besser. In China beginnt das Jahr des Pferdes, wer in diesem Sternzeichen geboren wird, gilt als besonders kommunikativ und energisch. Ob die Große Koalition endlich auch energisch ihre Arbeit aufnimmt, bleibt abzuwarten. Wahrscheinlicher ist, dass vor den Europa-Wahlen im Mai, wenn insgesamt 28 EU-Länder aufgefordert sind, an die Urne zu gehen, wenig in Berlin passieren wird.

Während in Russland die Olympischen Winterspiele im Februar beginnen, ohne Bundespräsident Gauck und Frankreichs Präsident Hollande auf den Tribünen, nimmt die erste Frau an der Spitze der US-Notenbank, Janet Yellen, ihren Platz ein. Mit Spannung wird erwartet, ob sie den Kurs beibehält, die immensen Staatsschulden weiterhin durch die Regierung aufkaufen zu lassen.

Einen Monat später werden wir gebannt Richtung Sonne blicken: Der Komet Holmes, der als größter Komet im Sonnensystem gilt, wird auf seiner Umlaufbahn den allernächsten Platz an der Sonne erreichen. Ob wir auf der Erde Sonnenstürme oder kosmische Strahlen spüren werden? BILD wird dies genau beobachten.

Im April sind dann Wahlen in Afghanistan, ein Nachfolger des amtierenden Präsidenten Karsai könnte sein Bruder werden. Einen Monat später feiern dann – parallel zur Wahl zum EU-Parlament – insgesamt zehn Staaten ihren 10. Jahrestag des EU-Beitritts, unter ihnen allein acht, die einst zum Ostblock zählten.

Im Mai sind in Indien 800 Millionen Menschen zur Parlamentswahl aufgerufen, darunter 150 Millionen Erstwähler. Es wird die größte Wahl der Welt! 543 Abgeordnetensitze werden vergeben. Und auch EU-Europa wählt das europäische Parlament: Spannend wird sein, ob es die FDP schafft, ins Parlament zu kommen. Möglich wär's: Die Hürde liegt bei Europawahlen nur bei 3 % (statt der 5 % bei Bundestagswahlen).

Reihum geht die Wahl der acht Staaten, die das G8-Treffen ausrichtet. Dieses Mal ist wieder Russland an der Reihe. Und statt in die Heimatstadt Wladimir Putins nach St. Petersburg wie beim letzten Mal geht es diesmal in die Winter-Olympiastadt Sotschi, die zur Sommerzeit tropisch feucht-heiß ist, und irgendwie auch zur 2. Heimat des russischen Präsidenten geworden ist. Im Übrigen sind er und Angela Merkel die einzigen Teilnehmer, die schon beim letzten G8-Gipfel in Russland im Jahr 2006 dabei waren. Na sdarowje! Ob die Staats- und Regierungschefs Zeit finden, gemeinsam Fußball zu gucken?

Mehr als eine Milliarde weltweit an den TV-Schirmen, Hunderttausende auf den Fanmeilen werden ihre Mannschaften zum Sieg jubeln. 40 Jahre nach München, knapp ein Vierteljahrhundert nach dem Triumph von Rom, wollen wir es wieder hören: Deutschland ist Fußball-Weltmeister. Ob's so ist, wissen wir am 13. Juli, dem Tag des Endspiels – und hoffentlich nicht früher.

Und die Jubiläen: Zum 100. Mal jährt sich im Juni das Attentat auf Erzherzog Ferdinand in Sarajevo – der Ausbruch des Ersten Weltkriegs. Dazu: 50 Jahre Mary Poppins, 100 Jahre Panama-Kanal, 200 Jahre amerikanische Nationalhymne („Star-Spangled Banner“) und für uns Deutsche neben dem Ausbruch des 1. Weltkriegs ein weiterer besonders zu begehender Gedenktag: 25 Jahre Fall der Mauer am 9. November. Gemeinsam mit dem Durchschneiden des Grenzzauns zwischen Ungarn und Österreich war dies das Ereignis, das den Kommunismus in den Ostblockstaaten zum Ende brachte. Die folgende Wiedervereinigung des nach dem 2. Weltkrieg geteilten Deutschlands bleibt – neben dem Vorantreiben der europäischen Einigung – das große historische Werk des damaligen Bundeskanzlers Helmut Kohl.

Im Dezember endet dann die US-Mission in Afghanistan – mehr als zehn Jahre nachdem sie begonnen hat. Präsident Obama löst damit ein Wahlversprechen ein.

Für alle Tolkien-Fans gibt es Weihnachten einen besonderen Grund, sich zu freuen: Der dritte Teil der Hobbit-Reihe kommt in die Kinos.

Eine Vision der BILD-Sportredaktion zum Jahresschluss – die Titelseite von BILD am 14. Juli 2014: Deutschland ist Weltmeister! Jogi als Erlöser auf dem Corcovado in Rio! Müller, Özil und der wieder genesene Khedira jubeln! Schaun mer mal …

Personenregister

Zusammengestellt von Kay Utzelmann

Bildnachweis

A **A.M.E. Photography** S. 32 **ABACA** Rücktitel **ABIX** S. 55 **Acke, Tine** S. 106 **Action Press** S. 25, 27, 30, 40, 85, 86, 89, 117, 123, 135, 153, 156/157, 161, 167, 183, 197, 205 **AFP** S. 18, 20/21, 23, 28, 29, 31, 36, 38, 39, 59, 66, 69, 70, 73, 82, 90, 96, 102, 104, 105, 114, 115, 125, 149, 152, 156/157, 162, 176, 180, 184, 193, 194, 203 **Agency Blowup** S. 166 **Agency People Image** S. 43, 58, 166, 184, 197 **Agentur Focus** S. 147 **All4foto** S. 197 **Alltime-Media** S. 76/77 **Andia** S.44 **AP/DPA** Titel, Rücktitel, S. 183, 193, 198, 201 **APA/LIZ BURKEY** S. 68 **ARD** S. 57, 130 **Arnold, Andreas** S. 142 **ASA** S.204 **B** **Babiradpicture** S. 44, 132, 184 **Bachmann, Silke** S. 26 **Batier** S.188 **BBC** S.69 **Bestimage** S. 42, 101, 151, 163 **Biskup, Daniel** Rücktitel, Umschlag innen vorn, S. 25, 37, 86, 116, 134, 143, 147 **BPK** S. 117 **Brauer Photos** S. 27, 51, 58, 81, 151, 166, 167 **Breuel Bild** Titel, S. 106, 196 **Broadimage** S. 29 Brosda, Dennis S. 89, 153 **Bulls Press** S. 162, 185 **C** **Caro Fotoagentur** S. 147 **Christ, Juergen** 204 **Corbis** S. 27, 38, 40, 85 **Constanzo, Andreas** S. 119 **D** **Dana Press** S. 45, 101 **Dapd/DDP** S. 30, 44, 92 **Davids** S. 30, 82, 146, 162, 195 **DDP Images** S. 23, 25, 29, 37, 41, 43, 58, 67, 71, 121, 144, 146, 148, 152, 159, 162, 182, 184, 196 **Demotix** S. 109, 145 **Die Illustratoren** S. 107 **Ditscher, Sascha** S. 160 **DPA** Titel, Rücktitel, S. 10,11, 12, 16, 22, 25, 26, 27, 30, 31, 36, 37, 38, 39, 40, 43, 44, 54, 55, 56, 57, 58, 64, 65, 66, 69, 70, 72, 73, 78, 79, 81, 83, 84, 86, 87, 88, 90, 91, 93, 94/95, 96, 97, 99, 101, 102, 103, 104, 107, 108, 109, 114, 115, 116, 117, 118, 121, 122, 123, 128, 129, 130, 133, 135, 136, 137, 138, 140/141, 142, 143, 145, 146, 147, 148, 149, 150, 151, 154, 155, 160, 161, 162, 163, 164, 171, 174/175, 176, 178, 179, 180, 181, 182, 183, 184, 185, 187, 189, 190/191, 193, 195, 196, 198, 199, 201, 203, 204, 205 **E** **EPA** S. 23 **ESA** S. 136 **Eventpress** S. 40, 184 **F** **Face to Face** S. 98 **FAS** S. 158 **Film Magic** S. 42, 81, 132, 185 **Firo Sportfoto** S. 90, 187 **Fishing4** S. 137 **FMT-Pictures FM** S. 97 **Focus Magazin** S. 26 **Fotolia** S. 108 **Fyrin, Mario** S. 13, 204 **G** **Gamma** S. 201 **GEPA Pictures** S. 45 **Gerald, Eddie** S. 142 **Gercke, Peter** S. 97 **GES-Sportfoto** S. 44, 109, 122, 153, 205 **Getty Images** Titel, Rücktitel, S. 14, 23, 26, 29, 36, 38, 42, 45, 59, 66, 69, 73, 81, 82, 85, 90, 107, 112/113, 122, 126/127, 128, 131, 135, 137, 142, 152, 163, 166, 167, 185, 186, 193, 197, 199, 201 **Grieser, Willi** S. 43 **Guenther, Ralf** Umschlag innen hinten, S. 19, 74, 169, 196, 197 **H** **Hannich, Markus** S. 180 **Heinen, Beate** S. 177 **Herbst, Stefanie** S. 206 **Herrmann, Meiko** S. 86 **HGM Press** S. 57, 204 **Hilton, Jodi** S. 105 **Hinz, Volker/Stern/Picture Press** S. 202 **Hock, Tamara** S. 52 **Holst, Dirk** S. 159 **Huebner, Michael** Umschlag innen vorn, S. 105 **Huebner/Vogler** S. 187 **I** **Imago** S. 59, 81, 90, 91, 97, 109, 145, 146, 161, 186, 204, 205 **Interfoto** S. 67, 135, 146 **K** **Kalozois, George** S. 61, 108 **Kamera24** S. 9 **Koch, Jens** Rücktitel, Umschlag innen vorn, S. 51, 168, 169, 201 **Kreft, Michael** S. 152 **Krohn, Mathias** S. 37 **L** **LAIF** S. 38, 53, 57, 111 **Laura, Stefano** S. 165, 176, 177 **Lohse, Christian** Umschlag innen vorn **L'Osservatore Romano** S. 52 **Ludewig, Bernhard** S. 92 **Lux, Wolf** Umschlag innen vorn **M** **Matzerath, Fabian** Umschlag innen vorn, S. 24 **Mauritius Images** S. 69 **Mizara, Stefania** S. 118, 181 **Mugshotonline.com** S. 145 **Müller, Lothar** S. 56 **Müller, Peter** Umschlag innen vorn, S. 46, 115, 197 **N** **Nathke, Bernhard** S. 97 **NBC** S. 29 **News5** S. 83 **Nordphoto** S. 88 **Nunn Syndication** S. 151 **O** **OR/CCP** S. 83 **Oscar Corral/El Pais** S. 120 **Osthessen Zeitung** S. 149 **P** **Palzer, Kristina** S. 134 **Parwez** Umschlag innen vorn, S. 197 **People Picture** S. 121, 135, 182 **Picture Perfect** S. 181 **Picture Press** Titel, S. 167 **Pixathlon** S. 91, 171 **Polizei** S. 78 **Pressefoto Ulmer** S. 31 **Privat** S. 134 **R** **Race Press** S. 171 **Randy Atkins - A Classic Pin-Up Photography** S. 33 **Ratermann, Jonas** S. 178 **Reflex Media** S. 29, 80, 101, 144, 153 **Reichelt, Julian** S. 47, 105, 159 **Reichwein, Christoph** S. 38 **Rentsch, Olaf** S. 107 **Reuters** Titel, S. 8, 15, 17, 28, 31, 34/35, 36, 37, 41, 45, 53, 59, 62/63, 66, 72, 84, 86, 98, 105, 118, 119, 120, 122, 128, 129, 131, 132, 143, 144, 150, 164, 170, 176, 179, 184, 193, 195, 199 **Rex Feautures** S. 104, 150 **Roba Press** S. 30 **RTL** S. 26 **RTL/Stefan Menne** S. 26 **RTL/Willi Weber** S. 6 **S** **Sampics** S. 75, 89, 153 **Schatz, Peter** S. 59, 89 **Scheffen, Henning** S. 66 **Schmidhuber, Astrid** S. 78 **Schneider-Press** S. 41, 52, 184 **Schroewig** S. 31, 43, 66 **Schumann, Alexander** S. 97 **Simon, Sven** S. 89 **Sipa** S. 139 **Slama, David** S. 18/49, 50, 51 **Sommerfeld, Dominik** S. 170 **Sonntag, Uli** S. 186 **Splash News** S. 56, 80, 107, 133 **Star Press** S.43, 184, 196, 197 **Starnick, Niels** S. 186 **Supplied by Alpha** S. 31 **Sutton Motosport Images** S. 203 **SWR** S. 117 **Syltpress** S. 133 **SZ Photo** Rücktitel, S. 182, 192 **T** **Thelen, Andreas** S. 143, 166, 193, 194, 195 **Thomas & Thomas** S. 27 **Trocker, Stella** S. 40 **TV Newskontor** S. 162 **U** **Ucta, Ufuk** Umschlag innen vorn **Ullstein Bild** S. 32, 69, 87, 146, 193 **Unger, Marc-Steffen** S. 179 **Universal Music International** S. 169 **UPI/LAIF** S. 23, 29 **Urban, Marco** S. 173 **V** **Volkmer, Barbara** S. 27 **W** **Waltenberry** S. 204 **Warmuth, Marco** S. 167 **WENN** S. 7, 86, 166 **Wire Image** S. 42, 80, 81, 82, 85, 132, 144, 163, 166, 184, 185, 201 **Witters** S. 41, 187 **Wostok Press** S. 60 **La Voz de Galicia** S. 120 **X** **XPB Images** Rücktitel, S. 170 **Xposurephotos** S. 114 **Y** **Yenmez, Dennis** S. 23 **Z** **Zauritz, Frank** S. 32, 129 **ZDF** S. 50, 51, 68 **ZDF/EOS Entertainment** S. 201 **Zimmer** S. 183 **Zitzow, Marco** S. 52 **Zumapress** S. 59

16.386